*O tempo da História*

FUNDAÇÃO EDITORA DA UNESP

*Presidente do Conselho Curador*
Mário Sérgio Vasconcelos

*Diretor-Presidente*
José Castilho Marques Neto

*Editor-Executivo*
Jézio Hernani Bomfim Gutierre

*Superintendente Administrativo e Financeiro*
William de Souza Agostinho

*Assessores Editoriais*
João Luís Ceccantini
Maria Candida Soares Del Masso

*Conselho Editorial Acadêmico*
Áureo Busetto
Carlos Magno Castelo Branco Fortaleza
Elisabete Maniglia
Henrique Nunes de Oliveira
João Francisco Galera Monico
José Leonardo do Nascimento
Lourenço Chacon Jurado Filho
Maria de Lourdes Ortiz Gandini Baldan
Paula da Cruz Landim
Rogério Rosenfeld

*Editores-Assistentes*
Anderson Nobara
Jorge Pereira Filho
Leandro Rodrigues

PHILIPPE ARIÈS

# O tempo da História

Prefácio de Roger Chartier

Tradução de Roberto Leal Ferreira

© Éditions du Seuil, 1986
© Editora Unesp, 2013
Título original: *Le Temps de l'Histoire*

Direitos de publicação reservados à:
Fundação Editora da Unesp (FEU)
Praça da Sé, 108
01001-900 – São Paulo – SP
Tel.: (0x11) 3242-7171
Fax: (0x11) 3242-7172
www.editoraunesp.com.br
www.livrariaunesp.com.br
feu@editora.unesp.br

CIP-Brasil. Catalogação na publicação
Sindicato Nacional dos Editores de Livros, RJ

A746t

Ariès, Philippe, 1914-1984

O tempo da História / Philippe Ariès; tradução Roberto Leal Ferreira; prefácio Roger Chartier. – 1.ed. – São Paulo: Editora Unesp, 2013.

Tradução de: *Le Temps de l'Histoire*
ISBN 978-85-393-0471-4

1. História – Filosofia. I. Chartier, Roger, 1945-. II. Título.

13-04305                                                    CDD: 900
                                                            CDU: 94

Editora afiliada:

Asociación de Editoriales Universitarias
de América Latina y el Caribe

Associação Brasileira de
Editoras Universitárias

# Sumário

A amizade da História – Roger Chartier   7

I. Uma criança descobre a História   *41*
II. A História marxista e a História conservadora   *55*
III. O engajamento do homem moderno na História   *89*
IV. A atitude diante da História na Idade Média   *113*
V. A atitude diante da História: o século XVII   *173*
VI. A História "científica"   *269*
VII. A História existencial   *301*
VIII. A História na civilização moderna   *321*

Anexos   *333*
Referências bibliográficas   *347*

## *A amizade da História*

De todos os livros de Philippe Ariès, *O tempo da História* é sem dúvida o mais desconhecido. Nunca foi reeditado desde sua publicação, em 1954. Esgotado há muito tempo, só era acessível em bibliotecas – exceto para o pequeno número de leitores que tinha comprado, por seiscentos francos, o livro de capa branca ornamentada com uma deusa grega, publicado pelas Edições du Rocher, em Mônaco. Desconhecido até mesmo do grande público fiel à obra de Ariès, *O tempo da História* durante muito tempo esteve esquecido pelo mundo universitário. Por quinze anos, nunca foi citado nas revistas de Ciências Sociais francesas ou estrangeiras. Houve, todavia, duas exceções: de um lado, o artigo de Fernand Braudel,[1] "História e Ciências Sociais: a longa duração", publicado nos *Annales* em 1958, que menciona o livro em nota: "Philippe Ariès insistiu na importância do afastamento, da surpresa na explicação histórica: você se depara,

---

1 Braudel, Históire et sciences sociales: la longue durée. *Annales ESC*, p.725-53, em especial p.737.

no século XVI, com algo estranho, estranho para você, homem do século XX. Por que essa diferença? O problema está posto"; de outro lado, um artigo publicado por Micheline Johnson na *Revue d'histoire de l'Amérique française*,[2] que cita a obra, sem nela encontrar uma definição satisfatória do tempo histórico:

> Philippe Ariès, em seu belo livro *O tempo da História*, descreve a evolução do sentido histórico através dos tempos após ter feito a análise do sentido histórico nos homens de sua geração, quer sejam de direita (monarquistas da França) ou de esquerda (historiadores marxistas ou marxizantes). Mas, para ele, o sentido histórico é um dado, uma espécie de "adesão ao tempo" [...]. Ele não analisa essa atitude: constata-a simplesmente através dos múltiplos objetos que a alimentam.

Mesmo a expansão da história da História que se deu nos últimos anos não pôde fazer o livro sair do esquecimento, e raras são as menções a ele nos trabalhos dedicados aos historiadores da Idade Média e do século XVII, embora esses assuntos tenham sido estudados em seus capítulos centrais. As referências que lhes são feitas por Gabrielle Spiegel, Orest Ranum ou Erica Hart também constituem exceção.[3] No entanto, uma longa

---

2 Johnson, Le Concept de temps dans l'enseignement de l'histoire. *Revue d'histoire de l'Amérique française*, p. 483-516, em especial p.493-4.
3 Spiegel, Political Utility in Medieval Historiography: a Sketch. *History and Theory*, p.324-5, notas 2 e 41; Ranum, *Artisans of Glory*, p.4; Hart, *Ideology and Culture in Seventeenth-Century France*, p. 132-3, 139. O livro de Ariès é igualmente utilizado e citado por Le Roy Ladurie, *Montaillou, viilage occitan de 1294 à 1324*, cap. XVIII, "Outillage mental: le temps et l'espace".

citação é feita na biografia de Jacques Bainville redigida por William Keylor, que se baseou no testemunho e na análise de Philippe Ariès para compreender as razões do sucesso de *Histoire de France* [História da França] publicada por Bainville em 1924.[4] Um livro esquecido. Mas um livro que agora é preciso redescobrir. Quando foi publicado, em 1954, Philippe Ariès tinha 40 anos. Profissionalmente, dirigia o Centro de Documentação do Instituto de Pesquisas sobre os frutos e citrinas tropicais, onde entrara em 1943. Já havia publicado dois textos. Em 1943, seu ensaio "As tradições sociais no país da França" constituía o essencial do primeiro dos *Cahiers de la Restauration française* editados pelas Edições da Nova França. A apresentação introduz o autor como "um jovem historiador, geógrafo e filósofo que marcará sua geração", e seu projeto como o estudo "da origem e da força dos diversos hábitos religiosos, políticos, econômicos, sociais ou literários que, ao se acumularem, deram a algumas das grandes regiões francesas seu caráter próprio e à França inteira sua estrutura e seu rosto". A ideia central do livro, tal como está aí resumida, concorda por si mesma com o espírito do tempo e com a francisca[5] que o editor achou interessante colocar na capa de sua série de cadernos: "Pela antiguidade e solidez de seus costumes, a França possui uma potência de estabilidade e uma capacidade de perseverança que constituem para seus filhos um poderoso motivo de confiança. Despojado de toda preocupação

---

4 Keylor, *Jacques Bainville and the Renaissance of Royalist History of Twentieth-Century France*, p.202-203, 214-218.
5 No original, *francisque*: machado de aço, de dois gumes, utilizado por francos e germanos. Imagem amplamente divulgada durante o regime de Vichy (1940-1944). [N.E.]

## Philippe Ariès

de atualidade, esse livro não deixa de conter uma grande lição de esperança nacional".

Após a guerra, em 1948, Ariès publicou efetivamente seu primeiro livro: *Histoire des populations françaises et de leurs attitudes devant la vie* [A história das populações francesas e de suas atitudes diante da vida]. Iniciado em 1943 e terminado em 1946, o livro foi publicado por nova editora, as Edições Self, após Plon ter recusado o manuscrito. Ainda que ignorado pelas revistas de História, o livro teve alguma repercussão: André Latreille o analisou em uma de suas crônicas históricas do *Monde*. Além disso, o livro chamou a atenção dos demógrafos. A partir daí, Ariès, que tinha permanecido à margem da universidade após um duplo insucesso no concurso para o magistério, sendo o segundo no concurso de 1941, foi chamado a contribuir pela primeira vez para uma revista de estatuto científico, *Population*, onde publicou em 1949 um artigo intitulado "Atitudes diante da vida e da morte do século XVII ao XIX. Alguns aspectos de suas variações" (p.463-70) e em 1953 outro artigo curto, "Sobre as origens da contracepção na França" (p.465-72).

No ano seguinte, *O tempo da História* estava pronto. Novamente, Plon o recusou, ainda que Ariès estivesse muito ligado à editora, ao mesmo tempo como leitor (em particular dos múltiplos relatos e memórias redigidos no pós-guerra) e como diretor de uma coleção, *Civilisation d'hier et d'aujourd'hui* [Civilização de ontem e hoje], na qual já havia publicado *A sociedade militar*, de Raoul Girardet, seu amigo dos anos de Sorbonne, e *Toulouse au XIXe siècle* [Toulouse no século XIX], de Jean Fourcassié. O livro foi então publicado por uma pequena editora, Edições du Rocher, fundada pelo diretor literário de Plon, Charles Orengo, cujo catálogo, tal como aparece na contracapa da obra de Ariès, reúne textos autobiográficos de testemunhas do tempo (por exemplo: *Memoies d'un monarchiste espagnol 1931-1952* [Memórias de um monarquista espanhol, 1931-1952], de Juan Antonio Ansaldo; *Journal d'un expatrie catalan 1936-1945* [Diário de um expatriado catalão, 1936-1945], de Guell y Comillas; e o texto póstumo de Giraudoux, *Armistice à Bordeaux* [Armistício em Bordeaux]), livros clássicos de História (*Deux prélats d'Ancien Régime: les Jarente* [Dois prelados do Antigo Regime: os Jarente], de Louis d'Illier) e ensaios sobre o mundo contemporâneo (como o de Raymond Ronze, *Le commonwealth britannique et le monde anglo-saxain* [A Commonwealth britânica e o mundo anglo-saxão] com prefácio de André Siegfried).

Ainda que ligado a um dos grandes editores parisienses, Ariès teve, no entanto, que publicar seus dois primeiros livros em pequenas editoras, muito representativas dos tempos do pós-guerra, quando surgiram, sustentadas pela moda dos testemunhos e relatos e por novos editores de sucesso às vezes espetacular (foram as Edições Self, por exemplo, que publicaram em 1948 – mesmo ano de *Histoire des populations* [História das populações] – *Escolhi a liberdade*, de Kravchenko), mas raramente durável. Durante muito tempo incompreendida pelos mestres da universidade, a História tal como era feita por Ariès, também demorou a seduzir as editoras maiores, e assim o autor se encontrou posto duplamente à margem.

*O tempo da História* é uma coletânea de oito textos, distribuídos sequencialmente, sem introdução ou conclusão, como se sua coerência e continuidade dissessem por si mesmas o propósito da obra. Datados, os oito textos se estendem por um período de cinco anos. O mais antigo, que é o primeiro do livro, foi redigido em 1946. Em *Um historien du dimanche* [Um historiador de domingo], Philippe Ariès conta o porquê: "Comecei por um capítulo autobiográfico, cuja ideia me ocorreu quando meu irmão faleceu, para provar a mim mesmo o papel determinante de minha infância em minha vocação e em minhas escolhas.[6] O dilaceramento, a morte no livro de 1954, que foi a morte em combate no dia 23 de abril de 1945 de Jacques Ariès, subtenente no exército de De Lattre, dá uma das chaves. As transformações dos novos tempos, atravessados de dores, marcados por uma "monstruosa invasão do homem pela História", obrigam cada um a se situar nessa história coletiva e diante de seu próprio passado. Daí a tentativa um tanto insólita de uma autobiografia de um homem de 32 anos, desejoso de tornar claras as razões de sua atitude em face da História. Compreender-se, portanto, mas também se revelar. O primeiro capítulo, com efeito, teve uma primeira leitora, Primerose, com quem Ariès se casou em 1947: "Lembro-me, eu o tinha enviado a Toulouse, à minha noiva, como uma confissão de meu estado de espírito no momento".[7] Depois de seu casamento, Ariès redigiu os outros textos que compõem *O tempo da História*. No mesmo ano, redigiu o ensaio "A História marxista e a História conservadora"; em 1948, "O engajamento na História", onde transmite muito de sua atividade de leitor junto à editora Plon; em 1949, escreve os últimos três ensaios do livro; em 1950, o capítulo sobre a Idade Média e no ano seguinte, o capítulo sobre o século XVII. Portanto, a obra se construiu progressivamente, indo do relato de um itinerário pessoal e passando pelas diferentes maneiras de compreender, dizer ou escrever a História — da tradição

---

6 Ariès, *Un historien du dimanche*, p.111.
7 Ibid., p.122.

familiar, dos universitários, dos historiadores da *Action française*, dos inovadores dos *Annales* – até uma pesquisa sobre duas abordagens da História, a da Idade Média e a da época clássica. Como lembrava Philippe Ariès, vinte e cinco anos depois: "Aconteceu-me, então, o que sempre me acontecia: o tema de atualidade que me fascinava se tornou o ponto de partida de uma reflexão retrospectiva, remetendo-me para trás, na direção de outros tempos".[8]

Portanto, *O tempo da História* deve ser lido inicialmente como a trajetória de um historiador através das diversas concepções da História existentes em sua época. Em seu coração, o distanciamento das ligações de sua infância e de sua juventude como homem de família, de tradição, de opiniões monarquistas, educado na lenda da monarquia perdida, leitor apaixonado de Bainville, fiel a Maurras e à *Action française*. Daí vem esta espantosa comparação, sem dúvida escandalosa para seu meio, feita por Philippe Ariès entre o materialismo histórico e o que ele chama "o historicismo conservador", que é a História tal como a escrevem os historiadores da "escola capetiana do século XX", reunidos por sua ideologia e seu editor comuns, Fayard, e sua coleção *Grandes études historiques* [Grandes estudos históricos]. A partir de pontos de partida antagônicos, a nostalgia do passado de um lado e a esperança de uma ruptura radical de outro, essas duas maneiras de considerar a História se juntam em seus princípios fundamentais: ambas anulam as histórias das comunidades particulares, tornando-as uma história coletiva, a do Estado nacional ou a da humanidade inteira; ambas pretendem estabelecer leis que regulem as repetições de situações

---

8 Ibid., p.111.

idênticas; ambas dissolvem as singularidades das existências concretas, seja na abstração das instituições, seja no anonimato das classes. Aproximar assim Marx e Bainville, para criticá-los, era audacioso e, em todo caso, repudiava a filosofia da história proclamada por aqueles a quem Ariès estava familiar, afetiva e politicamente mais próximo.

A reflexão sobre "os grandes dilaceramentos de 1940-1945" e a descoberta de maneiras novas de pensar a História podem levar a tal ruptura. A reunião sistemática dos autores e títulos mencionados no livro (pondo de lado os dois capítulos de pesquisa propriamente dita sobre a História na Idade Média e no século XVII) o mostra com clareza. Ela atesta em primeiro lugar a base da cultura histórica de Philippe Ariès, formada por três vertentes: a História acadêmica, a História universitária e a História da *Action française*. Da primeira, ele enumera os autores, de Barante a Madelin – esse Barante, de quem seu avô era leitor, caracteriza o público, uma "burguesia culta e séria: magistrados, homens de lei, proprietários... homens muito ociosos, quando a estabilidade da moeda e a segurança dos investimentos permitiam que vivessem de rendas" (p.210) – e indica os traços mais importantes: uma História estritamente política; uma História inteiramente conservadora. Diante dela, a História tal como era praticada na universidade o deixava igualmente insatisfeito. Ela é, sem dúvida, douta, imparcial, erudita, mas fechou-se em si mesma, separou-se do presente e dos leitores de História, enclausurou-se numa concepção simplista do fato e da causalidade históricos. Em Grenoble, e posteriormente na Sorbonne, o estudante Philippe Ariès frequentou essa História seca, cinzenta, escrita por professores para outros professores (ou futuros professores). Ele a caracteriza de maneira dupla: sociologicamente, relacionando o hermetismo da História universitária à constituição de uma "nova categoria social", essa "república dos professores", fechada e numerosa, leiga e de esquerda, recrutada fora das elites tradicionais desviadas da universidade; epistemologicamente, tecendo uma crítica contra a teoria da História que identifica essa última como uma ciência dos fatos que pretende exumar, concatenar e explicar, e que se exprime num livro tal como *Introdução à História*, de Louis Halphen, publicado em 1946. Da universidade, Philippe Ariès lembra de alguns professores, poucos, em suma: em Grenoble, diz ele, nenhum professor muito brilhante era atraído para a História (p.202), e da Sorbonne ele só assinala, sem, no entanto, nomeá-lo, Georges Lefebvre, por ocasião de uma conferência proferida em 1946 (p.61). Da História universitária, menciona apenas alguns títulos, sempre criticados, como *Société féodale* [Sociedade feudal], de Joseph Calmette, ou, do mesmo autor, *Charles V* (1945); o primeiro volume do *Monde byzantin* [Mundo bizantino] de Émile Bréhier (1947) ou o tratado de Haphen.

O autor mais citado de todo o livro é, sem contestação, Jacques Bainville, cujo nome aparece cerca de quinze vezes e de quem são mencionados *Histoires de deux peuples* [História de dois povos], *La France et l'Empire allemand* [A França e o Império alemão] (1915), *Histoire de France* [História da França] (1924) e *Napoleão* (1931). É com Bainville que se instaura o diálogo essencial, porque o seu *Histoire de France* foi o "breviário" da adolescência de Ariès, porque a sua maneira de escrever a História foi a que dominou toda a vulgarização histórica dos anos 1930, ainda mais do que os autores da *Action française*, porque

*Philippe Ariès*

o seu êxito de livraria foi imenso,[9] porque permaneceu sendo, após a guerra, a referência obrigatória de todas as vertentes do pensamento conservador. Afastar-se dele, caracterizar sua História como "uma física mecanicista" ou uma "mecânica dos fatos", era como uma blasfêmia no meio de Ariès. Foi por isso, provavelmente, que, ao responder às perguntas de *Aspects de France*, numa entrevista publicada em 23 de abril de 1954, ele suaviza um pouco o diagnóstico dado no livro, distinguindo Bainville de seus "continuadores":

Bainville tinha um talento muito grande. Seu *Histoire de la Troisième République* [História da Terceira República], por exemplo, é de uma pureza de linhas admirável. E que lucidez na análise dos acontecimentos! Vejam as obras luminosas que se fizeram após sua morte, reunindo seus artigos nos jornais. Acrescento que era um mestre grande demais para não ser sensível tanto ao particular quanto ao geral, tanto às diferenças quanto às semelhanças. Mas creio que certo perigo poderia vir dos continuadores de Bainville que aplicassem sem delicadeza seu método de interpretação e fizessem da História uma mecânica de repetição, pronta a nos dar sempre e em toda parte as lições já feitas. Para eles, a França deixaria rapidamente de ser uma realidade viva para tornar-se uma abstração submetida unicamente a leis matemáticas.

---

9 R. Keylor indica que entre 1924 e 1947, data em que Ariès redigiu o ensaio "A História marxista e a História conservadora", Fayard imprimiu 260.300 exemplares da *História da França* (e 167.950 exemplares de *Napoleão* entre 1931 e 1947). Keylor, op. cit., p.327-8.

## O tempo da História

Apesar da prudência de uma resposta destinada a não chocar demais os leitores do jornal monarquista, é claro que ao escrever, em 1947, o ensaio "A História marxista e a História conservadora", Ariès pretendia romper com os hábitos intelectuais de sua família política, assim como, alguns anos antes, em plena guerra, tinha-se distanciado de Maurras e da *Action française*: "Eu tinha me emancipado de meus antigos mestres e decidido não ter outros. O cordão umbilical estava cortado!".[10] Em matéria de História, foram alguns livros que levaram Ariès ao rompimento. Durante a guerra e no pós-guerra ele leu, por paixão e por obrigação, e os artigos de O *tempo da História* permitiram reconstituir essa biblioteca de leituras novas. Primeiro interesse: o marxismo, que parece atrair para si todo o mundo intelectual, fornece algumas ideias simples aos "homens abandonados nus na História", assim resumidas: "superação dos conflitos políticos, peso das massas, sentido de um movimento determinado da História" (p.53). O marxismo que ele conhece é, então, antes de tudo uma ideologia do século XX, prestes a se tornar dominante, mais do que o próprio corpo das ideias de Marx, de quem nenhum texto preciso é citado. A entrevista dada ao *Aspects de la France* esclarece bem a intenção dessa caracterização, assim como a participação de Ariès, na época no jornal *Paroles françaises*, codirigido por Pierre Boutang, que publicou o primeiro dossiê consagrado ao massacre perpetuado pelos soviéticos em Katyn:

> Estou absolutamente persuadido de que a História não está orientada num sentido ou em outro. Nada é mais falso do que

---

10 Ariès, *Un historien du dimanche*, op. cit., p.81.

Philippe Ariès

a ideia de um progresso contínuo, de uma evolução perpétua. A História com uma seta não existe [...]. Quanto mais estudamos as condições concretas da existência através dos séculos, melhor vemos o que há de artificial na explicação marxista que muitos cristãos adotam atualmente. A História que atenta para todas as formas do vivido inclina-se, ao contrário, para uma concepção tradicionalista.

Da História marxista, num sentido mais estreito e mais "profissional", Ariès leu um dos raros livros publicados, o de Daniel Guérin, *A luta de classes em França na Primeira República (1793-1797)*, publicado em 1946, onde se encontra uma lei da repetição histórica que aproxima, ainda que as premissas sejam outras, o materialismo histórico e o historicismo conservador. Nas leituras de Philippe Ariès, dois conjuntos contribuíram para perturbar suas certezas antigas. Primeiramente, a literatura imensa dos testemunhos e dos relatos de vida, muitas vezes lidos pela editora Plon (onde, aliás, nenhum dos que cita foi publicado), o convenceu de que havia emergido uma consciência nova da História, na qual o indivíduo percebe a sua existência pessoal como que confundida, identificada com o devir coletivo. Sem dúvida, isso era reencontrar ali, nos destinos narrados, a experiência que o próprio Philippe Ariès tinha vivido no momento da morte de seu irmão, dolorosamente sentida. A partir de relatos em primeira pessoa de experiências limite, sobre os combates da guerra (como o do inglês Hugh Dormer), os campos nazistas (como os dois livros de David Rousset) ou o terror stalinista (descrito por Kravchenko e Valtin), emerge, assim, uma perturbação coletivamente partilhada e que faz com que nenhuma existência individual possa ser vivida ao abrigo dos acontecimentos da grande História. Daí vem a abolição da fronteira antiga entre o privado e o público: "De agora em diante podemos afirmar que não há vida privada indiferente aos casos de consciência da moral pública" – o que equivalia a apontar um dos temas maiores de todos os seus livros seguintes, de *A criança e a vida familiar no Antigo Regime* até o projeto de uma *História da vida privada*. Isso também explica uma percepção inédita, imposta a cada um, que dissolve as histórias particulares, as da linhagem familiar, da comunidade territorial ou do grupo social, na consciência do destino comum que se apossa de todos.

A História, tal como os historiadores a escrevem, não deve, pois, redobrar ou reforçar essa percepção imediata e espontânea – o que fazem, cada um à sua maneira, o materialismo histórico ou o historicismo conservador. Muito pelo contrário, ela tem por tarefa restituir aos indivíduos o sentido das histórias singulares, irredutíveis umas às outras, a consciência das diferenças que particularizam as sociedades, os territórios e os grupos. Daí vem o valor que assume para Ariès a descoberta dos *Annales* durante os anos de guerra. Mais do que a própria revista, citada uma só vez, são os livros maiores de Marc Bloch e de Lucien Febvre que lhe permitiram pensar de maneira diferente e de se separar da História de sua adolescência. Do primeiro, ele comenta os *Caracterès originaux de l'histoire rurale française* [Personagens originais da história rural francesa] (1931) e *A sociedade feudal* (1939); do segundo, *O problema da incredulidade no século XVI – a religião de Rabelais* (1942) e *Autour de l'Heptaméron". Amour sacrée. Amour profane* [Acerca do "Heptameron". Amor sagrado e amor profano] (1944), ao mesmo tempo que acrescenta em nota a publicação recente de sua coletânea de artigos *Combats pour l'Histoite* [Combates pela História]. Ao reunir em seu ensaio "A história existencial" as ideias fundamentais da "nova historiografia" (p.225), Philippe Ariès escreve um texto que hoje poderá parecer banal, já que os princípios que expõe foram admitidos por toda a escola histórica francesa, e não unicamente pelos *Annales*, e porque se multiplicaram nos últimos anos as obras que disseram o que seria essa História Nova. Não era assim em 1954, e é preciso ler *O tempo da História* com os olhos de sua época.

Definir a História como uma "ciência das estruturas" e não como "o conhecimento objetivo dos fatos"; caracterizar seu projeto como o de uma História total, organizando o conjunto dos dados históricos, os fenômenos econômicos e sociais, assim como os fatos políticos e militares; afirmar que o historiador deve "psicanalisar" os documentos para encontrar as "estruturas mentais" próprias a cada sensibilidade, e que só há História na comparação entre "estruturas totais e fechadas, irredutíveis umas às outras", são algumas proposições que não eram óbvias em 1954. O próprio léxico ("psicanálise histórica", "História estrutural", "estruturas mentais") podia fazer tremer os próximos de Philippe Ariès e os defensores da História bainvilliana. Ele podia perturbar também a universidade, ainda refratária a aceitar plenamente, apesar do respeito atribuído à obra de Marc Bloch, uma maneira de pensar e de fazer História muito distante do credo tradicional, tal como o exprimia, por exemplo, *Introdução à História* de Halphen. Por isso, *O tempo da História* é sem dúvida o primeiro livro escrito por um historiador não pertencente à "escola" em que se manifesta uma compreensão tão aguda da ruptura representada pelos *Annales* – obra de Bloch e de Febvre –, o que não significa apenas reconhecer a qualidade dos livros que estes haviam escrito, mas compreender que, após

## O tempo da História

eles, a História não poderia mais ser como antes. Ali onde os historiadores pensavam em termos de continuidade e de repetição, deveriam reconhecer afastamentos e descontinuidades; ali onde não identificavam senão fatos encadeados uns aos outros por relações de causalidade, era preciso reconhecer estruturas; ali onde não encontravam senão ideias claras e intenções explícitas, era preciso decifrar as determinações não sabidas das condutas espontâneas.

Duas razões, sem dúvida, explicam a adesão entusiasta e inteligente de Philippe Ariès à História tal como a defendiam os *Annales*. Em primeiro lugar, com esta História, o elo perdido entre a pesquisa científica e o público leitor de História podia ser renovado. História das diferenças, história das civilizações, a História de Bloch e de Febvre era capaz de trazer ao homem do século XX o que lhe faltava: a compreensão simultânea da radical originalidade do seu tempo e das sobrevivências ainda presentes na sua sociedade.

Assim, as sociedades ou as mentalidades antigas podem ser apreendidas em sua singularidade, sem projeção anacrônica das maneiras de pensar ou de agir próprias de nosso tempo; e, em troca, a História pode ajudar todos a compreender por que o presente é o que é. A esta dupla ideia, Philippe Ariès permanecerá fiel livro após livro, sempre fundamentando a busca da diferença histórica numa interrogação sobre a sociedade contemporânea, suas concepções da família ou suas atitudes diante da morte.

Mas ele encontrou ainda mais na História dos *Annales*: talvez uma maneira de conciliar suas fidelidades familiares e políticas e seus interesses científicos. Com efeito, no léxico novo da história das estruturas descontínuas poderiam retornar as histórias particulares das comunidades elementares, nem classes, nem Estado, que ainda sobrevivem no seio da "estandardização tecnocrática" e da "grande História total e maciça". Isso explica a reivindicação dessa aliança surpreendente entre a mais nova das histórias científicas, originária da universidade republicana e progressista, e uma das tradições da *Action française*, não a do realismo jacobino, mas a provincial das sociabilidades locais, das comunidades do sangue e da terra, dos grupos fora do Estado. Encontro paradoxal, à primeira vista, mas declarado em resposta ao repórter de *Aspects de la France*:

**A.F.**: Segundo o senhor, o verdadeiro historiador – que seria ao mesmo tempo o verdadeiro maurrasiano – deveria dedicar-se a fazer a História do país real, com suas comunidades, suas famílias...

**P.A.**: Exatamente. A História é para mim o sentimento de uma tradição que vive. Michelet, apesar dos seus erros, e Fustel, tão perspicaz, tinham-no pressentido. Atualmente, esta História é ainda mais necessária. Um Marc Bloch mostrou o exemplo e Gaxotte, na sua *Histoire des français* [História dos franceses], o saudou como um iniciador [...]. Tendo desaparecido muitas tradições (principalmente após a ruptura de 1880, de que falava Péguy), a História se permitiu tomar plena consciência do que foi vivido espontaneamente outrora e, no final das contas, inconscientemente.

"A história vista de baixo", totalmente ocupada pelo estudo das mentalidades específicas e das determinações inconscientes, unia assim a ligação política mas também existencial às singularidades perpetuadas, às diferenças mantidas.

## O tempo da História

Qual foi o eco de tal tentativa? Em *Un historien du dimanche* [Um historiador de domingo], falando da História das populações francesas e de *O tempo da História*, Philippe Ariès indica: "Estes dois livros tiveram um êxito parcial quase clandestino".[11] O dossiê de imprensa do segundo desses títulos deve nuançar um pouco a memória.[12] Sem dúvida, nem os grandes jornais nem as revistas históricas resenharam o livro – em particular, os *Annales* permaneceram silenciosos sobre uma obra que, contudo, dava a compreender lucidamente seu próprio projeto. Todavia, vinte periódicos mencionaram, analisaram ou criticaram *O tempo da História*. De uma resenha a outra, o livro foi compreendido de diferentes maneiras: como o relato de um itinerário intelectual ("Essa presença da personalidade do autor nos comunicando os seus debates de consciência não deixa de transmitir à obra um caráter particularmente atraente", *Action populaire*, set.-out. de 1955); como uma reflexão sobre o presente – o que faz com que a última frase da obra seja frequentemente citada: "A uma civilização que elimina as diferenças, a História deve restituir o sentido perdido das particularidades"; ou como uma pesquisa sobre as diferentes concepções da História que se sucederam ao longo do tempo. Dependendo do texto, Philippe Ariès parece mais ou menos conhecido, já que, se alguns resenhistas sabem bem quem ele é e o que já escreveu (Frédéric Mauro no *Bulletin de L'Université de Toulouse* o qualifica como "historiador demógrafo", e a crônica do *Oran républicain* assinala, além dos títulos

---

11 Ibid., p.118.
12 Agradecemos a Marie-Rose Ariès por ter tido a gentileza de nos comunicar esse dossiê que comporta recortes de imprensa e cartas de agradecimento e foi composto pela esposa de Philippe Ariès, Primerose.

de seus dois livros precedentes, que ele é "diretor da coleção *Civilizações de ontem e de hoje* e cronista de História na revista *La table ronde*"), outros o consideram historiador de ofício: "historiador profissional" para o *Dimanche-Matin*, "ligado ao ensino" para o *Flandre libérale*. É preciso acrescentar que o livro recebeu um dos prêmios da Academia das Ciências Morais e Políticas, o Prêmio Chaix d'Est-Ange "destinado a uma obra de História", partilhado com Roland Mousnier, distinguido por seu volume da *História geral das civilizações* das edições PUF, consagrado aos séculos XVI e XVII.

De todas as resenhas, as mais interessantes são as que apreenderam a originalidade do livro, a saber, a aliança recomendada entre uma postura tradicionalista e a adesão em ideias e em atos a uma História que não é nem a da universidade, nem a da família política de Ariès. Como escreveu o cronista do *Indépendant*, Romain Sauvat: "Essa é uma obra destinada a causar algum barulho no *Landerneau* dos historiadores profissionais e obrigará certos historiadores amadores, entre os quais nos incluímos, a rever suas ideias... Estou inclinado a pensar que ela vai espantar e escandalizar certos amigos do autor...". Se o barulho anunciado não se fez ouvir na universidade, o espanto dos amigos do autor foi bem real. Encontramos indícios sob a pena do resenhista do *Journal de l'amateur d'art* – que assina P.C. e é com certeza Pierre du Colombier, antigo colaborador do *Paroles françaises* e amigo de Ariès, ao qual endereça uma longa carta a respeito de *O tempo da História*, onde se encontra, desenvolvida, a mesma crítica:

Sobre a História em geral, sobre o que chamamos com uma fórmula que passará logo, nosso "engajamento na história", encontramos nesse livro enfoques muito brilhantes e especiais [sic para

## O tempo da História

especiosos?] sobre os quais declaro com franqueza que não estou de acordo. Noto aí os estragos que uma certa filosofia realizou em todas as disciplinas. Confesso não compreender nem o que é a História "existencial" nem por que estamos mais "engajados" na História do que as gerações que nos precederam.

Para Robert Kemp, em *Les nouvelles littéraires*, a confusão exprime-se de uma maneira menos direta, irônica:

> Tendo partido das doutrinas da *Action française* e tendo respeitosamente se separado delas, ele [Philippe Ariès] assinala o papel de Jacques Bainville e de suas três grandes obras, especialmente a *História da França*, nessa metamorfose. Agora, ei-lo que aparece como discípulo de Lucien Febvre e de Marc Bloch. A velha escola tinha se enfurecido contra Bainville. Ela o sabia perigoso. É verdade que a nova escola se manifesta muitas vezes através de obras de vulgarização.

No *Bulletin de Paris*, no final de um longo artigo intitulado "Pode nosso tempo contentar-se com uma História 'existencial'?", o cronista Michel Montel assim conclui:

> A História que estuda essa diversidade cambiante, a História "existencial", corresponde com certeza às curiosidades e às necessidades do nosso tempo. Não creio que ela faça esgotar no homem honesto o gosto pelas vastas perspectivas em que a razão se apraz em descobrir a relações de causalidade. Conviria, talvez, aliar o ensinamento de Marc Bloch ao exemplo de Bainville. Mas isso já não foi feito? Refiro-me à admirável *Histoires des français* [História dos franceses] de Pierre Gaxotte.

Gaxotte é citado só uma vez em *O tempo da História*. Pela rejeição explícita ou pela negação das diferenças, os autores ideologicamente mais próximos a Ariès falam de seu mal-estar diante de uma maneira de pensar que pouco compreendem. Em *Aspects de la France*, em fevereiro de 1955, Pierre Debray retorna, num artigo extenso, ao livro. A crítica está ali sem ambiguidades:

> Ariès fala com certo ressentimento da "História à maneira de Bainville", o que se explica pelo conflito doloroso que teve de suportar entre uma tradição monárquica de família e a tradição universitária. Como se ele não compreendesse que a única coisa que Bainville queria fazer era apreender por meio da continuidade *política* da França sua particularidade nacional?

E, para o cronista monárquico, "a História existencial só prestará serviços enquanto reconhecermos os seus limites, que são estreitos". Para fazer isso, o raciocínio de Pierre Debray utiliza diversos caminhos: por um lado, retoma por sua conta as críticas endereçadas a Lucien Febvre por Marrou em *Do conhecimento histórico*; por outro, e de maneira mais inesperada, opõe ao primeiro "seu amigo Marc Bloch – esse Marc Bloch cujas últimas lições tive a felicidade inestimável de ouvir. Será que posso confessar que a releitura da grande tese sobre 'os reis taumaturgos' desse historiador judeu, republicano e bom democrata, me permitiu dar o passo decisivo em direção da monarquia?". Daí vem uma leitura de Bloch não inteiramente igual à de Ariès: "Tão forte é o império dos preconceitos nos espíritos, mesmo os mais rigorosos, que Marc Bloch se imaginava nos antípodas de Maurras. Todavia, ele fazia empirismo organizador assim como o burguês fidalgo fazia

O tempo da História

prosa, sem o saber". Esse Bloch maurrasiano, historiador das continuidades nacionais (Pierre Debray acha admirável o título *Caracteres originais da história rural na França – francesa*, na tradução exata), não é, evidentemente, o de *O tempo da História*, historiador das diferenças estruturais, e atrás da referência comum se pode ler a originalidade, pouco aceita, das ideias de Ariès.

O que impressiona, no entanto, é essa presença respeitada de Marc Bloch, lido de diferentes maneiras, nos meios que, no entanto, poderiam parecer os mais distantes dos *Annales*, pela cultura e pelas opiniões. O papel da revista é, certamente, reconhecido pelos amigos mais próximos de Ariès, que partilham globalmente seu projeto, mas às vezes com irritação. Assim, por exemplo, no artigo sobre o livro que Raoul Girardet escreve para a *Table ronde* (da qual Ariès era então colaborador regular), em fevereiro de 1955. Se afirma concordar fundamentalmente com uma maneira de considerar a História que pretende aliar "sentido da diversidade" e "sentido da herança", "lucidez e fidelidade", afirma no entanto:

> Philippe Ariès arrisca-se a distorcer o quadro do pensamento histórico contemporâneo ao insistir de maneira um pouco exclusiva demais sobre o papel da revista dos *Annales* e do grupo de historiadores que ela reúne. Empreendedores, sem dúvida; inovadores, estamos menos seguros disso. Seria mais justo, sem dúvida, mostrar na ação do grupo *Annales* um dos aspectos que é, às vezes, o mais brilhante, outras vezes o mais contestável de toda uma geração.

A reticência perante um zelo integral demais com relação aos *Annales*, reforçando a tendência da escola ou do "grupo" de se apresentar como único defensor da inovação, vem aqui amaciar o comum engajamento na redefinição do próprio trabalho do historiador.

Quem era ele, então, na universidade e como o livro foi ali recebido? Na ausência de uma resenha nas revistas históricas "profissionais", as cartas endereçadas a Philippe Ariès por alguns dos professores da época podem nos mostrar isso. Três delas, em particular, chamam a atenção, as três elogiosas, mas em que transparece, no entanto, certa reticência diante de algumas formulações. Para Philippe Renouard, professor de História Medieval na Universidade de Boudeaux, o acento é colocado sobre o papel do indivíduo que uma história das estruturas se arrisca a obliterar:

> A historiografia muda como todas as coisas; mas é pelo fato de que predecessores fizeram o que fizeram que podemos fazer outra coisa que julgo, como você, preferível. Acho, simplesmente, que a História só é total se conserva, ao lado do estudo das correntes de pensamento, das estruturas mentais, da conjuntura e das doenças, o seu lugar para os indivíduos que estiveram em situação de orientar os acontecimentos. Você não tomou posição clara sobre este ponto.[13]

Por sua vez, Charles-Henri Pouthas, professor na Sorbonne, lamenta que o livro tenha permanecido discreto demais com relação a dois pontos: "Eu teria reservado mais espaço e feito mais justiça ao movimento de trabalho erudito que sempre acompanhou, desde o século XVI, ainda que modesta

---

13 Carta de 18 de abril de 1954.

e obscuramente, a obra literária e superficial que se mostrava no cenário; eu teria insistido muito mais sobre o grande valor, também no que se refere ao ensino da profissão, que representou o meu velho Guizot" (28 de março de 1954) – o que talvez equivalesse a confessar, por meio dessa dupla referência à erudição e a Guizot, uma desconfiança inspirada pelas novas correntes. Numa carta muito bonita, em tom de confidência, Victor-Lucien Tapié, também professor na Sorbonne, fala de sua dívida para com os fundadores dos *Annales* e sua concordância fundamental com o projeto proposto, no seu rastro, por Ariès. Mas, como no caso de Pouthas, a ênfase dada à erudição necessária e a lembrança das exigências do ensino universitário – diferente daquelas dadas na instituição própria ao "grupo" dos *Annales*, isto é, a VI Seção da Escola Prática de Altos Estudos, criada em 1947 – podem também ser entendidas como a expressão discreta de um temor diante dos empregos apressados do programa da História estrutural e total.

Cartas e artigos indicam claramente, portanto, a situação instável de Philippe Ariès desde o início de sua carreira de historiador. Adepto ardente demais de Bloch e de Febvre para os professores da universidade, muito separado da História bainvilliana para seu círculo da *Action française*, amador demais, sem dúvida, para os historiadores dos *Annales*, ele se encontrava, assim, intelectualmente próximo dos que o ignoravam e ideologicamente fiel aos que pouco compreendiam sua definição de História. Os mal-entendidos criados por esses múltiplos laços que não poderiam se sobrepor não se dissiparam facilmente, fazendo de Philippe Ariès um autor inteiramente à parte, mal recebido durante longo tempo na universidade, boicotado nos *Annales* até a resenha, somente em 1964, de *A criança e a vida*

*Philippe Ariès*

*familiar no Antigo Regime*[14] (se deixamos de lado a crítica feita por André Armengaud de um capítulo de *História das populações francesas*[15]), suspeito aos olhos dos conservadores que se inquietavam com a distância tomada perante uma ordem estabelecida e fundada sobre a família estreita, o Estado onipotente e a sociedade de consumo. Desde *O tempo da História* são perceptíveis esses equívocos e essas rejeições com que Ariès se divertirá muitas vezes – e às vezes sofrerá.

É preciso, pois, ler o livro de Philippe Ariès recolocando--o em seu tempo, ainda marcado pela guerra não tão distante, fértil em aproximações inesperadas e em tomadas de posição paradoxais. Mas é preciso lê-lo também com relação à História tal como esta é feita hoje em dia. Com efeito, nos dois capítulos centrais, consagrados às atitudes diante da História na Idade Média e no século XVII, Ariès foi o primeiro a empreender o que podia ser a história da História. Depois desses dois ensaios redigidos em 1950 e 1951, a disciplina cresceu muito, como o demonstra a multiplicação dos títulos gerais – tendo em vista a exclusão de notícias consagradas a tal ou tal autor – resenhados sob a rubrica "Historiografia" na *Bibliographie anuelle de l'histoire de France* [Bibliografia anual da história da França] (passando de 8 em 1953-1954, para 53 em 1982, e 47 em 1983), a publicação de bibliografias especialmente dedicadas a esse domínio da História[16] ou ainda a existência de uma Comissão Internacional de Historiografia que reúne os especialistas no

---

14 Flandrin,"Enfance et société", *Annales ESC*, p.322-9.
15 Armengaud, "Les débuts de la dépopulation dans les campagnes toulousaines", *Annales ESC*, p.17-178.
16 Por exemplo, *Historiography: a Bibliography*, reunido e editado por Lester D. Stephens.

gênero. É, portanto, possível compararmos (o que é, muitas vezes, cruel para os pioneiros) o que escreveu Ariès há mais de trinta anos e o que nos ensinaram desde então as pesquisas que se acumularam em história da História.

Philippe Ariès depreende três dados essenciais da Idade Média: a preservação por parte da Igreja do sentido da medida do tempo, necessário para fixar a data móvel da Páscoa e para fazer concordarem todas as cronologias particulares com aquelas da Bíblia; a partilha duradoura, até o século XIII, entre a História, inteiramente monástica e clerical, e a epopeia, que narra as tradições senhoriais e régias; finalmente, a fixação de uma História ao mesmo tempo dinástica e nacional, dividida em reinados, que se torna legível a partir da estatuária e dos vitrais de Reims, das estátuas mortuárias de Saint-Denis e das *Grandes crônicas de França*, a um só tempo "romance dos reis" e "primeira História da França". Ora, esses traços são os que os historiadores da história da Idade Média identificam agora como essenciais – em particular, Bernard Guenée. Nas abadias, a preocupação litúrgica é, efetivamente, reconhecida como a primeira para fundar o cuidado cronológico que dá sua forma e sua significação às crônicas monásticas: "durante séculos, a ciência do cômputo e a preocupação com o tempo, instigados pela paixão da liturgia, tinham marcado profundamente a cultura monástica".[17] Inversamente, pelo viés das cortes leigas, a História é própria aos jograis e aos menestréis, redigida em

---

17 Guenée, *Histoire et Culture Historique dans l'occident medieval*, p.52. Esse livro, com uma bibliografia de 829 títulos, é a melhor síntese sobre a História na Idade Média (cf. também *Le métier d'historien au Moyen Âge. Études sur l'historiographie médiévale*, sob a direção de Guenée).

*31*

língua vulgar, em versos e depois em prosa, fundada sobre a matéria das tradições orais e das canções de gesta: "Assim, pela natureza das suas fontes, pela cultura literária dos seus autores, pelos gostos dos públicos aos quais era dirigida, essa História era atraída irresistivelmente pela epopeia. Ela respirava o seu ar. Ela se preocupava pouco com a cronologia. Ela não tinha escrúpulo em misturar a verdade e a poesia".[18] Essa oposição maior, percebida claramente por Philippe Ariès, organizou o campo da escrita da História, até o momento em que a gênese dos Estados modernos lhe conferiu outras finalidades: a celebração da continuidade dinástica e a exaltação da identidade nacional. Daí vem um novo papel para o historiador: "A História não era mais a serva da teologia e do direito, ela se tornava oficialmente a auxiliar do poder. O historiador oficial certamente não pretendia renunciar à verdade, mas ele se sabia e se queria primeiramente servidor do Estado"; daí uma nova função da História, fundamentando o sentimento de pertencer a uma nação identificada por seu passado.[19]

Em direção ao século XVII, Philippe Ariès constrói a sua descrição da História na época clássica sobre uma oposição aguda: de um lado, um gênero bem fixado, a história da França, domínio dos compiladores e dos continuadores, que simplesmente propõe de título em título variações sobre uma trama já estabelecida; de outro lado, a erudição apoiada sobre a procura, a coleção e a publicação de documentos manuscritos ou iconográficos. Portanto, é nítido o contraste entre uma história-narrativa totalmente ignorante da crítica histórica e cujas

---

18 Ibid., p.63.
19 Ibid., p.323 e 345.

diferenças entre um autor e outro remetem não ao progresso do saber, mas às ideias e à sensibilidade de seu tempo, e uma erudição histórica nascida da curiosidade dos colecionadores, trazida pelos círculos da "burguesia oficial" e coroada pela obra coletiva dos beneditinos de Saint-Maur. Nesse ensaio sobre o século XVII, Philippe Ariès abria inúmeras pistas inéditas: ao comparar as narrativas sobre o mesmo episódio (a história de Childerico e a de Joana d'Arc) nas diferentes histórias da França publicadas entre o século XVI e o começo do século XIX; ao observar o tratamento e a função da História num gênero não histórico: o romance; ao dar um lugar de primeira importância aos documentos iconográficos, como os da galeria de retratos e dos gabinetes de História, primeiramente na preservação da curiosidade histórica "como se, a História, expulsa da literatura, se refugiasse na iconografia e, desdenhada pelos escritores, encontrasse abrigo entre os colecionadores", e depois na constituição da própria erudição, fundada na procura e na reunião dos monumentos antigos. Sem dúvida, pela primeira vez Ariès descobria, nessa escala, a imagem e sua importância para o historiador – uma descoberta que selava para sempre o trabalho cúmplice de Primerose, sua esposa, que tinha estudado História da Arte e lhe tinha ensinado a olhar. Em *Un historien du dimanche* [Um historiador de domingo], ele lembra a gênese de um dos desenvolvimentos mais novos do ensaio sobre a História no século XVII:

> Quando passeávamos de bicicleta nas margens do Loire, tínhamos visitado no castelo de Beauregard uma galeria de retratos de história que me tinha impressionado. Veio-me a ideia de que havia ali uma forma de representação do tempo, comparável à dos

cronistas, porém mais concreta e mais familiar. Era a primeira vez que um documento de arte me fornecia um tema original de reflexão. Pouco a pouco, passei da galeria de retratos para os colecionadores de imagens do século XVII, o que nos levou, a mim e a minha esposa, ao gabinete de estampas da Biblioteca Nacional para estudar as coleções de Gaignères [...]. O principal estava feito. Logo instalaríamos nossos acampamentos no gabinete de estampas em que colheríamos uma parte da documentação de meu livro seguinte, *A criança e a vida familiar no Antigo Regime*.[20]

Relido à luz dos trabalhos desses últimos quinze anos, o diagnóstico feito por Ariès sobre a história do século XVII parece ainda assimilável – talvez com algumas nuanças. A primeira delas se refere à avaliação do papel dos meios jurídicos no desenvolvimento de uma curiosidade propriamente histórica, atenta à pesquisa e à interpretação dos documentos. Graças aos livros de George Huppert e Donald Kelley, agora é possível apreciar melhor a importância dessa História escrita pelos legistas. Seu apogeu não se situa no início do século XVII, mas antes, no último terço do século XVI, entre 1560, ano da publicação de *Recherches de la France* [Pesquisas da França] de Étienne Pasquier e, 1599, ano que vê a publicação de *Idée de l'histoire accomplie* [Ideia da História terminada] de La Popelinière, ou 1604, data de seu *Histoire des histoires* [História das histórias]. Neles, como em outros não citados por Ariès (Jean Bodin, Louis Le Roy, Nicolas Vignier), uma prática nova da História resulta do encontro inédito de três elementos: uma exigência erudita de antiquários, fundada na coleta de arquivos e no saber

---

20 Ariès, *Un historien du dimanche*, p.121-3.

filológico; uma ligação estreita estabelecida entre o Direito e a História, sendo ambos entendidos na perspectiva de um historicismo fundamental; enfim, o projeto de uma história "nova", "perfeita", "terminada", que visa, para cada povo considerado, a compreensão racional do conjunto das atividades humanas – o que La Popelinière chamava "a representação do todo".[21] Portanto, desse ponto de vista, a erudição dos juristas do começo do século XVII não é o ponto de partida de uma renovação do saber histórico, mas, ao contrário, o indício de uma aliança desfeita que tinha unido por algum tempo os rigores do método crítico e o projeto de uma História universal capaz de explicar as sociedades em seu todo e em seu devir. Sem dúvida, Duchesne, os Godefroys, Peiresc, mais tarde Du Cange ou os mauristas, recolhem a tradição erudita, mas essa se dedica daí em diante às publicações de textos, às coleções monumentais e aos glossários de línguas, sem mais moldar a própria História, deixada aos compiladores e aos literatos. O contraste reconhecido por Ariès entre a história-narrativa e a erudição histórica existe, pois, no século XVII, mas deve ser compreendido como o resultado de uma dissociação que separou os elementos reunidos no último terço do século XVI pelos historiadores formados nos colégios municipais e nas faculdades de direito renovadas, todos advogados ou oficiais, todos juristas desejosos de compreender num mesmo quadro a história da humanidade e a da nação.

---

21 Huppert, *The idea of perfect History. Historical Erudition and Historical Philosophy in renaissance France*; Kelley, *Foundations of Modem Historical Scholarship. Language, Law and History in the French Renaissance*; Chartier, "Comment on écrivait l'histoire au temps des guerres de religion", *Annales ESC*, p.883-7.

*Philippe Ariès*

Uma segunda nuança a respeito de Philippe Ariès pode ser conseguida reconsiderando-se a própria oposição entre erudição e a história da França tal como aparece na época clássica. Com efeito, em primeiro lugar, é claro que os autores de histórias gerais da França não ignoram o trabalho dos eruditos, que citam e utilizam, tirando, com isso, proveito das coleções de textos antigos e medievais, das crônicas e memórias antigas, das pesquisas de doutos antiquários, de Étienne Pasquier a Théodore Godefroy. Depois de 1650, o repertório das referências se abriu para novos títulos: as novas coleções de documentos dos Duchesne, de Dom d'Achery, de Baluze, os estudos dos libertinos eruditos da primeira metade do século (Pierre Dupuy, Gabriel Naudé, Pierre Petau) e os trabalhos dos mauristas, com Mabillon à frente.[22] Por outro lado, o projeto de certos historiadores redatores de uma história da França no século XVII não está tão afastado da intenção dos cultivadores da história "nova" do século precedente: assim, por exemplo, Mézeray consagra uma parte de cada um dos seus capítulos aos hábitos e costumes dos povos e do tempo de que trata.[23] Mesmo sendo organizada por reinados, mesmo guiada totalmente pelo destino da monarquia, a História geral, contudo, não abandona as curiosidades dos antiquários e eruditos. E devemos lembrar que

---

22 Tyvaert, "Erudition et synthese: les sources utilisées par les histoires générales de la France au XVIIe siècle", *Revue française d'histoire du livre*, p.249-66. Esse artigo, assim como "L'image du roi: légitimité et moralités royales dans les histoires de France au XVIIe siècle", *Revue d'histoire moderne et contemporaine*, p.521-47, foram extraídos da tese de terceiro período de M. Tyvaert, *Recherches sur les histoires générales de la France au XVIIe siècle*.

23 Sobre Mézeray: Viala, *Naissance de l'écrivain. Sociologie de la littérature à l'âge classique*, p.205-12.

este mesmo Mézeray, que não era estranho às doutas discussões realizadas na biblioteca dos irmãos Dupuy, redigiu um *Dictionnaire historique, géographique, étymologique, particulièrement pour l'histoire de France et pour la langue française* [Dicionário histórico, geográfico, etimológico, particularmente para a história da França e para a língua francesa], que permaneceu manuscrito enquanto ele viveu. Portanto, sem dúvida, é preciso não acentuar demais a clivagem entre as duas formas de História identificadas por Philippe Ariès, menos estranhas uma à outra do que poderíamos pensar, já que a mais literária não ignora a mais erudita.

Compreender por que a distância que as separa parece tão grande nos leva a ressaltar um elemento abordado de maneira demasiadamente discreta pelo texto de Ariès, a saber, o alistamento da História a serviço da glória monárquica e da exaltação do príncipe. Sua preocupação em liberar a História que queria escrever do peso do Estado e do primaz da política o conduz a diminuir o efeito do patrocínio monárquico e do direcionamento das letras sobre o que se produzia no século XVII. Com efeito, a partilha entre eruditos e historiógrafos não reside somente numa diferença de maneira e de método, mas remete a duas funções diversamente reconhecidas pelo monarca: enquanto os primeiros, mesmo que beneficiários de gratificações reais, permanecem fora do empreendimento de celebração do rei e da dinastia, os segundos, senhores ou não do cargo de historiógrafos do rei ou de historiógrafos da França, participam diretamente da configuração da glória do soberano reinante, escrevendo a história do reinado de seus predecessores ou a narrativa de sua própria história.[24] Daí vem

---

24 Ranum, *Artisans of Glory*, op. cit.

necessariamente a posição central mantida pelo rei, que é, afinal, o único objeto do discurso – um discurso que sempre deve persuadir o leitor da grandeza do príncipe e da onipotência dos soberanos. "A história de um reino ou de uma nação tem por objeto o príncipe e o Estado; este é o centro onde tudo deve se manter e se relacionar": esta afirmação do padre Daniel, escrita no prefácio de *Histoire de France* [História de França] publicada em 1713, faz eco à observação de Pellisson, de quarenta anos antes: "É preciso louvar o rei em toda parte, mas por assim dizer sem louvar".[25] À sua maneira, todas as histórias da França do século XVII correspondem a esse programa (quer tenham ou não sido encomendadas ou patrocinadas pelo Estado) e, por isso, se conformam às exigências do poder soberano.

A amizade da História. Philippe Ariès diz em alguma parte de *O tempo da História* que, ao recusarem essa amizade, as sociedades conservadoras do século XX se fecharam sobre seus próprios valores, negaram as outras tradições e, finalmente, se ressecaram por não aprender a diversidade de seu mundo. Foi por ser curioso das diferenças, preocupado em compreender o que estava fora de sua cultura, aquela cultura de seu tempo ou de seu meio, que pôde escapar desse vão debruçar-se sobre certezas esgotadas. Aí está, sem dúvida, a lição mais forte desse livro, que diz não existir identidade sem confrontação, tradição viva sem encontro com o dia de hoje nem entendimento do presente sem compreensão das descontinuidades da História. Toda a obra,

---

25 O projeto da história de Luís XIV de Pellisson é analisado em: L. Marin, Le récit du roi ou comment écrire l'histoire, *Le portrait du roi*, p.49-107.

assim como a vida de Philippe Ariès, foi dominada por essas poucas ideias, formuladas numa pequena coletânea publicada em Mônaco, em 1954, e afirmadas por um homem que tinha pela História uma grande afeição.

*Roger Chartier*

## *Capítulo I*
## Uma criança descobre a História

    Alguns adolescentes descobrem a História nos meandros de um livro lido por acaso, de uma aula que era especialmente sugestiva sem que o professor soubesse, de uma viagem às fontes do passado. Como um caminho para Damasco. Esse foi o caso dos períodos calmos, ou anteriores ao século de excepcional quietude que vai de 1814 a 1914, quando nossos antepassados puderam acreditar que seus destinos se desenrolavam num meio neutro e que permaneciam senhores de seu curso. Esse fechamento às preocupações coletivas, essa impermeabilidade às agitações da vida pública subsistiram ainda para alguns, os mais favorecidos, até os prenúncios da guerra de 1939, digamos até 6 de fevereiro ou até Munique.

    Ao contrário, as gerações que chegaram aos 20 anos a partir de 1940 já não tiveram consciência da autonomia de sua vida privada. Quase não havia momento do dia que não dependesse de uma decisão política ou de uma agitação pública. Essas crianças, esses jovens estavam já inseridos na História e não tiveram que descobri-la; se a ignoravam, era como ignoramos as coisas mais próximas do nosso universo familiar.

Não nasci, como eles, na História. Até o armistício de 1940, vivi num oásis bem fechado às preocupações de fora. Certamente, falava-se de política à mesa; meus pais eram monarquistas fervorosos, leitores assíduos da *Action française* desde as origens. Mas essa política estava ao mesmo tempo muito próxima e muito distante. Muito próxima, porque era uma amizade, uma ternura. Evocávamos a figura dos príncipes, as suas crônicas. Divertíamo-nos, com afetuosa admiração, com as tiradas de Daudet e com as farpas de Maurras.

O jornal era todos os dias esquadrinhado e comentado, mas da maneira como se fala de parentes ou de amigos. Antes da guerra, nunca tive o sentimento da vida pública como uma espécie de prolongamento da minha vida privada, que a dominava e absorvia. Dizíamos que tudo ia mal, mas em nenhum momento falávamos em família de dificuldades concretas, das incidências palpáveis sobre nossa maneira cotidiana de ser, de uma legislação, de uma decisão do soberano.

Não foi mais assim após a guerra. O abastecimento, a inflação, as nacionalizações — cito apenas a título de indicação estes exemplos — invadiram a vida cotidiana. Meu irmão falava de ordenado e de situação numa idade em que meus amigos e eu, no interior do oásis, ignorávamos as questões de dinheiro, as preocupações de uma luta difícil. Um de meus irmãos preparava-se para *Saint-Cyr*.[1] Eu havia feito o concurso para História. Nem eu nem ele jamais tivemos a curiosidade de saber o ordenado de um

---

1 A Escola Militar Especial de Saint Cyr é a principal academia militar francesa. [N.E.]

oficial ou de um professor. Estávamos no oásis. E, sem dúvida, pudemos permanecer ali por bastante tempo menos por causa da situação financeira de nossos pais do que graças ao prisma por onde víamos as coisas de fora, o coletivo. As agitações da História chegavam-nos pelo jornal partidário, através do comentário de amigos que, por mais mergulhados que estivessem na vida pública, pertenciam também ao mesmo oásis.

Isso explica como não nasci na História; mas, ao refletir, compreendo a sedução do materialismo histórico sobre as pessoas da minha geração que não foram preservadas da imersão prematura no mundo do social, do coletivo. Não houve intérprete amigável entre elas e o dinheiro, a carestia, a competição, a áspera procura dos relacionamentos, das influências. Para elas, não havia oásis.

Porque havia um oásis, eu vivia fora da História. Mas, também, por causa desse mesmo oásis, a História não me era estranha. Não tive que descobri-la, como uma vocação da adolescência. Ela me acompanhava desde minhas primeiras recordações de infância, como a forma particular que adotava, em minha família e em meus conhecidos, a preocupação para com a política. Mas era realmente a História? Não era a História nua e hostil que invade e obriga, aquela onde se *é*, fora do frágil cercado das tradições de família. Não era a História, é preciso reconhecê-lo, mas uma transposição poética da História, um mito da História. De qualquer modo, era uma intimidade perante a presença do passado.

A presença do passado distinta da História? Poderíamos nos espantar se esquecêssemos de que a História está ligada primeiro à consciência do presente. Romantismo, então? Imaginações dos esplendores pitorescos e cintilantes das épocas passadas? Sem dúvida um pouco, mas tão pouco que há pouca necessidade de falar disso. Era outra coisa de muito precioso, de muito ameaçado também; e, justamente, ameaçado hoje pela História.

Minha família, como disse, era monarquista. Monarquistas ligados sem reservas à *Action française*, com fanatismo, mas nutridos de imagens anteriores à construção doutrinária de Maurras. *Grosso modo*, era uma trama de anedotas, muitas vezes lendárias, sobre os reis, os pretendentes, os santos da família real, são Luís e Luís XVI, os mártires da Revolução. Ainda pequeno, numa dessas caminhadas dominicais que as crianças detestam, levaram-me aos Carmos, onde haviam morrido as vítimas de Setembro, à capela expiatória do bulevar Haussmann, erguida pela Restauração em memória de Luís XVI, de Maria Antonieta e dos suíços de 10 de Agosto. Na casa de meus tios, no Médoc, a cada ano, durante as férias, mostravam-me as imagens herméticas herdadas do período revolucionário, onde, como nas adivinhações, os traços do rei, da rainha, de madame Elisabeth apareciam desenhados na ramagem de um chorão. A cada ano, justificavam-se de novo, sob o retrato de um padre vítima dos afogamentos de Nantes, as palinódias do ancestral que, prefeito de Bordeaux sob Napoleão, tinha recebido o conde d'Artois: substituía-se o burguês conservador e oportunista pela imagem ideal de um monarquista fiel e astucioso. Uma das minhas tias me explicava com convicção como meu trisavô, general da Primeira República, tinha provado vitoriosamente que sob o uniforme revolucionário seu coração havia permanecido monarquista.

Toda minha família era ávida de memórias, sobretudo das memórias do século XVIII e da Revolução, da Restauração.

Liam-me trechos – testemunhos emocionantes de fidelidade, ou textos que permitissem enternecer-se com a felicidade de viver naquela época. Este sentimento da época de ouro, que foi a dos sobreviventes da Revolução, era muito familiar a meus parentes. Chegava até o bidê, descoberto no celeiro, que provava abundantemente que a higiene não era uma invenção moderna, como diziam os maus espíritos. A frase de Talleyrand sobre a doçura de viver foi uma das primeiras frases que aprendi. Foi com meu avô que, naquele dia, tinha deixado a leitura da *Histoire des ducs de Bourgogne* [História dos duques de Borgonha] do conde de Barante para caminhar comigo nos Quinconces. Contou-me o assassínio do duque de Guise para me prevenir contra as acusações que uma História republicana e mal-intencionada lançava contra Henrique III.

É difícil imaginar até que ponto esse passado feliz e doce do Antigo Regime estava presente na memória de meus parentes. De certa maneira, eles viviam nele. Todas as discussões políticas terminavam com uma referência ao tempo feliz dos reis da França. É certo que podiam ser boulangistas,[2] tomar partido contra Dreyfus, mas seu conservadorismo social, semelhante ao da burguesia católica do seu tempo, coloria-se de um matiz especial: a saudade da velha França.

Essas imagens monarquistas, ainda vivas por volta de 1925, pareceram ingênuas e infantis: eram, com efeito, obra das mulheres. Os homens, no fundo, tinham sido sobretudo fiéis aos interesses de sua classe; sua política seguia a evolução normal da burguesia do século XIX. Mas essa política, aliás

---

2 Boulangismo foi um movimento político francês de oposição à Terceira República. [N.E.]

pouco fanática, parava na porta de casa. A casa era o domínio das mulheres, e as mulheres nunca deixaram de ser apaixonadamente monarquistas. Elas se deleitavam com lembranças enternecidas do passado; colecionavam as anedotas, arranjavam convenientemente as migalhas de História que encontravam nas memórias, nas tradições orais. Descartavam tudo o que, na vida de seus parentes, parecia romper com o passado e o passado só ultrapassava 1789 por seus prolongamentos nas vidas dos pretendentes à coroa.

Enfim, a fidelidade das mulheres tinha tido razão contra o oportunismo dos homens. Com a política radical, as fracas convicções liberais dos homens, quase exclusivamente eleitorais, rapidamente se apagaram e, sob influências que nada têm a ver com o nosso assunto, hastearam a bandeira branca familial. Tinham eles, sem dúvida, o espírito mais crítico? Atenuaram o aspecto "conto de fadas" da tradição? Pouco importa. Para uma curiosidade de criança, o lado imaginativo permanecia o mais eficaz. Não estou certo de que não era o mais real.

Esse mundo de lendas monarquistas, eu o encontrei quase desde o berço. Reconheço-o desde as mais longínquas recordações da minha infância. Logo que pude conceber a ideia do tempo histórico, ela foi acompanhada de nostalgia do passado. Imagino que devia ser exasperante para meus coleguinhas de escola esta preocupação constante de referência a um passado nostálgico em nossas primeiras discussões políticas – e elas começaram bem cedo, dramatizadas pelo grande conflito de consciência: a condenação da *Action française* pelo Vaticano, a bula *Unigenitus* de minha infância.

Esse passadismo não se limitava ao domínio ideal da conversação ou dos devaneios. Traduzia-se por um esforço de participar de uma consciência mais viva da época de ouro. Coisa curiosa, este interesse pelo que costumávamos chamar História (entre nós, "adorávamos a História") não se satisfazia com leituras fáceis ou pitorescas, necessariamente fragmentárias. Eu desconfiava, sobretudo, do fragmentário e da facilidade. Durante minhas férias no litoral – ainda não tinha 14 anos – passeava pela praia com um velho manual de primeiro ano e me sentia muito orgulhoso quando uma amiga de minha mãe se espantava com uma leitura tão ingrata. Na verdade, eu me esforçava bastante por decifrar aquele conglomerado de datas e de fatos despojados da menor parcela de interesse. Deixemos de lado a vaidade infantil. Eu sentia muito obscuramente que, para reencontrar a presença desse passado maravilhoso, era preciso um esforço, vencer uma dificuldade, em suma, passar por uma prova. Sentimento inteiramente irracional, que eu era incapaz de exprimir ou até de conceber claramente; contudo, não creio que o imagine *a posteriori*. Encontro-o intacto num canto da memória. Ele explica como, sem sofrer influência nem de meus pais, nem de meus professores (nos primeiros anos dos colégios religiosos, o ensino da História era inexistente), eu negligenciava as leituras mais fáceis – e certamente mais instrutivas – para recorrer aos manuais de aparência séria. Eu estava tentando descobrir na aridez e na dificuldade essa poesia dos tempos antigos que surgia, sem esforços, do meio familiar.

Na verdade, pergunto-me hoje se essa busca ingênua da provação não participava da experiência religiosa tal como era informada pelos métodos ainda clássicos de educação espiritual. Esta se baseava na noção de sacrifício. Menos no sacrifício divino do que no sacrifício pessoal, a privação necessária:

tínhamos listas de sacrifícios assim como registros de temperatura. Existia em minha consciência infantil do passado uma analogia confusa, mas certa, com o sentimento religioso. Sem nenhuma objetivação possível, eu supunha uma ligação entre o Deus do catecismo e o passado das minhas histórias. Ambos pertenciam ao mesmo tipo de emoção, sem efusão sentimental, com uma exigência de aridez. Confesso, aliás, que, com a perspectiva do tempo, minha emoção histórica ao contato com estes manuais me parece de uma qualidade religiosa mais autêntica do que minha devoção de então, totalmente mecânica.

Creio que desde esse momento minha experiência se distinguiu do sentimento passadista de minha família; tornava-se propriamente uma atitude diante da História. Minha família, as mulheres e, por contágio, os homens, viviam ingenuamente com uma abertura para o passado. Pouco lhes importava que suas visões do passado fossem fragmentárias. Era até preciso que fossem fragmentárias, já que, para eles, o passado era uma maneira de ver bem definida, uma nostalgia de cores bem precisas. Liam muito e quase exclusivamente narrativas históricas, sobretudo memórias, mas sem sentir por pouco que fosse a necessidade de preencher as lacunas de seus conhecimentos, de cobrir sem hiato um período de tempo. Suas leituras alimentavam as imagens que tinham herdado e consideravam definitivas. A própria ideia de um retoque ou de uma renovação causava-lhes horror.

Coisa curiosa, eles não tinham consciência de suas lacunas. Menos por negligência, por preguiça de espírito, do que devido ao fato de a seus olhos não haver lacunas: podiam faltar pormenores, mas pormenores sem importância. Estavam convencidos, com uma convicção ingênua, como uma coisa óbvia, que possuíam a essência do passado e, no fundo, não havia diferença entre eles e o passado: o mundo ao redor deles tinha mudado com a República, mas eles tinham permanecido.

Essa consciência de seu tempo, que as gerações de 1940 sentiram com espantosa brutalidade, existia para eles, mas deslocada em mais de um século. Eles estavam no passado como estamos hoje no presente, com o mesmo sentimento de familiaridade global onde importa pouco o conhecimento dos pormenores já que se coincide com o todo.

Eu não conseguia me contentar com essa impregnação do passado vivido como presente. Aliás, sem me dar conta, explicitamente, da separação. Ainda agora, não a acho em mim mesmo com o frescor vivo. Descubro-a pela análise, porque ela me explica a motivação secreta que eu perseguia quando mergulhava nos manuais. Em toda inocência, eu não podia viver no passado com a mesma ingenuidade de meus parentes.

Exigência pessoal? Não creio. Para minha geração, apesar da filtragem de tradições familiares que recobriu minha infância, o passado estava já longe demais. Minha mãe e minhas tias tinham sido educadas nos conventos da *Assomption* e, sobretudo, do *Sacré-Coeur*, onde professoras e alunas voltavam resolutamente as costas para o mundo. Já não era assim no colégio parisiense dos jesuítas em que comecei meus estudos. Havia ali "republicanos" demais, problemas demais. Meus pais tinham vivido no interior, ou até nas Antilhas, que a ruptura de 1789 não tinha atingido. Eu vivia em Paris, na grande cidade técnica onde, por mais fechado que se fosse ao mundo moderno, o passado era menos presente, onde o lar da família era mais isolado. Lá longe, no interior, nas ilhas, esse passado constituía ainda um meio denso e complexo. Aqui, em Paris, era antes um oásis no seio de um mundo estrangeiro, mas invasor.

*Philippe Ariès*

O que tinha sido dado a meus pais devia ser conquistado por mim. Precisava conquistar esse éden perdido e, para tanto, devia achar a graça pela provação. E assim – gostaria de insistir sobre este ponto – minha exploração difícil de um passado desejado, mas longínquo, não podia mais se satisfazer com os fragmentos de História, por mais ricos que fossem, que bastavam para minha família. As memórias, leitura predileta de meus parentes, tentavam-me e me repugnavam ao mesmo tempo. Tentavam-me porque encontrava nelas o encanto do Antigo Regime, as saudades que excitavam meu desejo de saber. Repugnavam-me porque o conhecimento que delas tirava me tornava mais sensível às zonas de sombra periféricas: sublinhavam minha ignorância do que ficava fora de minhas leituras. Acredito que esse sentimento prevaleceu. Lamento-o hoje e se tivesse que orientar crianças que gostam de História, eu as orientaria, ao contrário, para esses testemunhos vivos. Sei que esses fragmentos contêm mais de História, e de História total, do que todos os manuais, até mesmo os mais doutos. Mas ninguém me guiava então, pois, perto de mim, não se tinha a ideia de que a História pudesse ser outra coisa que não o que se vivia. Além disso, eu não queria conselhos. Talvez seja a autonomia dessa evolução que lhe confira interesse.

    Deixei, pois, as leituras vivas por manuais escolares, os de minha classe e sobretudo os das outras classes, como se deve. Encontrava ali, apesar da secura da exposição, uma satisfação que minha memória conserva intacta. Por uma cronologia minuciosa, ou que me parecia como tal, tinha a impressão de sobrepor o tempo por inteiro, encadear os fatos e as datas por ligações de causalidade ou de continuidade, de modo que a História já não era uma composição de fragmentos num ambiente, mas um todo, um todo sem fendas.

Nessa época da minha vida, no segundo e terceiro ano, eu estava realmente possuído pelo desejo de conhecer toda a História, sem lacunas. Não tinha nenhuma ideia da complexidade dos fatos. Ignorava a existência das grandes histórias gerais, como as de Lavisse, e minha ciência cronológica me parecia atingir os limites. Além disso, os manuais escolares já não me bastavam: tinha-os já postos em quadros sinópticos. Lembro-me de um grande quadro da Guerra dos Cem Anos, subdividido ao infinito: o manual me parecia muito analítico, como se a coesão dos acontecimentos não resistisse à sua apresentação sucessiva, linha por linha, página por página, como se fosse preciso reuni-los no sentido horizontal para impedi-los de fugir, de se separarem. Lutei com os fatos para forçá-los a entrar no todo.

Um dia, acreditei conciliar meu gosto do passado real e meu desejo de totalidade empreendendo uma genealogia dos capetianos, desde Hugo Capeto até Afonso XIII, os Bourbon-Parme e o conde de Paris. Uma genealogia completa, com todos os ramos colaterais, sem esquecer nem os santos nem os bastardos. Era um trabalho de romano, com os parcos materiais de que dispunha: dois grandes dicionários de História na biblioteca de meus pais e a possibilidade de consultar a *Grande encyclopédie* [Grande enciclopédia] junto a um abade. Tentei muito ampliar minha documentação. Falaram-me de uma *Généalogie de la Maison de France* [Genealogia da casa da França], do padre Anselme. Foi para consultá-la que penetrei pela primeira vez numa grande biblioteca, em Sainte-Geneviève. Primeiro, tive todas as dificuldades do mundo para convencer o bibliotecário de minha boa-fé. Tive de voltar com uma autorização de meus pais. E, evidentemente, nunca pude chegar até o padre Anselme, quer porque estivesse inacessível nos mistérios dos catálogos, quer porque estivesse na reserva. A reserva me desencorajou, e continuei com meus próprios meios.

As paredes de meu quarto cobriam-se de folhas de papel, coladas umas às outras em todos os sentidos. Eu queria seguir com os olhos todos os meandros das filiações. Quanto mais elas se ramificavam nos colaterais afastados, mais eu ficava contente. De 1897 a 1929, o enorme bloco de História se pendurava em minha parede, e isso para concluir com o rei João, cujo retorno pedíamos com a ária de *la Royale!*

Toda a preocupação com a política presente, com a propaganda, folhetos e papéis de anotação dos escritórios, tudo isso era aspirado por minha árvore genealógica. As dificuldades do franco, o domingo negro das eleições radicais de que falávamos à mesa, pareciam estar bem longe, pequenininhos diante dos ramos da minha árvore que partia do século X e cobria Espanha, Portugal, Hungria e Itália.

Esse gosto pelas genealogias e pelos quadros sinópticos me perseguiu por muito tempo. Tive dificuldades para me desvencilhar dele.

Já era estudante na Sorbonne quando comecei a ensinar História a crianças do quarto e do terceiro anos num curso livre. Não utilizava mais o método sinóptico em minhas notas. Lamentando um pouco, aliás, mas com ele as coisas se complicavam e a imbricação dos fatos fazia meus quadros explodirem. Tendo, porém, de ensinar a crianças a Guerra dos Cem Anos, pensei que não existisse método mais simples e mais pedagógico. Vejo-me ainda a cobrir o quadro-negro de chaves com as quais simbolizava graficamente a sequência de causas e de efeitos. As cadeias de acontecimentos transbordavam dos cadernos dos meninos pasmos e, no fundo, as mães de família manifestavam uma desaprovação muda, mas formal. Foi preciso que o diretor viesse pôr um fim ao meu abuso de ligações. A vergonha que senti então fez que eu perdesse para sempre o gosto pelos quadros sinópticos. Eles tiveram fôlego de sete gatos.

Genealogia, cronologia e sinopse dão mostras de um zelo desajeitado para apreender a História em sua totalidade. A própria ingenuidade dessa experiência lhe dá seu valor.

Uma criança imersa num ponto colorido do passado tenta adaptar-se a esse passado que já não está totalmente assimilado por ela como estava por seus pais. O passado parece-lhe algo diferente, mas infinitamente desejável, um reflexo da doçura de viver, uma imagem da felicidade. A felicidade está atrás dela. É preciso que a descubra. Esta busca reveste-se a seguir de um caráter religioso: é uma procura da graça. Tem-se até a impressão de que o ser do passado se confunde com Deus. Os gestos da prática religiosa permaneciam sendo hábitos superficiais. Não creio que Deus estivesse presente ali. Deus estava no passado que tentávamos alcançar. Não seria preciso me pressionar muito para me fazer reconhecer em minha comunhão com o passado minha mais antiga experiência religiosa.

Ao se afirmar, a busca do passado tornou-se a preocupação de apreendê-lo em sua totalidade. O conteúdo poético desse passado era voluntariamente descartado como uma tentação. Ele permanecia na vida corrente, nas conversas de família; também vibrava no fundo de mim mesmo. Mas eu não admitia que fosse de todo História, porque era incompleto. Cheguei, no limite, a esvaziar a História de seu conteúdo humano, a reduzi-la a um esforço de memória e a um esquema gráfico.

No entanto, o próprio excesso de exame e de síntese permite, creio, entrever o que é, em sua nudez, a experiência histórica.

Os aluviões da cultura e da política recobrem-na, escondem-na e a desfiguram. Desviá-la-emos de sua gratuidade e a solicitaremos para uma apologética política ou religiosa. Torná-la-emos leiga para erigi-la em ciência objetiva.

Mas no dia em que, no século XX, a ruína de todas as histórias particulares colocar o homem brutalmente na História, sem transição, sem intermediário, essa consciência infantil do passado reaparecerá como a última resistência à História, como o último obstáculo contra a entrega cega e animal à História. Ou efetivamente a História é um movimento elementar, inflexível e sem afinidades, ou então existe uma comunhão misteriosa do homem na História: a apreensão do sagrado imerso no tempo, um tempo que seu progresso não destrói, onde todas as épocas são solidárias. Eu me pergunto se, no termo de sua carreira, o historiador moderno, depois de ter superado todas as tentações da ciência que disseca e do mundo que solicita, não termina com uma visão da História muito próxima da experiência infantil: a continuidade dos séculos, cheios de existência, se mostra a ele sem profundidade, sem extensão, como uma totalidade que descobrimos de uma só passada d'olhos. Só que sua visão não é mais a da criança, porque a criança não consegue abarcar todo o conteúdo da existência humana. Sua totalidade é falsa e abstrata. Ela guarda, porém, o valor de uma indicação, de uma tendência. Ela sugere também que a criação histórica é um fenômeno de natureza religiosa. Na sua visão das épocas amontoadas e reunidas, o cientista, liberto de sua objetividade, sente uma alegria santa: algo muito próximo da graça.

1946

## *Capítulo II*
# A História marxista e a História conservadora

Não passamos diretamente da experiência infantil, nova e imediata, para uma consciência mais organizada, a do homem. Precisamos passar pela prova de uma transição que para muitos não é uma transição, mas um bloqueio: a prova da adolescência. A adolescência não prolonga as experiências da infância; ela as suspende e muitas vezes as destrói. Superam a adolescência os que conseguem reencontrar na maturidade os antigos itinerários, contanto que seus rastros, recobertos por um momento, não estejam inteiramente apagados.

Meu primeiro encontro com a História pertenceu ao mundo fechado da infância, onde coexistiam a nudez da solidão e a densidade dos contatos familiares: meditações muito secretas e a influência do meio, uma preocupação de exaustividade e a nostalgia da antiga França. Mas hoje vejo bem como esta imagem pessoal e, por conseguinte, autêntica da História se deformou pouco a pouco por representações mais rígidas, mais objetivantes, herdadas não mais da minha cidade particular, mas de uma ideologia abstrata que se servia da História como de um instrumento e substituía por uma ferramenta uma presença e uma comunhão. Deixei o universo dos meus desejos e das minhas recordações para entrar no de uma literatura que teve entre as duas grandes guerras um sucesso considerável: a utilização da História para fins filosóficos e apologéticos, a construção sobre a História de uma filosofia da cidade, de uma política. O fenômeno merece que nos detenhamos nele: é, por um lado, a interpretação bainvilliana do passado; por outro lado, a interpretação marxista.

Partamos de nossa experiência particular, que é uma experiência de direita. Ela nos permitirá compreender melhor a outra.

Encontro nas prateleiras de minha biblioteca, gastos por um longo uso, os volumes de Jacques Bainville. Comecei a lê-los num momento em que ainda aderia à minha imagem infantil da História. Lia *Histoire de deux peuples* [História de dois povos] e ao mesmo tempo os manuais escolares que acreditava serem exaustivos, esforçando-me por completá-los um pelo outro, por fazer com que Bainville precedesse tudo que meu manual e meu dicionário de biografia histórica me diziam dos primeiros Hohenzollern e dos eleitores de Brandemburgo na Idade Média. Porém, já obedecia a uma outra preocupação: não propriamente esclarecer o presente pelo passado, mas convencer meus adversários – colegas de carne e osso ou interlocutores imaginários – da verdade de uma política. A História daí em diante me pareceu um arsenal de argumentos.

Abro uma edição de 1924 de *Histoire de France* [História da França], breviário da minha primeira adolescência. Está coberta de anotações e de traços que sublinham passagens consideradas importantes. Assim destacadas, essas passagens revelam um estado de espírito muito característico: "Era um homem para quem as lições da História não eram em vão e não queria expor-se a criar uma outra feudalidade." Grifei esse elogio discreto do homem de Estado eterno, apoiado nas experiências sempre válidas do passado. Tratava-se, porém, de Luís, o Gordo. Luís VI não me interessava como príncipe feudal, mas sim porque repetia no início da história capetiana a imagem do soberano clássico, modelo permanente dos chefes de povo.

Algumas páginas além, a respeito da conquista normanda da Inglaterra, havia estes rabiscos a lápis: "Alemanha, Inglaterra: entre essas duas forças, será preciso nos defendermos, encontrarmos nossa independência e nosso equilíbrio. É ainda a lei de nossa vida nacional". Pouco me importava se essa Inglaterra e essa Alemanha do século XI se distinguiam da Inglaterra e da Alemanha do século XX. Essa ideia me parecia, ao contrário, herética. Eu respondia frequentemente aos meus contraditores – pois a polêmica subjazia minhas leituras, e minhas reflexões tinham a maneira de um debate – que o tempo modificava simultaneamente o numerador e o denominador, sem alterar o valor da razão.

E havia um número de ouro, fixo *ne varietur*, o bom governo, sempre semelhante a si mesmo. A Guerra dos Cem Anos nos confirmava as virtudes do equilíbrio europeu. Ao contrário, com os Estados Gerais do século XIV, eu via serem punidos os erros do regime parlamentar que substituía o magistrado monárquico por políticos irresponsáveis, o bem público pelas preocupações partidárias. Sublinhei esta frase: "Era uma tentativa de governo parlamentar e, logo em seguida, apareceu a política". Eu gostava muito dessa assimilação entre o regime dos Estados e o parlamentarismo contemporâneo.

Também sublinhadas estão estas linhas que ilustram o mecanismo revolucionário. Elas foram escritas a respeito da comuna de Étienne Marcel: "As cenas revolucionárias que tiveram, quatrocentos anos mais tarde, tão espantosas repetições". A ideia dessas repetições encantava-me. Que fúria de procurar as aparências lá onde hoje constato as diferenças mais irredutíveis!

A *Histoire* de Bainville permitia-me desmascarar ao mesmo tempo o parlamentarismo nefasto e as origens do liberalismo pérfido... na pessoa de Michel de L'Hospital. L'Hospital era para mim a besta negra, uma prefiguração do barão Pié, personagem lendário da minha primeira juventude, o liberal caricaturado por Maurice Pujo. "L'Hospital", sublinhei, "pensava que a liberdade consertaria tudo: ele desarmava o governo e armava os partidos."

Procurei à lupa no livro de Bainville os indícios de permanência dos tempos, as repetições de uma mesma causalidade política. Não tinha dificuldades em encontrá-los, e é o que hoje me inquieta e tempera minha antiga admiração. Era bom leitor? Sem dúvida, havia outras lições que tirar desse livro, e eu não as via. Poderia ter descoberto os rastros de outras continuidades menos mecânicas, mais particulares a uma sociedade determinada, continuidades em níveis abaixo do governamental. Assim, Bainville reconhece em Maupeou o precursor do Comitê de Salvação Pública e de Napoleão I, dos grandes centralizadores modernos; no fracasso de Maupeou, a incapacidade do Antigo Regime de dar ao país instituições de tipo moderno. Essa oscilação entre dois tipos de instituições, nesse momento, bem parecia uma singularidade da História. A inteligência aguda e, no fundo, pouco sistemática do gênio bainvilliano multiplicava, sobretudo para as épocas recentes, observações assim aderentes às coisas, válidas somente uma vez. Mas essas observações, que hoje fazem o interesse de Bainville, permaneciam, é preciso reconhecê-lo, estranhas ao grande projeto: a repetição dos fracassos e dos sucessos como introdução a uma política experimental, a possibilidade de evitar os efeitos das causas perigosas, reencontrando na História ciclos análogos de causalidade. A História é a memória do homem de Estado: não estou seguro de que essa fórmula não seja uma citação.

Por isso a falta de jeito sistemática e caricatural de um adolescente não desfigurava o essencial. Eu tinha compreendido bem. Os matizes que uma cultura mais extensa e uma apresentação mais nuançada acrescentavam no fundo não alteravam nada.

Toda uma escola histórica então se fundou sobre a noção de que as diferenças dos tempos são uma aparência, que os homens não mudaram, suas ações repetem-se, que o estudo dessas repetições permite reconhecer as leis da política; uma velha ideia, em suma, muito clássica: nada de novo sob o sol, as mesmas causas repetem os mesmos efeitos, mas expressos com uma insistência e um talento novíssimos e também num momento propício da conjuntura. Os livros de Bainville, em particular *Histoire de France* [História da França], foram grandes sucessos de livraria, comparáveis aos romances em voga. Não creio que antes do *Louis XIV* de Louis Bertrand e dos livros de Bainville obras sérias de História tenham conhecido uma vendagem tão grande. Todo um público se abria para a História e não era o público tradicional das memórias ou das grandes séries à maneira de Thiers, de Sorel, isto é, dos historiadores liberais não universitários, pois a universidade permaneceu por muito tempo confinada à sua clientela particular de eruditos.

Sem dúvida, observando-a de mais perto, perceberemos que a *História* de Bainville não era propriamente uma trovoada num céu sereno, como se pôde crer. Seu sucesso tinha sido preparado em particular por Lenôtre, cujas primeiras publicações datam do fim do século XIX. Os estudos de Lenôtre marcam o primeiro alargamento do público dos livros de História. Porém, sua grande difusão data da obra de Bainville. Esse escritor um tanto austero, cujo estilo despojado evita a facilidade e o pitoresco, suscitou um sucesso extraordinário. Contribuiu para o desenvolvimento de um gênero, a vulgarização histórica. Esse gênero explodiu durante o último entreguerras. A extensão rápida do público de História ao público de romances provocou a aproximação bastarda da História e do romance, a História romanceada: lembremo-nos da moda das coleções de vidas romanceadas, de vidas amorosas etc. Mas trata-se de um limite inferior do gênero, que prova sua atração e seu poder de contágio. A coleção típica de vulgarização histórica "distinta" é a que pouco depois foi aberta pela *Histoire de France* [História da França] de Bainville e pelo *Louis XIV* de Louis Bertrand: a coleção *Grandes études historiques* [Grandes Estudos Históricos] da Fayard. Refiro-me sobretudo a essa coleção antes de 1939. Em seguida, ela seguiu o gosto do público, que se refinou durante uma dezena de anos. Antes da guerra, ela não teria jamais publicado *La Gaule* [A Gália] de F. Lot, nem *La Chine* [A China] de R. Grousset. Ora, a unidade desta coleção é assegurada pelos princípios que presidiram a um aspecto da obra bainvilliana (não é o seu aspecto mais sólido): a lei de repetição histórica, a lei de causalidade que determina os acontecimentos. O outro grande sucesso dessa coleção, *A Revolução Francesa*, de Gaxotte, confirmou o interesse do público por essa concepção da História. Aquilo estava tornando-se uma verdadeira escola. Erraríamos se a negligenciássemos ou a demolíssemos com a altivez pedante que mostrou então a Sorbonne nas suas resenhas da *Revue Historique*. Aliás, a pressão em favor da História assim vulgarizada foi tal que os acadêmicos não conseguiram resistir muito tempo à tentação. Vários professores de faculdade, que só tinham escrito estudos eruditos ou manuais exaustivos de ensino superior, cederam à opinião pública e se alinharam com humildade atrás de Bainville e Gaxotte. Adotaram as regras do gênero com a falta de jeito dos iniciantes. O exemplo característico desses ensaios de bom aluno é *Carlos V* de Calmette, publicado, evidentemente, na coleção clássica dos *Grandes études historiques* [Grandes estudos históricos]. Um membro do instituto que tenta rivalizar com Auguste Bailly não é certamente coisa banal. Para sermos justos, acrescentemos imediatamente que ele não o conseguiu; mas constatar, num erudito que viveu na atmosfera particular da Idade Média, um recurso ao anacronismo voluntário como a uma figura retórica, um ensaio de trapaça sobre a diferença dos tempos para agradar ao grande público das pessoas honestas, eis o que é surpreendente. Num de seus manuais eruditos, Calmette assimilaria as reivindicações de Étienne Marcel a um regime "não somente constitucional, mas ainda parlamentar [...] irresponsabilidade da coroa, responsabilidade dos ministros perante a assembleia, câmara dos representantes da nação em sessões regulares". Diríamos estar nos tempos de M. Guizot, e é bem essa confusão anacrônica que se trata de sugerir.

O sucesso da vulgarização histórica, e de uma vulgarização histórica dirigida e regrada, não pode ser negligenciado. Ele demonstra uma tendência particular entre o público que lê, e essa tendência constitui um fato sociológico importante. A que corresponde o nascimento desse novo gênero? Por que surgiu no intervalo entre as duas últimas guerras? Seu aparecimento marca o momento em que a História não erudita deixou de ser reservada a alguns amadores – magistrados, oficiais reformados, proprietários com tempo disponível, que continuavam sendo os burgueses esclarecidos do século XVIII – para atingir todo o público das pessoas honestas. Mesmo quem não tinha o hábito da leitura, teve a curiosidade de percorrer pelo menos um livro de História. Não é um acaso se essa extensão se situa no século XX. O romantismo tinha já conhecido certo sucesso com os períodos pitorescos do passado: a catedral gótica do *Gênio do cristianismo*. Mas se tratava sobretudo de *laudatio temporis acti*.

Sentimos claramente que hoje a situação é diferente: uma curiosidade geral, que cobre toda a duração da História – e não reservada a certas épocas mais coloridas –, e acima de tudo uma preocupação de penetrar esse passado, sob o risco de desmontá--lo, à semelhança de uma mecânica.

Nesse gosto pela literatura histórica, é preciso reconhecer o signo mais ou menos nítido da grande particularidade do século XX: o homem não se concebe mais como um indivíduo livre, autônomo, independente de um mundo que ele influencia sem determiná-lo. Ele toma consciência dele próprio na História, sente-se solidário à sequência dos tempos e não pode conceber-se isolado da continuidade das épocas anteriores. Tem a curiosidade da História como de um prolongamento de si mesmo, de uma parte de seu ser. Sente mais ou menos confusamente que ele não lhe pode ser estranho. Em nenhum outro momento a humanidade experimentou um sentimento análogo. Cada geração, ou cada série de gerações, tinha, ao contrário, pressa de esquecer as particularidades das épocas que as precederam. Hoje, cada uma de nossas reflexões, de nossas decisões se refere mais ou menos conscientemente à História. Nenhum traço de costume sublinha com mais nitidez e simplicidade esse fato capital do que o gosto do mobiliário antigo, gosto que se desenvolveu paralelamente à difusão dos livros de vulgarização histórica. Em que época, a não ser talvez na Roma eclética de Adriano, se colecionaram tão comumente as antiguidades do passado para viver na familiaridade do dia a dia? Ora, apesar dos esforços dos decoradores modernos, os novos estilos não conseguem expulsar dos interiores domésticos o salão Luís XV e a sala de jantar típica do Diretório. Não se trata de uma moda passageira, mas de uma transformação profunda do gosto: o passado se aproximou do presente e se prolonga na decoração cotidiana da vida.

Ora, esse sentimento de consciência de si na História, tal como o surpreendemos aqui em suas manifestações espontâneas e infantis, dividiu-se no século XX. Ele está na origem de duas correntes de ideias que, apesar de sua oposição fundamental, apresentam analogias ainda mais marcadas e muito sugestivas. Trata-se, de um lado, do historicismo bainvilliano e, de outro, do materialismo histórico de Marx. Tal aproximação parecerá um paradoxo de mau gosto. No entanto, um e outro são muito bem, ao mesmo tempo, as manifestações de uma mesma tomada de consciência da História e as consequências de uma mesma mecanização na inteligência da História.

É sobre esse fenômeno duplo que gostaria de refletir aqui. Já dissemos como o historicismo bainvilliano aparece como a apreensão do aspecto histórico do mundo, após a Primeira Guerra Mundial.

Mas o marxismo? De início, todos se admirarão com o considerá-lo próprio ao século XX. Marx pertence ao século

XIX. Sem dúvida, mas se Marx é do século XIX, do "século do progresso", o marxismo na sua interpretação moderna é bem de nosso século, o século da História. Nos anos de 1880, o marxismo evoluiu para a social-democracia, palavra que, aliás, já lhe era anterior. Foram precisos elementos novos que emergiram na superfície graças ao Primeiro Conflito Mundial para rejuvenescer o marxismo, e de fato, para inventá-lo uma segunda vez. Ele foi novamente suscitado pela profundidade e extensão das perturbações da sociedade burguesa. Eles puseram a nu e avivaram o sentimento antes obscuro e tímido de uma solidariedade com a História, com a sequência do tempo e a extensão dos espaços. O materialismo respondeu como um eco a esse apelo, mas que espécie de eco, é o que se trata de saber.

Na origem, é preciso reconhecer uma experiência perfeitamente autêntica. Como todas as experiências autênticas, ela não é geral, mas particular a certa sociedade, a certo meio; eu diria a certa maneira de *nascer*: a consciência histórica dos indivíduos que não mais protegiam a história particular de uma comunidade vivida, a deles; que não mais existiam numa comunidade histórica. E é preciso dar à palavra "comunidade" um sentido restrito: a menor sociedade que o homem possa imediatamente conceber e sentir, o meio elementar que dá cor ao seu comportamento.

Nada de comunidade histórica. Não se trata, contudo, de deserdados, de miseráveis, de proletários, menos ainda de desclassificados. Às vezes, ao contrário, são vencedores. Digamos mais simplesmente que são expatriados, apátridas. Por exemplo, os que não tiveram uma vida familiar muito calorosa, que reagiram intelectual e moralmente contra seus meios, os que as mobilizações, as guerras, as deslocações, as ascensões sociais retiraram de suas geografias tradicionais. Retirados da história própria às suas cidades particulares, sentiram-se como átomos perdidos no mundo compacto da tecnocracia moderna, onde cada um é confundido com todas as humanidades do planeta. Encontraram-se verdadeiramente perante a História, muito concretamente. Sentiram a ligação misteriosa e fundamental que unia suas existências ao desenrolar-se das gerações no tempo, à proximidade dos homens, seus irmãos e seus inimigos, no espaço. Para além dos epifenômenos do século XIX, os nacionalismos, as guerras, as tecnocracias, o homem moderno suspeitou que a condição humana podia ser reencontrada no próprio coração das violências e das divisões que o tinham antes destruído. Adivinhava-se que os conflitos, os ódios, as guerras não estavam no fundo da História: que *esses antagonismos, por pouco que fossem vividos desde muito tempo,* constituíam, ao contrário, a fonte de uma amizade humana. Esse sentimento existiu e é uma experiência muito grande e muito real. Nós podemos reencontrá-la, parece-me, na obra de Malraux e de Koestler. É a verdadeira comunhão com a História.

Essa consciência da História global, porém, não permaneceu pura, e é aí que intervém o marxismo. O marxismo abafou o apelo a que parecia responder.

Os homens sem História particular sentiam que era preciso superar os antagonismos cujo jogo tinha determinado nos acontecimentos superficiais da História clássica. O marxismo propunha-lhes uma interpretação da História que transcendia esses conflitos no movimento dialético das classes sociais e da evolução técnica.

Assim, a espécie de homens que ele doutrinava foi demovida da busca de uma superação autêntica desses conflitos factuais, busca que, sem fazer desaparecer esses conflitos, os teria integrado numa amizade feita de hostilidades, numa solidariedade de diferenças. Além dessa necessidade de superação, duas outras tentações atraíram para o marxismo os homens abandonados nus na História: a massa e a fatalidade.

A amplitude dos movimentos econômicos e sociais, o conhecimento mais preciso que deles se tinha – graças à maior curiosidade que despertavam – envelheceram os modos habituais de explicação com que antes nos contentávamos. Pouco se procurava além dos desígnios dos estadistas, de suas ambições e de suas psicologias individuais. Transpunham-se as vagas categorias da moral clássica para os comportamentos nacionais ou sociais: a ambição de Napoleão I, o egoísmo da Inglaterra, a avidez da Alemanha etc. Contentávamo-nos com isso porque, no fundo, não tinha muita importância; a História era um luxo e não uma exigência de inserção no mundo em que vivemos.

Hoje, essas interpretações tradicionais já não estão à altura dos acontecimentos e, sobretudo, do que agora sabemos dos acontecimentos.

Ora, o marxismo apresentava a História não mais como o conflito de alguns, mas como o jogo das grandes massas, compactas e poderosas, que se aniquilavam umas às outras pelo seu peso.

Falava uma linguagem muito compreensível para os que sentiam essa impressão de massa em que, quisessem ou não, estavam englobados. Essa simplificação, ao mesmo tempo grosseira e épica, devia tentar os que não tinham uma experiência pessoal e concreta da pluralidade dos grupos sociais, da imbricação das coletividades antigas e recentes e de seu dinamismo. A noção de massa e de classe, por exemplo, impunha-se aos que ignoravam o conceito bem mais particular de meio.

A ignorância dos meios, das histórias singulares e diversas fazia com que naturalmente se aceitasse a ideia de um determinismo, de um devir inexorável cujo curso poderíamos ajudar, mas que não poderíamos nem deter nem desviar.

As enormes articulações da História moderna, o esmagamento sob os fenômenos dos fatores individuais, das psicologias individuais, levavam a considerar um movimento geral do mundo sempre no mesmo sentido, num sentido bem determinado.

Fora da proteção das histórias particulares (cujas complexidades, inércias, aderências a velhos e imperecíveis hábitos e também as estranhezas são bem conhecidas dos que nelas vivem), vemos muito mal como poderíamos evitar a submissão a um *Fatum* diante dos enormes monolitos do mundo moderno: é preciso submeter-se à corrente da História. E o materialismo dialético dirige essa corrente, como a geometria orienta um vetor.

Superação dos conflitos políticos, peso das massas, sentido de um movimento determinado da História: são esses, aproximadamente, os pontos de contato do marxismo e de uma consciência real e concreta da História total.

Do nosso ponto de vista, é importante considerar agora em que ponto o marxismo cessou de se ajustar à História, como voltou as costas à História. Exatamente quando deixa de ser uma consciência da História para tornar-se uma física da História.

A exploração do passado conduziu Marx a reduzir a História a leis essenciais, chaves de uma mecânica que se repetiria rigorosamente durante o período da evolução. No marxismo, a classe dos explorados destruía a classe dos exploradores e a tirava do poder; e essa superação estava ligada não a uma vontade de potência e a uma maturidade moral, mas a um estado de desenvolvimento econômico-técnico. A burguesia eliminaria a nobreza graças à substituição da economia senhorial pelo capitalismo comercial. O proletariado eliminaria a burguesia quando a propriedade social tivesse substituído a propriedade individual. Assim, a História reduzia-se ao jogo recíproco de uma constante e de uma variável. A constante era a coletividade humana mecanizada, sempre semelhante a si mesma em seu movimento. A variável era o estado econômico-técnico do mundo. Mas as condições econômico-técnicas apareciam como forças da natureza cientificamente organizada, algo de análogo à variação contínua da pressão atmosférica. A variável estava fora do homem.

O marxismo conseguia assim eliminar da História a diferença entre os homens. Concentrava fora do homem os fatores de variação. Diríamos que isso equivalia a deslocar o problema sem resolvê-lo, e que não é possível explicar o desenvolvimento econômico-técnico sem se voltar ao homem, sem ir do *homo faber* ao *homo sapiens*? Não se trata de refutar aqui o materialismo histórico, mas apenas de situá-lo na geografia das atitudes perante a História.

A respeito disso, é preciso reconhecer que o marxismo, originado de um sentimento autêntico de consciência histórica, acaba numa física mecanicista muito afastada da História. Muito afastada porque destrói a alteridade da História, o sentido das diferenças no próprio interior do homem total, ao mesmo tempo religioso e técnico, político e econômico: as diferenças de costumes.

Assim como meu irmão não sou eu, e, no entanto, sou estranhamente ligado a ele, também o passado ao qual sou solidário é diferente do meu presente. Alguns filósofos, desejosos de sublinhar a historicidade de nossa época, escreveram que o próprio presente pertence ao passado e é concebido como tal. Vemos bem a parte de verdade que há nessa proposição, mas ela tem o defeito de destruir a experiência comum do presente, indispensável à existência da curiosidade histórica. É com relação ao meu presente que o passado me aparece como tal. Em julho de 1940, tive a nítida sensação de que a Terceira República pertencia já ao passado; como se diz vulgarmente, "era História". É próprio da História ser a um só tempo outra e próxima, mas sempre distinta do presente.

Para o historiador marxista, o passado repete o presente, só que em condições econômico-técnicas diferentes. Ele estuda a História unicamente para frisar suas repetições. O último ensaio desse gênero é inteiramente conclusivo a esse respeito. Daniel Guérin consagrou dois grossos volumes à *Luta de classes em França na Primeira República* para situar a Revolução de 1792-1797 no esquema clássico do marxismo. Para ele, todas as revoluções conhecidas se desenvolvem segundo o mesmo processo. Uma classe não proletária, a burguesia, apropria-se do poder porque seu momento coincide com uma etapa do "desenvolvimento objetivo" da economia. No curso desse mesmo movimento de emancipação, uma pressão popular se esboça ao redor de Hébert, de Chaumette; ela tende, ao mesmo tempo, a ajudar a classe progressista a expulsar a classe retrógrada que se mantém no poder, mas também a ultrapassar essa classe progressista e não proletária. Só que, a cada vez, fracassa porque o desenvolvimento técnico não lhe permite ir mais adiante; e ela retorna à sua inércia, à sua indiferença. Assim, o impulso popular foi frustrado na Florença dos Ciompi e na Paris dos Insurretos, porque estava em avanço com relação ao desenvolvimento da economia. Será bem-sucedido em 1917, na Rússia, porque o estágio das técnicas o permitirá.

Todo o esforço dos historiadores marxistas consiste em salientar a permanência de uma consciência de classe, sempre igual a si mesma, e em relacionar os progressos dessa classe ao "desenvolvimento objetivo" da economia.

Seria totalmente inútil confirmar ou infirmar esse esquema. Empenhando-nos muito, poderíamos separar, de boa-fé, a parte da verdade e a do erro. Que verdade? Que erro? Esforço vão, porque raciocinaríamos sobre o que não existe, sobre aquilo cuja existência arruinaria o valor da História. Raciocinaríamos sobre *leis,* isto é, sobre *médias.* E é, meu Deus, possível que em certo grau de generalização as coisas se passem assim, mas tudo depende do grau de generalização em que nos detemos. Tudo se modifica se o fixarmos mais acima ou mais abaixo.

A partir do momento em que tomamos um meio-termo, saímos do domínio concreto da vida humana. Talvez nosso instrumental intelectual não nos permita apreender os fenômenos brutos em sua complexidade. Não estou seguro quanto a isso, e grandes historiadores como Fustel de Coulanges e Marc Bloch o conseguiram. Sem dúvida, nossos meios de expressão nos constrangem a nos exprimir com auxílio de médias. Mas não estamos autorizados a usar dessas convenções senão sob a condição de conservar, subjacente a essas médias, a particularidade viva das observações. Ora, a concepção marxista da História baseia-se em *médias* sem relação com as singularidades do momento, a não ser o estado do desenvolvimento econômico. Esta ressalva é importante, não porque restitua a singularidade do homem histórico — já que ela recalca as variáveis para fora do mundo do homem — mas porque o recurso a um elemento técnico desumanizado permitiu ao marxismo mecanizar a História. Com efeito, é no domínio das técnicas industriais ou econômicas que é mais legítimo falar de médias. Raciocinamos sobre produtos que podemos fabricar em série, fáceis de agrupar, de classificar e de contar. Uma tonelada de aço se adiciona a uma tonelada de aço. Falamos sem equívoco de uma média mensal das exportações de trigo. O marxismo remontou da estatística das coisas às estruturas dos homens. Porém, do produto ao produtor, da obra ao obreiro, há toda a diferença do bruto ao vivo. Ao contrário, a obra participa mais das singularidades do obreiro que o obreiro da impessoalidade da técnica. O marxismo — como as economias políticas estreitas e exclusivas — estendeu aos homens as categorias da economia, enquanto a História antes estendera à economia as infinitas diversidades do homem.

O materialismo dialético foi a tentação de uma consciência global da História. Mas há outros contatos entre o homem e a História, menos brutais e menos imediatos. Nestes encontros, os homens não afrontam diretamente o vagalhão das multidões e dos devires monumentais. Antes de entrar na História maciça, irresistível e anônima, eles pertencem às suas cidadezinhas particulares. Sua história particular abriga-os da História. São os homens das famílias, das sociedades restritas e orgulhosas, dos grupos estanques e debruçados sobre seu próprio passado porque esse passado lhes pertence e reforça sua singularidade: clãs fechados de nossas burguesias e de nosso campesinato que cultivam cuidadosamente suas diferenças, isto é, tradições, lembranças e lendas que só pertencem a eles. É menos uma questão de condição social que de persistência no interior da condição da memória do seu passado particular. Tocamos aqui num plano de clivagem essencial para a inteligência de nossa época e de suas opiniões.

Nas escolas de oficiais e nos centros de juventude do governo de Vichy, tive ocasião de sondar a profundidade das recordações que subsistiam das pequenas comunidades familiares ou regionais. Submetíamos aos jovens um questionário sobre o que sabiam de seus pais e de seus ancestrais. Alguns, de condição às vezes modesta, remontavam, porém, às suas genealogias longínquas. Lembravam-se, após várias gerações, dos hábitos de seus parentes e da vida anedótica de seu grupo. Alguns remontavam até ao século XVIII. Muitos partiam de 1830-1840. Alguns filhos de cultivadores de Seine-et-Oise conheciam perfeitamente a história de sua família, que não tinha deixado a aldeia desde o século XVII e diziam as datas das lajes funerárias. Essa memória do passado familiar é muito desenvolvida nas comunidades montanhesas dos altos vales da Suíça, do Tirol austríaco. A família do chanceler Dolfuss conserva genealogias que permitem seguir seu rastro desde o século XVI: uma família de camponeses tiroleses.

Dentre os jovens, outros, ao contrário, não podiam responder às questões, quer porque de fato não soubessem mais nada de seus parentes mais próximos, quer porque suas lembranças fossem tão indiferentes que não conseguiam compreender o próprio sentido das questões, como se elas tivessem sido redigidas em língua desconhecida.

É espantosa a rapidez das degradações das memórias familiares. Um rico notável de velha cepa nascido em Bordeaux um dia observou no escritório de seu notário um documento de registro civil em nome de L. Surpreendeu-se, pois o nome L. era o de sua avó. O notário respondeu-lhe que se tratava sem dúvida de uma homonímia, pois o tal L. era um miserável coveiro do cemitério municipal. Curioso sobre tudo que se relacionava à sua família, o burguês dirigiu-se ao cemitério e, sob um pretexto qualquer, travou conversa com L. Soube que L. era um de seus sobrinhos-netos e suas pesquisas no registro civil reconstituíram a filiação. Mas o infeliz coveiro não guardava mais nenhuma lembrança da sua origem: em três gerações, sua memória familiar tinha desaparecido.

Essa distinção entre indivíduos com passado e indivíduos sem passado é essencial. Ela não coincide inteiramente com as separações sociais: existem famílias de velha burguesia que vivem na abundância e na riqueza, mas cuja falta de entendimento entre os parentes, as preocupações da vida mundana, a tirania do bem-estar afastaram as lembranças da história familiar, enfraqueceram seu interesse para as crianças e, em definitivo, a deixaram apagar-se no esquecimento das gerações mais jovens.

Essa distinção tampouco é coisa nova. No século XVI ou no XVII ela existia, ainda mais marcada do que no fim do século XIX. As famílias prolíficas do Antigo Regime exportavam o excesso de sua fecundidade e essas crianças, longe do lar, perdiam quase sempre a lembrança de sua origem.

Acontece que hoje o fenômeno mudou de caráter, porque no Antigo Regime a consciência da História pouco existia, enquanto que na nossa época ela constitui o denominador comum das nossas sensibilidades. Assim, a ausência ou a presença de um passado particular distingue duas maneiras de se estar na História.

Os marxistas, dos quais acabamos de falar, sentem sem transição a invasão dos séculos, maciços e terríveis; outros, ao contrário, só atingem a História através de seu passado pessoal, povoado de figuras e de lendas familiares, um passado que só pertence a eles, sempre benevolente.

Para aqueles em quem subsiste, a consciência dessa história particular exasperou- se em nossa época, como uma defesa contra a História gigantesca e anônima. Chega até a acontecer de alguns homens nascidos sem História sentirem a necessidade de construir para si mesmos uma cidade lendária onde poderiam se abrigar e permanecer. Há muito disso no culto dos ancestrais, sobretudo quando os compramos na feira de quinquilharias.

No entanto – e aí está o paradoxo – esta "pequena história" da lembrança permaneceu na sombra das conversas familiares, das tradições orais, sem que nenhum esforço tenha sido feito para inserir essa consciência singular, diferente para cada grupo consanguíneo, na grande História coletiva; dessa atenção por um passado pessoal e familiar subsistia apenas um gosto do passado em geral, sem que esse tenha conseguido se traduzir e desabrochar numa comunhão concreta e viva com o desenvolvimento da vida humana.

Abriu-se um divórcio entre a experiência própria que cada um tinha de seu passado e a imagem seca e abstrata que construía do passado do mundo. Porque a sua história particular, fechada demais, não lhe bastava.

Esse divórcio ocorreu em dois sentidos, no sentido da história regional e no que chamei acima de vulgarização distinta para uso do público conservador.

Compreende-se bem a passagem à história regional: o "país", o meio geográfico estreito e reunido, é o prolongamento natural do grupo familiar; não se distingue dele. A rede de lembranças de infância, alianças familiares, das genealogias, dos papéis de família e das tradições orais amplia-se naturalmente para a aldeia, a região e a província. Mas consultem as publicações das sociedades regionais e ficarão confundidos com a secura de suas exposições, com a falta de inteligência e de sensibilidade interpretativa na utilização de documentos no entanto sugestivos. Os eruditos de província conseguiram o prodígio de esgotar os temas mais densos, de exaurir as relações mais ricas da humanidade – as do homem com a terra, com o ofício, dos homens entre si – no mais baixo grau da História: refiro-me ao ponto da arquitetura social em que as relações não sofreram a redução à média, a inevitável generalização que caracteriza os gêneros de vida social e política mais elevados.[1] No feudo, na fazenda e na loja, a distinção entre a vida privada e a vida pública, entre a condição humana e a instituição coletiva, ainda não se deu.

Mas os eruditos de província no mais das vezes permaneceram indiferentes a esse chamado da vida. Ou seus estudos são catálogos, muitas vezes pouco metódicos, onde o interesse subsiste apenas no seu desconhecimento, ou então são descrições pitorescas de festividades; ou, ainda, um recorte da História geral: os acontecimentos da grande História que se passaram em sua região. Tudo isso é perdido, senão para o especialista que encontra o que respigar, certamente para o homem moderno, desejoso de cultivar sua consciência da História.

Em sua maior parte, os membros das sociedades históricas, arqueológicas, literárias das academias de província eram recrutados dentre os burgueses tradicionais, aqueles mesmos que conservavam com cuidado sua história particular, mantinham

---

[1] A História vista de baixo, e não do alto, diz Lucien Febvre (*Combates pela História*, 1953).

em dia sua genealogia, anotavam cuidadosamente para seus herdeiros suas lembranças de família: caderninhos cobertos de uma escrita regular, caligrafada de tinta negra lavada pelo tempo, que encontramos nas gavetas das escrivaninhas, comoventes pelo sentimento que revelam de pertencer a um passado próprio, mas também verdadeiros documentos de História; talvez a única História que mereça despertar e manter a vocação dos profissionais. Esses mesmos memorialistas vivos foram aqueles eruditos ingratos e limitados.

Nas grandes cidades, onde os vestígios do passado regional se atenuavam, onde os acontecimentos da política nacional e internacional pareciam mais próximos, mais determinantes, o sentido do passado traduziu-se por uma História política e conservadora. As famílias de passado particular, fossem de tradição monárquica ou republicana, autoritária ou liberal, católica ou protestante, detinham uma herança de História – sua história particular – que deviam preservar do esquecimento, da contaminação, para transmiti-la à geração jovem. Nas condições da vida humana ou, pelo menos, em algumas dessas condições – a influência das grandes cidades, das técnicas de desenraizamento e de uniformização, como o hábitat *standard,* o banho de mar e o fim de semana – a manutenção e a transmissão dessa herança se tornavam mais difíceis: tinha-se a impressão de que isso não possuía mais sentido, utilidade ou valor.

Falta de sentido: as reuniões familiares rareavam, os parentes de grau afastado tornavam-se estranhos. Falta de utilidade: as relações familiares formadas no passado eram substituídas por novas relações, relações de negócios. Contudo, se as gerações mais jovens negligenciavam conhecer os pormenores, mesmo lendários, de seu próprio passado, elas não se deixavam esquecer da existência desse passado e queriam preservar seu sentido social e político. Assim, esse cuidado de preservação traduzia-se não por um retorno às tradições das comunidades particulares, mas por uma teoria política da tradição; essa teoria apoiou-se em certa concepção abstrata da História, que podemos chamar historicismo conservador. Trata-se evidentemente da forma tomada pela consciência moderna da História nos meios da burguesia urbana: uma espécie de compromisso.

Uma impressão de ameaça da herança histórica, fosse monarquista ou jacobina, determinava nesses detentores uma reação conservadora; reação que encontramos na época contemporânea nos membros dos partidos de esquerda, os partidos marxistas excluídos. E essa reação histórica manifestou-se naturalmente por uma nostalgia da antiga França, aqui confessada, propagada; lá, ao contrário, mais envergonhada. Essa reabilitação do passado monarquista começou com o grupo que R. Grousset chama "a escola capetiana do século XX", cujo iniciador foi Bainville (o iniciador mais do que mestre, pois seu gênio original não lhe permitiu formar discípulos, no máximo imitadores que logo abandonaram sua maneira incisiva e seca por um gênero mais pitoresco e falso). Mas o grande sucesso do gênero da coleção Grandes études historiques [Grandes estudos históricos] da editora Fayard certamente logo ultrapassou o público monarquista para atingir camadas bem mais extensas – sempre dentro desse público conservador de herdeiros ameaçados. Pouco a pouco, o preconceito desfavorável à França pré-revolucionária deu lugar a um preconceito favorável. Com o tempo, penetrou nos meios mais à esquerda. Em 1946, tive ocasião de ouvir uma conferência de um historiador universitário, aluno de Mathiez, simpático a Jaurès, que, em geral, não escondia sentimentos democráticos avançados. Até o chapéu de abas largas que trazia completava sua figura de homem de esquerda. Foi nos salões de um velho hotel. O conferencista evocou em grandes traços os começos da Revolução Francesa, da qual hoje é o melhor especialista. Falava a um público de pessoas comuns e se deixava levar por sua improvisação. Insistiu no caráter aristocrático, à maneira de Washington, desta primeira revolução que Mathiez chamou a revolução nobiliária. Demorou-se falando de seu fracasso. Nada de novo. Mas o tom mudou quando o conferencista se permitiu lamentar este fracasso. "À luz da sombria história que acabamos de viver", dizia ele, mais ou menos assim, "como não lamentar a ruptura brutal e sangrenta de uma evolução que, mais contínua e sem quebras, teria seguido um curso de que a história dos Estados Unidos pode nos dar uma ideia." Sobre as ruínas do Ocidente, o velho jacobino de chapéu grande reencontrava o sentido da herança, do capital transmitido, que não perece sem uma regressão humana. O historiador universitário sentia, sem saber, saudade do passado tal como se encontrava na origem monarquista de um gênero histórico que, aliás, desprezava.

Cito essa anedota para salientar a importância da corrente apologética que pressionava em direção à reabilitação e à nostalgia da antiga França os conservadores, os que tinham de conservar sua história particular.

Agora é preciso examinar a que atitude perante a História essa corrente conservadora conduz, como acabamos de tentar fazer com a corrente revolucionária marxista.

Como a corrente marxista, partida de uma experiência concreta e vivida, ela não cessou de se afastar, ou antes, separou-se dela bruscamente, sem transição. Não houve passagem da história particular à História geral; a história regional poderia ter servido de passagem; assim foi na Inglaterra, onde as biografias e as monografias regionais ocupam um lugar eminente na literatura. Sabemos o que houve com ela na França. O público conservador das grandes cidades não gosta da história regional, das monografias, e os editores, que conhecem seus gostos, desconfiam muito do gênero. O burguês prefere a História factual e política e, se nos abstrairmos do fator romanesco e pitoresco, diremos que nela procura certa interpretação da mecânica dos fatos, que é a de Bainville em suas obras *Histoire de France* [História da França], *Histoire de deux peuples* [História de dois povos] e *Napoleão*.

Esta História é antes de tudo uma história dos fatos políticos. Fosse ela econômica e teria sido a mesma coisa. Os fatos que a constituem não são mais fatos singulares e concretos. Contêm sempre uma parte importante de generalização.

Tomemos um exemplo. Há duas maneiras de estudar um movimento histórico; digamos, o partido comunista. Poderemos "fazer a história" do partido à luz de seus arquivos: descreveremos inicialmente o sistema de organização que lhe deu uma unidade, uma existência política, isto é, suas instituições, e a seguir as decisões tomadas por essas instituições, isto é, sua política. Escrevemos assim a história de uma instituição e de uma política. Mas podemos também, com a ajuda de testemunhos bem mais difíceis de reunir e de interpretar, definir o que distingue um comunista de outro membro de partido, na sua sensibilidade, no seu comportamento privado e social. Escrevemos assim a história dos costumes.

No primeiro caso, o objeto da História é uma arquitetura em que os elementos humanos perderam grande parte de sua individualidade. No segundo caso, é a própria singularidade dos homens que o historiador retém. É preciso reconhecer que justamente não é fácil reencontrar essa singularidade quando ela logo perde a sua frescura inicial. O que na origem é único não subsiste e os fenômenos que duram só tomam consistência na consciência e na memória dos homens ao atenuar sua originalidade primeira.

O historicismo conservador descarta com indiferença a singularidade dos costumes para prender-se à generalidade das instituições e das políticas. Só se reterá do indivíduo o homem exemplar, o grande homem: Alexandre, Luís XIV ou Napoleão.

Essa limitação na escolha do assunto é uma das primeiras regras do gênero que adotam tanto os historiadores sérios, como Bainville, quanto os vulgarizadores medíocres, como Auguste Bailly. Uns e outros reintroduzem o elemento pitoresco por uma alusão anacrônica à modernidade da época que descrevem, assim aplicando, à sua maneira, a segunda regra: não há diferença entre os tempos.

Como, aliás, ela poderia subsistir no grau de generalização em que esses historiadores gostam de se situar? E é essa a razão profunda pela qual eles eliminam mais ou menos conscientemente os assuntos em que o homem de um tempo irredutível aos outros se mostra sob uma luz viva demais.

"Zombamos", pensam eles, "dos clássicos do Grande Século que enfarpelavam Clóvis com uma peruca Luís XIV. Mas, no fundo, estavam errados? As estranhezas da vestimenta, das modas, dos costumes são diferenças superficiais. Seria pouco sério se deter aí, perder-se-ia tempo. O papel do historiador, pelo contrário, é reencontrar sob essas aparências diversas o homem eterno, sempre igual a si mesmo. Assim eram os mandarins de Voltaire, que raciocinavam como filósofos. Os sentimentos fundamentais do homem não variam: são sempre o amor, o ódio, a ambição... E a mesma identidade se encontra na vida das cidades. Monarquia, tirania, aristocracia, democracia, demagogia caracterizam os regimes desde Platão e Aristóteles até Hitler e Stalin."

É curioso encontrar em nossa época, na base de um gênero histórico, o sentimento que outrora, ao contrário, afastava da História os escritores pouco sensíveis à diferença entre os tempos. Assim era na Idade Média, onde os tempos eram telescopiados, onde Constantino e Carlos Magno, Virgílio e Dante pareciam contemporâneos. Assim também no Renascimento, quando a preocupação de igualar os antigos inverteu o curso das épocas, quando todo esforço conduzia à identificação do tempo presente e da Antiguidade. Conhecemos a estranha história das galeras, essa reconstituição arqueológica que tentou ser realizada, a partir de textos greco-latinos, por humanistas indiferentes aos progressos técnicos dos povos navegadores, na época das grandes descobertas. Os grandes capitães assediavam então as cidades valendo-se dos autores antigos, e o rei da Sicília, Fernando, tomava Nápoles graças a um estratagema emprestado de Belisário, o estrategista bizantino. Um postulado de identidade entre o seu tempo e a Antiguidade obscureceu para os homens do Renascimento o sentido histórico da diferença entre os tempos e entre os homens, tal como aparecia, porém, no fim da Idade Média, na época dos cronistas florentinos e de Commines. Este esforço do fim da Idade Média para apreender a História em sua diversidade foi detido pelo triunfo da noção do homem clássico, que dominou até o século XVIII. Veremos reaparecer uma preocupação com a História, por sua vez ainda muito misturada com o humanismo clássico, a partir do momento que, com Montesquieu, com Vico e com os viajantes e os exploradores dos países exóticos, se expande a ideia de uma diferenciação dos homens. Mas é apenas uma tendência que não se desenvolverá senão mais tarde, na época romântica. O bom selvagem e o sábio mandarim são ainda homens de todos os tempos e de todos os lugares.

Os historiadores das burguesias conservadoras opuseram essa noção do homem clássico à ideia do progresso, da evolução, que já era uma ideia de esquerda. Assim como o dinamismo das multidões de Michelet se opunha ao papel das grandes personalidades à maneira de Carlyle, assim como a ideia de um progresso mental se opunha à de uma identidade, e às vezes à de um retorno cíclico.

A noção clássica do homem eterno, que tinha retardado em vários séculos o nascimento de uma consciência histórica, tornava-se, ao contrário, a base de uma interpretação histórica do mundo. É o momento em que os herdeiros do gosto clássico, os alunos dos jesuítas e das humanidades, desciam, querendo ou não, para a arena da História. A pressão que empurrava para o passado os homens do século XX era tão poderosa que não se podia dispensar de historicizar uma noção, no fundo essencialmente anti-histórica. Essa vestimenta histórica do humanismo clássico conduzia a um impasse, a uma mecanização da existência diversa e misteriosa da humanidade.

A História assim concebida tornou-se uma coleção de repetições que tomaram valor de leis.

No grau de generalidade em que se situa, o historicismo conservador, assim como o marxismo, raciocina por médias, tanto no coletivo quanto no psicológico. O amor, a ambição, tais como eram colhidos pelos moralistas antigos, de Plutarco ou de Tito Lívio, são, em termos de História, apenas valores médios, insuficientes para caracterizar esse determinado amor, esta ambição determinada, como ela se manifesta em tal personagem num determinado momento. Da mesma forma, a instituição ou a atividade da instituição que chamamos política não é senão uma redução à média dos elementos individuais ou coletivos que constituem a infraestrutura da instituição. A instituição é o órgão que permite a um povo ou a um grupo fixar sua unidade e viver com eficiência. Mas ela não caracteriza diretamente uma atitude, uma maneira de ser. É, ao contrário, uma tela, necessária para agir, mas que se interpõe entre o historiador e a complexidade viva. Ao se constituir, a instituição perdeu forçosamente a singularidade dos costumes que suscitaram seu nascimento e lhe permitiram sobreviver (daí uma separação, pois, na maioria das vezes, a instituição sobrevive aos costumes). Ela adquire, ao se afastar de sua origem concreta e pessoal, uma parte de generalidade que a aproxima de todas as outras instituições que a precederam ou que a sucederão. É essa parte de generalidade que fornece a matéria do historicismo conservador.

Nesse plano médio, os protagonistas já não são homens diversos, mas funcionários do Estado, do Partido, da Revolução etc., sempre funcionários da instituição. Perguntamo-nos por que os historiadores continuaram, seguindo com isso a tradição dos moralistas antigos, a aplicar aos homens assim determinados pela razão da instituição, as categorias psicológicas formadas para o homem privado: amor, ódio, ambição etc. Aliás, o rigor de Jacques Bainville levou-o a abandonar esses recursos à psicologia individual para se limitar somente aos motivos que sobrevivem no mundo médio das instituições.

Esses motivos não são mais determinados pelas condições particulares do tempo e do espaço, incomparáveis uns aos outros, mas são fenômenos regidos por leis que se deduzem de sua repetição no curso da História. Portanto, a História permite distinguir essas leis, introdução necessária a uma filosofia da cidade e a uma política experimental. Isso se torna uma física baseada em postulados diferentes do materialismo histórico, mas sempre uma física mecanicista. Uma tende ao cataclismo revolucionário graças à evolução econômico-técnica, a outra tende à conservação, reduzindo os fatores de diversidade a um tipo médio e constante, mas ambas ignoram a verdadeira preocupação histórica, tal como era, porém, percebida na origem, numa consciência global ou particular do passado, segundo o caso.

Podemos nos perguntar como os que tinham uma experiência concreta e pessoal de sua história puderam contentar-se com uma imagem tão deformada e tão abstrata da grande História.

Há, sem dúvida, várias causas para essa passagem do concreto ao abstrato.

Em primeiro lugar, subsistia no seio dessa literatura um elemento familiar e vivo que o leitor acrescentava: a nostalgia do passado, a necessidade de reabilitar neste passado nacional e político o passado pessoal e particular de cada família. A ruptura da Revolução de 1789 incomodava a passagem da história particular à História geral. No fundo do historicismo conservador, há dois elementos bem independentes um do outro: uma nostalgia fundada no folclore familiar e uma ciência à moda positivista, que tende a determinar leis. A nostalgia permitiu assimilar o positivismo.

Mas há também outra razão que está na própria estrutura dessas sociedades conservadoras, em seu fechamento perante um mundo considerado hostil e, de fato, frequentemente hostil. Essas sociedades que outrora se contentavam em viver ingenuamente tomaram consciência de sua existência histórica por reação contra as forças modernas que ameaçam sua particularidade. Essa particularidade, então, deixou de ser uma abertura para tornar-se uma resistência. Do interior de sua história, como de uma fortaleza, as sociedades conservadoras recusaram a aproximação com a História. Elas não compreenderam que suas tradições originais só tinham valor se inseridas na grande História coletiva, se suas diferenças reencontrassem, sem se alterar, todas as outras tradições, os aventureiros e os desenraizados da História. Elas se recusaram a acolher e a confrontar o que era para eles o outro.

Esse isolamento de avestruz das lembranças e dos hábitos de família é um fenômeno da época "vitoriana", que é preciso aproximar da especialização das classes sociais em compartimentos mais estanques e sobretudo mais estranhos uns aos outros. Jamais as pessoas se ignoraram tanto, de uma classe a outra, em todo o Ocidente, do que na segunda metade do século XIX. Vivia-se com vontade de se debruçar sobre o seu mundo fechado, em seu bairro, com as pessoas de sua relação, sem nenhum intercâmbio com os outros mundos vizinhos. No entanto, o movimento cósmico que lançava os homens, quaisquer que fossem suas condições, num círculo infernal de guerra e revolução, obrigava as sociedades conservadoras a olhar para além das barreiras de seu cercado, a se interessar pela vida das Nações e dos Estados. Mas elas eliminaram da História todo fator novo, estranho à ideia que imaginavam de um passado parado em seu nível.

A marcha do mundo é feita de conflito das tradições particulares, as que morrem, as que persistem e as que nascem. Todas são igualmente atraentes, porque são as atitudes dos homens em face de seu destino, em condições particulares, num momento dado do tempo. Igualmente atraentes e, pelas mesmas razões, essencialmente diferentes, irredutíveis a uma média. As sociedades conservadoras que se ligavam às suas tradições, mas as consideravam as únicas válidas e até mesmo as únicas reais, recusavam o confronto com as tradições dos outros. O historicismo permitiu-lhes viajar no passado permanecendo surdas ao apelo da diversidade das tradições, apelo inquieto para uma solidariedade que, porém, teria preservado essas diferenças. Ele insensibilizava a História enquanto a descoloria. Substituía as tradições dos costumes, que não se podem generalizar, por uma mecânica de forças objetivas e regidas por leis. Podia-se, assim, explicar o mundo sem sair do seu cercado. Era cômodo e útil: como as histórias de aventuras lidas de pijama ao lado da lareira.

Por uma ou outra razão, o apelo da História, é preciso constatá-lo, jamais foi inicialmente percebido direta e ingenuamente. O barulho dos acontecimentos públicos – guerra, crise, revolução – irrompeu no século XX na vida dos grupos particulares. Esse choque nem sempre destruiu a ligação desses grupos com suas tradições próprias. Mas o interesse então despertado pelas grandes correntes coletivas não se apoiou na experiência concreta que cada um tinha da vida social, em seu mundo particular. Perante a História, construiu-se imediatamente, à esquerda e à direita, uma máquina abstrata, cujas leis logo se pretendeu conhecer.

Entre uma nostalgia do passado ou um abandono às forças do porvir, dois sentimentos vividos, e o conhecimento positivo da História não há nenhuma relação direta. Por isso a literatura histórica permaneceu como um gênero superficial ou um monopólio de especialistas à margem da vida das ideias modernas.

Por isso as obras de História são ainda consideradas superficiais em demasia, ou técnicas demais. Não suscitam debates apaixonados na opinião intelectual, que lhes é indiferente, apesar de sua preocupação com os problemas levantados por nossa situação no tempo. Mas o historiador não soube responder a uma inquietação que se dirigiu antes ao filósofo, ao político e ao sociólogo.

*1947*

## *Capítulo III*
# O engajamento do homem moderno na História

Hoje em dia podemos afirmar que não há uma vida privada distinta de uma vida pública, uma moral privada indiferente aos casos de consciência da moral pública. Em toda a Europa, inclusive na União Soviética, devemos contar por dezenas de milhões o número de *displaced persons* que foram arrancadas de seu hábitat tradicional, deportadas para os campos de trabalho, reclusão e extermínio. *Displaced persons:* é um nome novo de nosso jargão internacional. DP's, como dizem os anglo-saxões; dezenas de milhões: uma população comparável à da França. Deve-se refletir, entre os que ficaram, sobre as incidências deste desenraizamento de dezenas de milhares de homens, entre aqueles perto dos quais foram colocados. Desde 1940, a era triunfal iniciada por volta de 1850, com as estradas de ferro, está fechada, a única época da História em que os homens esqueceram o temor da fome. A miséria voltou sob outras formas que não a dos tempos das revoltas da fome, sob uma forma tão mais aguda e mais penosa quanto acompanhada de uma técnica e de uma nostalgia.

Enfim, e sobretudo, a politização da vida privada foi definitivamente consumada, e esse é um fato capital.

Durante muito tempo, a vida privada tinha sido mantida ao abrigo das pressões do coletivo. Não na Antiguidade toda: nas altas épocas arcaicas, os historiadores entreveem uma estrutura por classes de idade e de sexo, que relega a família ao segundo plano. Mas, a partir do tempo em que a família se tornou a célula elementar e essencial, a vida privada constituiu-se à margem da História. Daí em diante, a grande massa permaneceu estranha aos mitos coletivos: os mais numerosos porque eram iletrados, sem maturidade política, como quase todo o mundo operário antes da constituição de um sindicalismo organizado no fim do século XIX; outros, porque tinham uma história particular que os protegia: a de sua família, de seu grupo de relações, de sua classe. Um empregado de banco podia viver sem preocupações políticas agudas, sem participar da vida pública senão num acesso de patriotismo no caso de uma ameaça de guerra, ou no sacrifício militar, durante a guerra. Mas todos sabem agora, por experiência, que nos exércitos, nem a submissão à disciplina, mesmo dura, nem o combate, mesmo heroico, acarretam necessariamente o engajamento total das consciências e dos corações: o soldado é muito menos apaixonado que o militante!

Bem que houve durante o século XIX convulsões anunciadoras: o caso Dreyfus, que fez penetrar a especificação política no interior das famílias. Quero dizer que onde as pessoas se definiam por seu temperamento, suas afeições, seus hábitos de sensibilidade, passaram a se caracterizar antes pela adesão a certa política. "Dreyfusianos" e "antidreyfusianos". Mais perto de nós, nas famílias como a minha, a *Action française* e o *Sillon*.[1] Mas essa politização dos costumes privados era ainda muito superficial e limitada, limitada a meios bastante restritos.

Depois de 1940, todos tiveram de escolher; todos, sem exceção; escolher ou fingir escolher, o que é o mesmo para quem quer caracterizar os costumes. Era preciso ser a favor do Marechal ou a favor de De Gaulle, a favor ou contra a colaboração, a favor dos *maquis*[2] ou de Giraud, a favor de Londres, de Vichy ou de Argel. Chegou mesmo o momento em que, mais forte ainda do que a pressão contagiosa das opiniões, o constrangimento físico veio impor a escolha de um partido. Diante da conscrição do trabalho, era preciso ou partir para a Alemanha, ou tornar-se *maquis,* ou se dissimular num emprego privilegiado, atitudes que subentendiam mais ou menos três tendências políticas.

Depois da libertação, é preciso contar por centenas de milhares as acusações, as denúncias, as execuções. Tais cifras implicam uma quantidade de paixão política totalmente nova na História: nossa grande Revolução parece pequena diante de um movimento tão denso de interesses e de paixões. Ninguém está indiferente, até à prisão ou à execução, inclusive.

No interior de uma família, não se tratava mais apenas de relações privadas; a política introduziu aí seus conflitos. Pode-se conseguir ultrapassá-los, mas é preciso esforçar-se para tanto, e não há mais o liberalismo bastante indiferente de antes, onde, no fundo, a política tinha pouca importância porque não

---

[1] Movimento político e religioso fundado na França por Marc Sangnier no final do século XIX. [N.E.]
[2] Grupo de resistência francesa durante a Segunda Guerra Mundial. [N.E.]

comprometia tudo.³ De fato, não se trata mais de política no sentido clássico da palavra, mas de uma monstruosa invasão do homem pela História.

Assistimos ao desenvolvimento deste fenômeno na França desses últimos anos. Mas há países em que esse movimento de politização dos costumes tinha assumido amplitude e tensão muito maiores.

Num excelente livreto publicado recentemente nos Estados Unidos, Pearl Buck dá voz à uma alemã refugiada em Nova York, que ela entrevista fielmente. A família von Pustau viveu até 1914 numa mistura de animosidade familiar e de unidade moral, isto é, os caracteres e os temperamentos se defrontavam sem que as diferenças das tradições políticas interviessem. O liberalismo originário de 1848 do pai e o conservadorismo "vitoriano" da mãe, bem ou mal, coexistiam. Mas após a derrota e a inflação, toda a família explodiu em função das oposições políticas novas. Os pais, apesar de suas antigas divergências, ligaram-se ao nazismo, uma filha, a narradora, casou-se com um teórico socialista. Outra simpatizou com o conservadorismo feudal dos *junkers*. E esse engajamento político assume o primeiro lugar nas preocupações cotidianas da vida; torna impossível a vida comum, exaspera os ressentimentos em que, valha o que valha, a antiga unidade tinha sido preservada, apesar das incompatibilidades de temperamento.

Hoje se é fascista, socialista ou democrata-cristão como se é loiro ou moreno, gordo ou magro, calmo ou violento, alegre ou triste. O caráter político entrou em nossa estrutura.

---

3 Em muitas famílias do século XIX os homens eram anticlericais, republicanos, ou mesmo socialistas, e as mulheres permaneciam católicas praticantes e até monarquistas.

*O tempo da História*

Na França, por volta de 1914 e no período entreguerras, os primeiros apelos da História tinham suscitado, como dissemos no capítulo precedente, um gênero literário, o historicismo conservador. Hoje, a invasão definitiva da História provocou a promoção de um novo gênero: o testemunho. É preciso que nos detenhamos aí por um momento; pois esse aparecimento do testemunho é o indício de nosso engajamento na História.

O que entendemos, mais precisamente, por "testemunho"? Procedamos por eliminação.

Os testemunhos não são memórias. Podemos dizer que as memórias são os testemunhos de tempos sem relação direta ou imperiosa da pessoa privada com a História.

As memórias são um gênero que sentimos bem que está fora de moda, velhote. Um jovem escritor, ao ler a um mais velho algumas páginas onde entravam intenções de autobiografia, certamente ouviu dizer: "Você é muito jovem para escrever suas memórias". Hoje, apenas os homens de Estado escrevem suas memórias, ou os velhos comediantes. Caillaux, Poincaré, Paléologue, homens de outro século. Ao contrário, Paul Reynaud hesita em intitular *Mémoires* [Memórias] a obra que assim teria intitulado há vinte anos.

Antigamente, já havia as memórias dos homens de Estado, apologia *pro domo,* diante do que então se chamava "o julgamento da História". Mas também havia pessoas que manejavam um pouco a pena e começavam em seus dias de velhice a escrever suas memórias, quer para sua posteridade, quer para o público.

Ainda hoje, os editores especializados nesse gênero de publicações veem ser-lhes propostos manuscritos cuidadosamente caligrafados à moda antiga: memórias que se transmitiram de geração em geração, às vezes desde um século e meio, e cuja publicação os herdeiros tentam repentinamente.

Em alguns casos, essas memórias concernem à história particular de uma família; foram escritas para a instrução das jovens gerações.

Noa maioria das vezes, essas memórias delineiam os aspectos da vida política, tais como o memorialista presenciou, tenha ele participado como testemunha ou como ator: guerras, revoluções, vida dos grandes, da corte etc. São, na realidade, relatos de viagem ao país dos príncipes, dos homens de Estado, nas regiões de vida pública.

Assim, as memórias são observações diretas, sobre a vida privada ou sobre a vida pública, mas nunca sobre a relação entre a vida privada e a vida pública. O homem de antigamente, digamos, mais precisamente, o homem do Antigo Regime ou do século XIX, tinha uma vida pública e uma vida privada independentes. O homem de hoje, não.

O testemunho tampouco é a narrativa de um espectador ou o relato de um ator: uma narração que se propõe ser exata, completa e objetiva. Todo documento contemporâneo do acontecimento não é um testemunho.

Uma narração pode ser exata, precisa e até pitoresca; não presta testemunho se não se apresenta como o caso exemplar até em sua extrema particularidade de uma maneira de ser num momento da História, e num momento somente.

Igualmente, a reportagem clássica e a "viagem" tradicional não constituem testemunhos. Não é uma evocação pitoresca, por prazer, como é a pretensão das reportagens bem-sucedidas. A antiga fórmula da "viagem" fazia seu autor passear ao redor dos costumes estranhos e das paisagens exóticas. O autor procurava ao mesmo tempo desenraizar o leitor e instruí-lo. Isso parecia poesia e etnologia. Mas a "viagem" deixava de lado o que julgamos essencial: a inserção na grande História – na nossa – não de coletividades exóticas, mas de nossa existência na sua particularidade, que é preciso nomear e desenvolver como um romance. A "viagem" comunica friamente observações concretas. O testemunho contenta-se em mostrar as particularidades de uma existência menos observada de *fora* do que vivida por simpatia.

Talvez, com essa exegese negativa, já se tenha adivinhado o que entendemos precisamente por testemunho. Forneçamos, agora, alguns exemplos.

Em francês, temos muito poucos deles. Talvez *Les déracinés* [Os desterrados] de Barrès esteja entre os ancestrais do gênero. Há, em *nosso* gênio, uma tradição de universalismo clássico e de preciosismo literário (no sentido de uma literatura de salão, para pessoas de sociedade ou ociosas, afastadas das lutas cansativas da História) que leva à interioridade, que afasta do mundo complicado das ilações humanas em direção ao mundo interior, *La princesse de Clèves* [A princesa de Clèves] ou *Le grand Meaulnes* [O grande Meaulnes]. O leitor burguês da cidade durante muito tempo se obstinou em pedir à literatura algo de diferente de uma tomada de consciência da condição humana na História.[4]

Não vejo nas produções que acompanharam nossas crises e nossas guerras, até 1939, uma obra comparável a *Réprouvés*

---

4 Na verdade, este traço de nossa história é uma das características do classicismo e, apesar da importância hoje ressaltada dos períodos abstratos, realistas, barrocos e românticos, é difícil não reconhecer aí uma de nossas constantes francesas.

[Condenados] de Ernst von Salomon. Esse livro magistral, cuja influência foi grande sobre a geração que tinha entre 25 e 35 anos em 1940, parece-me o exemplo típico do testemunho, o primeiro pela data, porque ligado ao surgimento do nazismo, e o nazismo foi, com o comunismo, a primeira manifestação retumbante dessa politização do homem que caracteriza nossa época. Conhecemos o tema de *Réprouvés*: é a história dos jovens alemães que, preparados para o combate, foram desarmados cedo demais pela derrota de 1918, levaram consigo sua nostalgia e seu desespero para os comandos contra os sovietes no exterior, os comunistas no interior e, finalmente, para a revolta, a brutalidade e a morte: o assassínio de Rathenau. É o testemunho trágico de um pré-fascista: não uma exposição de motivos, nem uma justificação; não uma explicação analítica de uma atividade política ou social. Não: eis quem sou e como vivo. Meu ser e minha vida trazem minha justificação, porque sou e vivo nessa história que é meu drama, amo, sofro, mato e morro.

Se *Réprouvés* foi traduzido do alemão, a influência que esse livro exerceu prova a sedução dessa consciência pessoal da História sobre as jovens gerações francesas. Uma forte tradição as mantinha para trás, justamente a do historicismo conservador. Nos meios da *Action française* de estrita ortodoxia, desconfiava-se dos *Réprouvés*; achava-se, a justo título, que eles cheiravam a fascismo.[5] Esse freio funcionou até mesmo para os que acreditavam escapar dele. O diário muito comovente que R. Brasillach

---

5 Podemos nos perguntar por que o fascismo não se desenvolveu mais na França dos anos 1930. Foi justamente porque nos círculos nacionalistas onde já germinava, ele encontrou a resistência da *Action française*, que o sufocou em sua origem.

redigiu em sua prisão, antes de um julgamento cujo veredicto já conhecia, não dá o tom de um testemunho diante da História. É o drama de uma juventude terna e nostálgica, não é o testemunho de um fascista francês. Ainda é uma confissão, um *diário íntimo*.

Ao contrário, com as obra recentes de David Rousset, *L'universe concentrationnaire* [O universo concentracionário] e *Les jours de notre mort* [Os dias de nossa morte], nos encontramos diante do mais autêntico testemunho. (Observemos que, com poucas exceções, a testemunha do mundo moderno é, se não um revoltado, pelo menos um herói sem passado, separado das antigas tradições de cultura e de sensibilidade do Ocidente cristão. Essa ruptura não acontece sem deixar algo como um depósito de inquietação e de amargura; o homem que ainda vive no interior de sua história particular, mesmo quando é sensível às pulsações da grande História, experimenta um sentimento de segurança e de paz; ele pode ser vencido: ele não tem inquietação e nenhuma angústia o força a gritar seu testemunho como um apelo.)

A obra de David Rousset não é nem uma reportagem nem uma descrição objetiva dos campos de concentração, apesar de sua honestidade. Alguns poderão dizer que a pintura é incompleta e, em particular, que a vida religiosa, sob a forma de inquietação ou de sacrifício, está ausente.

Mas, justamente, é seu caráter parcial e lacunar que confere a esta obra seu tom de testemunho: não descrevo como observador, mesmo do interior, o que vi ou tudo o que vi; o que importa é como minha vida nesse universo testemunha em seu cotidiano mais ordinário uma participação numa maneira de ser na História. E essa maneira de ser determina uma sensibilidade e uma moral esquematizadas até a caricatura, mas válidos, entretanto, para um mundo concentracionário. Pois o universo concentracionário não é, no fundo, senão uma prefiguração apocalíptica do universo de amanhã; e a obrigação de viver, nos próprios limites da vida, revela-me meu destino de homem na História de hoje. As próprias ausências, em particular a indiferença completa diante das preocupações religiosas e das experiências de fundo religioso, que não podiam deixar de existir, são significativas desse endurecimento da consciência perante a revelação de um mundo novo. Toda a antiga moral, mais ou menos herdada do cristianismo, fundada sobre uma noção de salvação pessoal e de comunhão mística, desaparece diante de uma lógica interna que politiza integralmente a sensibilidade e os costumes. Para viver e fazer viver esse mundo, é necessário anular as antigas reações pessoais de piedade e de ternura.

O médico, no *Revier,* não salva um tuberculoso; ele garante a sobrevivência de um camarada – não um amigo, mas um camarada de seu partido ou de sua nação – porque esse camarada é útil à existência de seu partido ou de sua nação, sem o que ele mesmo, o médico, desapareceria diante dos outros partidos, das outras nações ou dos alemães "verdes" e da SS.

Dá-se conta da reprovação que em outros tempos tais proposições teriam suscitado? Não se poderia nem mesmo escrevê-las.

Aliás, essa nova moral não deixou de despertar polêmicas. Antigos detentos protestaram e acusaram: no fundo, eles não pertenciam ao universo concentracionário; eles o sofriam como prisioneiros e não como aqueles velhos detentos alemães que nele tinham instalado suas vidas a ponto de sentir certo incômodo perante a ideia do retorno ao mundo dos homens livres. David Rousset testemunha por esses homens, os únicos concentracionários autênticos, e é curioso que a moral nascida nesse vaso fechado não choque mais inteiramente a opinião dos homens livres.

Portanto, dezenas, centenas e milhares de homens construíram, no coração do Ocidente, uma sociologia específica. Postos à margem dos outros seres vivos, os detentos recomeçaram a História partindo do nada.

Ora, nas condições contingentes dos campos, o concentracionário teve de abandonar como um enfeite inútil os antigos hábitos das consciências particulares e das morais privadas: teve que historicizar integralmente sua condição.

Com isso, o universo concentracionário é um reino de utopia, mas efetivamente vivido e dado como uma imagem da História.

E David Rousset é testemunha do heroísmo autêntico, mas sem fidalguia e sem honra destes construtores de universo, imagens do herói moderno, devotado à História.

É sobretudo a literatura de língua inglesa que cultiva o testemunho como um gênero importante, de grande tiragem. Há várias razões para isso:

Inicialmente, pense-se no número de homens que, no planeta, falam ou leem o inglês; além dos povos anglo-saxões, que contam mais de duzentos milhões de indivíduos, todo o extremo Oriente. Ao escolher o inglês, um autor garante para si o maior público *in the world.*

Mas é também a língua dos países de refúgio. Durante o século XIX, os exilados e as vítimas das mudanças de regime refugiavam-se em Paris. Atualmente, a corrente mais densa dos exilados ultrapassa Paris para atingir o Novo Mundo. Os testemunhos mais importantes sobre os movimentos europeus foram publicados em edições norte-americanas, muitas vezes em tiragens muito grandes. O público norte-americano, portanto, interessa-se particularmente por este gênero de literatura, e esse é um sinal muito importante de sua abertura para a História. O norte-americano descobre o mundo por sua vez e, em sua ingenuidade, vai direto ao que há de mais autêntico; menos ao grande estudo exaustivo, geopolítico, do que ao testemunho vivido.

Gostaria de passar em revista alguns desses testemunhos. Para nossos propósitos, pouco importa se alguns destes textos – norte-americanos – revelam a inquietante colaboração do autor... e de um jornalista. De fato, o jornalista apenas acentuou com seus artifícios o caráter que quero analisar.

O livro de Kravchenko, *Escolhi a liberdade*, traduzido em francês; é típico do gênero. Kravchenko narra sua vida desde a primeira infância, junto a seu pai, um operário revolucionário, ou a seu avô, um suboficial reformado, temente a Deus e ao czar, até sua saída da Rússia como alto funcionário soviético, membro de uma missão de compra nos termos de comodato e sua fuga por hotéis norte-americanos perseguido por um agente da NKVD. Como me tornei comunista, membro do Partido, técnico e alto funcionário do regime, como me desliguei até a ruptura profunda, embora secreta. Minha própria vida, até nos pormenores dos hábitos mais íntimos, testemunha sobre o tom da existência na Rússia soviética, incidências cotidianas da vida privada e da vida pública.

Como observamos há pouco, a respeito do livro de Pearl Buck e de Ernst von Pustau, na Rússia, assim como na Alemanha fascista, não há mais distinção entre a vida privada e a vida pública. A politização da vida privada é integral. E essa é uma condição muito boa para o valor e a autenticidade do testemunho: minha vida cotidiana, minhas amizades e meus ressentimentos depõem sobre certo tipo de relação entre o homem e sua cidade. Eu poderia, à maneira dos historiadores clássicos, descrever o funcionamento das instituições de minha cidade. Mas teria a impressão de descrever algo diferente desses personagens concretos, dessas aventuras concretas que determinaram minha vocação, meus amigos, minhas amantes, meu destino. Ao contrário, direi a vocês apenas sobre esses personagens, essas aventuras relacionadas à minha experiência pessoal; não para instruí-los à maneira de um manual, mas para pô-los diante da realidade existencial, a fim de fazer passar em vocês essa corrente de vida que me levou e que ainda me leva, a fim de comunicar-lhes o meu destino, porque o meu destino não é o de qualquer um, sozinho em sua privacidade. Ele não pode lhes ser indiferente. Meu destino é uma maneira de agir na História, que pode e deve ser a de vocês.

Por isto um testemunho jamais é objetivo.

Nos Estados Unidos, o livro de Kravchenko não é único. Estou pensando, particularmente, na bela autobiografia de Jan Valtin: *Out of the night!* [Fora da noite!] Jan Valtin era um marinheiro de Hamburgo que tinha 14 anos quando ocorreu o motim da frota alemã; pertenceu ao mesmo tempo ao mar e ao *Komintern,* do qual era o agente essencial para a seção marítima internacional: "o *front* marítimo". Várias vezes ele teria podido afastar sua vida de homem do mar de sua atividade no Partido. Sua mulher o pressionava neste sentido: uma burguesa sem raízes, um pouco anarquista. Mas ele não aceitou a ideia de um destino separado do movimento de revoltas, de greves, de camaradagem que já lhe era indispensável. Foi, ao contrário, sua mulher quem teve que abandonar sua liberdade, sua independência e entrar no Partido para logo ter que trabalhar, sem convicção, em missões perigosas.

Ora, chega o momento em que Jan Valtin entra em conflito com o Partido; é preso pela Gestapo que, após espantosas torturas, o liberta sob a promessa dele de que irá espionar por sua conta seus antigos companheiros. Ele aceita, mas se entende com o Partido em Copenhague a fim de passar informações falsas, capazes de enganar a polícia alemã. Só que a Gestapo manteve sua mulher como refém. Jan Valtin gostaria que seus companheiros do Partido a conduzissem em segurança para fora da Alemanha, mas o Partido recusa, pois isso o queimaria aos olhos da Gestapo e perderia, assim, um importante contato.

Valtin, então, se revolta; é preso pela GPU ao aguardar que um cargueiro soviético o levasse à URSS. Consegue evadir-se pondo fogo em sua prisão e parte para a América. Sua mulher é executada na Alemanha e seu filho desaparece.

A história de Jan Valtin é simétrica à de Ernst von Salomon. Também ele é um condenado. Seus pais, marinheiros profissionais, eram vagamente socialistas, mas isto tinha pouca importância. Eles eram antes de tudo homens de sua profissão, marinheiros, de suas famílias de numerosos filhos, de seus prazeres nos bordéis dos portos.

A derrota, o esfacelamento dos quadros sociais tradicionais destruíram os abrigos que separavam da História cada destino particular. Ernst von Salomon estava, em 1918, numa escola de cadetes; Jan Valtin em meio às tripulações amotinadas. A partir de então, tomaram direções opostas. Mas ambos saíram definitivamente do mundo fechado da família e do trabalho para entrar na História. Suas vidas, e suas vidas mais íntimas, não consistiam mais, como a de seus pais, em fazer filhos e exercer uma técnica, mas em agir sobre a História. Seus destinos se confundiram com o impulso que imprimiram ao mundo.

Daí para a frente, seus conflitos interiores não pertencem mais ao início clássico dos sentimentos a que nos habituaram vários séculos de literatura, de literatura de homens ao abrigo da História. Na sua psicologia politizada, os dramas tornaram-se históricos. Seus conflitos interiores ligam-se aos movimentos dos Estados, dos partidos e das revoluções. Daí seu valor de testemunho.

Jan Valtin testemunha sobre o drama desses condenados que logo se voltam contra a armadura de um partido que, de uma reunião de revoltados, como era na origem, se tornou uma administração, uma polícia e uma ortodoxia. De certa maneira, ele viveu essa passagem de uma consciência global da História a um sistema, a uma técnica fora da vida, que nós analisamos no capítulo precedente. Sua voz é a do verdadeiro revolucionário, imobilizado nas armaduras de um partido que não é mais revolucionário.

Alexandrov era uma criança no início da Revolução Russa: uma criança, filho de um advogado de São Petersburgo. Separado de sua família, passou cerca de um ano com os bandos de garotos que viviam no *no mans' land,* entre os cossacos e os guardas vermelhos, vivendo de colheitas, de rapinas e da pilhagem de soldados mortos.

Mais tarde, reencontrou sua família na Finlândia, mas esta já não lhe pertencia. Sua vida em meio às crianças perdidas da Rússia o tinha definitivamente afastado de seu meio, de sua cidade particular. Chegado à Finlândia, restituído ao conforto e ao luxo, sente saudades do frio, da fome e do perigo entre seus companheiros, e tenta voltar à Rússia levando consigo o jardineiro de seu pai, um rapaz de vinte anos que, detido na fronteira, é fuzilado por soldados do general Mannerheim.

A ruptura é completa e o marca para toda a vida, por essa *Voyage through chaos* [Viagem através do caos], sucessão de espantosas aventuras que publicaria na América.

Como em Ernst von Salomon e Jan Valtin, uma espécie de traumatismo rompeu suas ligações com sua pequena cidade particular, com seus costumes e com sua autonomia, para lançá-lo nos vastos movimentos coletivos.

Até 1938, Alexandrov leva no exílio uma vida difícil de aventureiro, mas sem tentar se abrigar numa intimidade privada. Como estrangeiro, vive lado a lado com seus companheiros franceses do liceu de Fontainebleau, onde é reprovado, após ter fugido de uma escola alemã com um passaporte grego. Nada o fixa na Grécia, a não ser, durante algum tempo, uma atividade antifascista; mas não adere ao comunismo, que conheceu na época da noite dos longos punhais, na Alemanha do fascismo. Para viver, fez-se durante algum tempo comunista, depois nazista, e como tal se inscreve num fundo contra o desemprego. Mas ele está longe dali, numa atividade mais confusa e mais livre. Nunca, porém, no conforto de uma condição apolítica. Sua vida ainda se confunde com as pulsações da História. E é num porão de Barcelona bombardeada, onde trafica armas por conta de um judeu refugiado em Paris, que conhece a jornalista norte-americana com quem parte para os Estados Unidos em 1938: sem pátria e sem partido, no entanto vivendo como parasita da política e da ação política.

E eis um último personagem, mais complexo e mais emocionante. Até agora, nossos exemplos foram escolhidos entre homens de esquerda, comunistas e antifascistas, ou entre revolucionários de direita e pré-fascistas como Ernst von Salomon: sempre pessoas condenadas, que fogem na História global da ruína de suas histórias particulares.

Aqueles que permaneceram em suas histórias particulares sentiram menos a tragédia de um tempo ao qual não estavam imediata e inicialmente unidos. Seus dramas não têm o mesmo poder de comunicabilidade histórica que caracteriza o testemunho, porque são dramas pessoais, um tanto indiferentes às pressões de fora. Houve, porém, casos em que a necessidade de manter sua particularidade os opõe frontalmente às pressões da História. Ou eles devem abandonar sua maneira tradicional de ser e daí para frente, sem voltar-se para seu passado pessoal, sem saudades e sem lembranças, entranham-se na História como num país desconhecido e sem matizes, ou então eles resistem e se esforçam por salvar sua herança, o mundo de noções e de lembranças que pertence só a eles, inserindo-o na grande História: ao invés de historicizar sua história particular, particularizam a grande História, restituem-lhe todo o frescor e a diversidade que fazem falta a esse monstro monolítico.

Um exemplo, um admirável exemplo, permitirá melhor compreender essa distinção essencial: o diário de guerra póstumo de Hugh Dormer, publicado na Inglaterra em 1947.

Educado na escola beneditina do mosteiro de Ampleforth, aonde gostava de voltar para rezar, de uniforme, com seus homens, Hugh Dormer é um jovem oficial, como os que Saint-Cyr formava na França, enraizado em seu passado religioso, familiar, nacional, tal como desabrocha com a tradição militar, a tradição de seu batalhão, o 29º batalhão dos *Irish Guards*. O exército não é nem uma vocação política, nem uma oportunidade para viver perigosamente, tampouco um esporte. É uma maneira de viver na retidão, no dever, segundo os velhos hábitos do Ocidente. Ele estava no exército como no último núcleo de resistência de um mundo em ruína, o seu. Ele se explica rapidamente numa nota do diário que escreve para sua mãe, pois ele sabia desde o começo que não voltaria: "As ideias e os princípios que nunca foram sacudidos são, pela primeira vez, questionados pela dúvida científica. As tradições do exército, a concórdia das classes e o respeito do homem por seus superiores, os valores religiosos, até mesmo o caráter sagrado da família, são violados e ridicularizados". As tradições do exército: parece que Hugh Dormer se apoia nelas enquanto tudo se esboroa. Porém, ele é impaciente e tem o gosto da aventura e da eficiência. No retorno de Dunquerque, os longos meses de preparação "nas tranquilas colinas" da Inglaterra exasperam sua necessidade de ação. Ele se oferece para uma missão especial na França. Perguntamo-nos (o editor inglês, com a discrição dos britânicos, não nos diz nada das origens da sua família, que adivinhamos ser de velha cepa) se um sentimento ainda mais particular não o atraía para a França, lá onde, em tempos passados, se formavam os missionários jesuítas da Reconquista. Espero que possamos ler em francês a narração das duas expedições que ele comandou: a explosão de uma refinaria de gasolina perto de Creusot, o salto de paraquedas, a operação, a fuga diante dos cães policiais alemães, a travessia dos Pireneus, a Espanha e a etapa de Lisboa.[6] Nessas narrativas, veremos suas qualidades de eficiência,

---

6 Alguns fragmentos foram publicados como folhetim em *Témoignage chrétien*.

de autocontrole e também de gentileza, além de seu senso de humor e seu senso de ridículo.

Mas, retornando à Inglaterra – ele foi um dos poucos que saíram salvos dessa aventura –, seus superiores lhe propõem uma missão mais ampla. Não se trata mais de uma operação precisa, como a destruição de uma fábrica ou de algum ponto estratégico, mas do comando das forças dos *maquis* franceses do Oeste, para treiná-los e dirigi-los antes do desembarque que se aproxima.

O combate na França, com que o jovem oficial sonhava desde Dunquerque, ele o travará na clandestinidade, como franco--atirador, ou segundo os velhos costumes de guerra, sob o uniforme britânico, em sua unidade de passado glorioso, com seus companheiros, os *guardsmen* (ele diz os *guardsmen* como um oficial francês diria *les chasseurs*). Ele recusa o comando da clandestinidade para retornar a seu posto entre os *Irish Guards*, em seu batalhão, junto ao qual gostava de se distrair entre seus saltos de paraquedas na França. Essa escolha não se deu sem um debate interior. Foi para ele, como escreveu, "a mais importante encruzilhada" de sua vida. Logo de início, ele havia aceito.

> Ainda mais uma vez, como essas missões [na França] eram inteiramente voluntárias, ofereceram-me a possibilidade de abandonar este trabalho [clandestino] e retornar ao meu batalhão, e pela terceira vez tomei a decisão de voltar [à França] e desta vez em definitivo. A cada vez, contudo, meu sentimento me tinha levado de volta aos *Irish Guards*, e ainda mais hoje, quando a hora de combater enfim se aproximava. [...] Eu sabia, porém, como em abril do ano passado [após sua primeira missão de paraquedas], que teria saudades da camaradagem do batalhão, aonde sempre voltei como para meu lar.

Ele tinha se impressionado com a importância de sua missão, essa mensagem de esperança levada para além do "muro impenetrável, tão misterioso e distante como o de outro planeta". E também, pois Hugh Dormer não pode ser sensível unicamente ao apelo da História, sem o suavizar com uma ternura pessoal: "No mais fundo de mim mesmo, como no relato romântico do cativeiro de Ricardo I, havia já a ideia de que, se ele estivesse vivo em algum lugar da Europa, eu poderia um dia reencontrar Michel Marks" – Michel Marks, seu antigo colega de Oxford, tido como desaparecido após um ataque de bombardeios.

[...] Eu sentia que era importante mostrar que nossa classe não era carente, também ela, de coragem e resistência necessárias, enquanto eu me encontrava só no meio de um bando de aventureiros e de apaixonados, homens da Legião Estrangeira, comunistas e outros. Alguns tinham lutado na Guerra Civil Espanhola, outros tinham sido condenados à morte pelos alemães na África do Norte; aquilo parecia uma estranha companhia para a brigada dos *Guards*.

(Isso foi no momento de sua passagem clandestina da França à Espanha.)

Enfim, ele sabia que essa guerra não era como a dos Casacas Vermelhas, dos guardas dos reis Jorge, um divertimento de soldados, mas um drama da História: essa guerra é muito mais uma cruzada do que as Cruzadas. "Combatíamos anarquistas conscientes e calculistas que combatem a civilização nacional e a religião."

Retornaria, portanto, à França; foi esse seu primeiro movimento. Mas ele não parou aí.

"Antes de atravessar a Mancha pela terceira vez, decidi recapitular as razões que me tinham feito escolher a clandestinidade, e justamente no momento preciso em que ela me teria trazido a ação e a glória, retomei o uniforme dos *Irish Guards*."

Por quê? Primeiro, cabia aos franceses comandar os franceses. Também, acima de tudo: "Meu dever era permanecer perto de meu próprio povo, como soldado e como oficial."

Estou convencido também de que o combate do soldado em seu regimento, com toda a dureza do serviço e o horror físico do campo de batalha, é uma vida bem mais elevada e mais difícil do que a da aventura sem responsabilidade. Alguns dos meus antigos companheiros de clandestinidade – eu o senti – não tinham uma lealdade rigorosa; alguns já haviam jogado o mesmo jogo na América do Sul, na Legião Estrangeira, na Espanha [homens como Alexandrov]. E aquela vida é, em si mesma, muito egoísta, motivada mais pelo ódio ao inimigo do que pelo amor à pátria. Uma associação que se propõe a organizar e a explorar este ódio para seus fins políticos entra num caminho moralmente perigoso. O combate de guerrilha produz, muitas vezes, uma raça de mercenários profissionais que amam a guerra e só podem viver numa atmosfera de violência, agitação e destruição.

[...] E outra das razões que me levaram a voltar para meu regimento foi o medo de que me pedissem atos com os quais não estaria de acordo. Conduzir bandos de homens famintos e desesperados por trás das linhas do inimigo, durante a invasão, estando cada indivíduo animado por um espírito de vingança contra seus adversários políticos e, evidentemente, fora de meu controle, era para mim um pesadelo que rondava meu futuro. Até então, eu tinha empreendido missões precisas e definidas que aceitava integralmente. Mas garantir uma missão geral, sem alvo preciso, era totalmente diferente. A iniciativa de cada um podia às vezes conduzi-lo a decisões estranhas, segundo o princípio insidioso da guerra total e do fim que justifica os meios.

Esse jovem ousado e esportivo, que amava o perigo, partilhou, nos esconderijos dos *maquis* e nas trilhas dos Pireneus, a vida dos *desperados* das revoluções do mundo moderno. Viveu lado a lado com homens semelhantes a Kravchenko, a Jan Valtin, a Alexandrov, a Ernst von Salomon. Sentiu a tentação de ligar sua vida a essa história dramática que se fazia na Espanha, na América do Sul, também na frente da Rússia e na barreira do Oeste.

Se tivesse cedido pela terceira vez ao chamado do continente onde germinavam as forças obscuras do mundo, teria entrado definitivamente nessa vida separada do passado particular e seria conduzido pelo ritmo da grande História coletiva.

Ele resistiu. Quis preservar sua particularidade voltando para seu batalhão, morrendo com o uniforme dos *Guards*; esse uniforme que significava a precisão da regra, a antiguidade das tradições, a disciplina do soldado – e não a violência do guerreiro.

É esse mundo que lhe é próprio, e também a seus ancestrais, que ele invoca ao lembrar, a propósito de sua decisão, o lema de sua família: *Cio che Dio vuole, io voglio*, e esse italiano, apesar da discrição do editor britânico, traz-nos de volta à Inglaterra do Renascimento, evocando toda uma tradição familial, uma história particular que Hugh Dormer preservava no combate militar, clássico, sob o uniforme tradicional.

Ele sabia, no entanto, que as condições da guerra tinham perdido sua antiga fidalguia: "Eu enfrentava a aventura", escrevia ele na frente da Normandia, à véspera de sua morte, "com uma sóbria determinação, sabendo, como o sentia e sabia, que a guerra moderna e blindada é o inferno, o inferno total e nada mais, sem nobreza e sem beleza, apenas com o temor humilhante".

Mas seu destino reconciliava a oposição de sua história particular e da grande História. Por sua participação nesse combate, escolhido dentro do estilo que o ligava aos hábitos tradicionais de sua raça, despojava a História de seu caráter maciço. Ele a despolitizava, por um lado, ao fazer que nela penetrasse toda a diversidade do seu passado particular, de seus costumes; e, por outro, ao sacralizá-la. Quando o lemos, pressentimos, para além desse conflito entre o devir histórico e as inércias das singularidades vividas, o rastro de uma misteriosa unidade.

O testemunho de Hugh Dormer é muito importante, porque depõe sobre uma superação da História, enquanto permanece na História, porque ele testemunha sobre uma maneira de viver plenamente o presente maciço, enquanto conserva a adesão às diversidades do passado e salva seu ser da politização do mundo moderno. Mas ele é também muito característico da forma de debate que hoje toma os casos de consciência, mesmo onde subsiste uma vida interior refratária à redução à História.

Esses poucos exemplos devem bastar para tornar preciso o que entendemos por testemunho, sem que seja preciso insistir. Digamos, à guisa de conclusão, que o testemunho é, ao *mesmo tempo*, uma existência pessoal ligada intimamente às grandes correntes da História e um momento da História apreendido em sua relação com uma existência particular. O engajamento do homem na História é tal que não há mais autonomia, nem ideia de autonomia, mas o sentimento nítido de uma coincidência ou de uma recusa entre seu destino pessoal e o devir de seu tempo.

Por isto o testemunho não é o relato indiferente de um observador que enumera ou de um cientista que desmonta, mas uma comunicação, um esforço apaixonado para transmitir aos outros que contribuem para a História a sua própria emoção da História. Lembra essa necessidade de confidência do homem emocionado por uma grande dor, uma grande alegria ou espezinhado pela preocupação.

E nessa comunicação com os outros, não se trata de uma demonstração teórica, mas de passar de verdade a minha vida para as de vocês, de refratá-la em suas vidas, não apenas as minhas ideias dogmáticas sobre a sociedade, o Estado ou Deus, mas minha maneira de ser e de sentir tal como ela se formou no interior de uma civilização,

Por isso, o testemunho é um ato propriamente histórico. Ele ignora a objetividade fria do cientista que conta e explica. Ele se situa no encontro de uma vida particular e interior, irredutível a alguma média, rebelde a toda generalização e às pressões coletivas do mundo social.

*1948*

*Capítulo IV*
# A atitude diante da História na Idade Média

As ciências nascidas no século XIX receberam, em seu batismo, nomes eruditos – Biologia, Fisiologia, Entomologia – ou nomes tradicionais, mas afastados de seu sentido primitivo, como a Química e a Física. Duas palavras antigas conservaram sua atualidade na terminologia moderna e designam o mais concreto e o mais abstrato dos conhecimentos: a História e a Matemática.

Quanto à Matemática, essa permanência explica-se por si mesma. Mas, e a História? Ela nasceu verdadeiramente no século XIX, com seus métodos e seus princípios; apareceu então sem nenhum parentesco com as "histórias" do passado, que permaneceram apenas como textos literários, obras de arte, ou como matéria-prima, uma fonte documentária. O historiador sentia-se mais próximo do biólogo do que de Mézeray! Era um homem novo e contudo manteve seu antigo nome, apesar do equívoco de que nunca pôde desembaraçar-se totalmente. Assim, entendemos hoje pelo nome História uma ciência moderna e um gênero literário venerável. Por quê?

Porque o cuidado de conservar a memória dos nomes e dos acontecimentos é um traço importante demais de nossa civilização ocidental para que a palavra se tivesse gasto. Talvez não percebamos com suficiente clareza a originalidade do nosso sentido histórico, à falta de termo de comparação. Pensemos, porém, no vasto mundo da Índia que, até a conquista inglesa, desenvolveu sua civilização fora da História. Foi necessária a chegada dos europeus para que logo se tentasse reconstituir uma "história" indiana. O europeu do século XIX não podia admitir um espaço sem História: por onde passou, foi um criador de História. Mas o que gostaria de salientar aqui são as dificuldades de cronologia com que se debatem os indianistas contemporâneos. Nesse mundo de cultura elevada, a ausência secular de preocupação histórica fez as dificuldades se acumularem. Se nossas sociedades do Ocidente tivessem sido tão indiferentes, os historiadores modernos teriam encontrado os mesmos obstáculos que os orientalistas; sua ciência atual é tributária do enorme estoque de documentos acumulados pela curiosidade de nossos ancestrais. Uma curiosidade aberrante, cruel, ingênua... mas é suficiente que tenha existido, e essa curiosidade não é um traço comum à espécie humana. Podemos nos interrogar sobre sua origem. Um grande assunto sobre o qual nos contentaremos em percorrer aqui muito rapidamente.

Observamos que existem povos sem História: antes da escrita, toda a Pré-História; depois da escrita, o mundo indo-gangético.

Mas há outra observação a fazer, menos evidente. No interior dos mundos da História, em nosso Ocidente narrador e analista, povos consideráveis viveram, se não totalmente sem História, pelo menos muito longe da História: é o caso das sociedades rurais até o meio do século XIX. Elas viviam no folclore, isto é, na permanência e na repetição; permanência dos mesmos mitos, das mesmas lendas, transmitidas sem alterações, pelo menos conscientes, através das gerações; repetições dos mesmos ritos no ciclo das cerimônias anuais. Sem querer prejulgar sobre filiação de temas, admitiremos que as sociedades de folclore continuavam as sociedades de antes da História: eram indiferentes aos episódios estranhos a seus mitos, e se eram forçados a admiti-los, apressavam-se a incorporá-los logo a seu repertório lendário. Recusavam a História, porque a História, para elas, era o homem ou o acontecimento imprevisto, inesperado e que nunca mais voltaria. A História se opunha, então, ao costume. Assim o mundo costumeiro viveu por muito tempo à margem da História.

Na origem, pois, a História aparece, à medida que se separa do mito intemporal, como algo próprio dos príncipes e dos escribas, no momento em que Estados se constroem acima das comunidades rurais ordenadas pelo costume.

Esses Estados organizavam-se ao redor do príncipe, chefe guerreiro, e do escriba que fixa a escritura. A vida dos primeiros impérios é feita de acontecimentos extraordinários, únicos em seu gênero: batalhas ganhas, conquistas sobre o inimigo, construção de cidades, de templos e de palácios, as coisas de que convinha conservar a lembrança, porque, ocorridas uma só vez, sem o auxílio da repetição elas cairiam logo no esquecimento e também porque sua memória garantia a fama do príncipe e do império. É preciso inscrever sobre a pedra inalterável, sobre o papiro ou sobre as tabuletas que esse Ramsés, no ano de seu reinado, e não em outro, atravessou esse mar, esmagou esse inimigo, capturou esses prisioneiros. E esses grandes feitos deverão ser sempre conhecidos e celebrados.

Assim, a História está para as sociedades políticas como o mito está para as comunidades rurais; assim como o mito, contamos a história, garantindo pela palavra a vida das coisas. Mas o mito se repete, enquanto a História apenas é lembrada. Assim, compreende-se melhor a vocação política da História e porque a História permaneceu por muito tempo ligada aos assuntos políticos, às versões das guerras e das conquistas: desde os primeiros relatos faraônicos até o século XIX, durante vários milênios.

De fato, devemos nos perguntar com espanto como foi preciso esperar o século passado para que a História furasse o tecido dos acontecimentos superficiais e se ligasse ao homem em seus costumes e instituições cotidianas.

Abaixo do Estado e de suas "revoluções", no sentido antigo do termo, havia a espessa estrutura das comunidades familiares, rurais e urbanas. Abaixo da história do Estado, sequência de acontecimentos extraordinários e difíceis de guardar, havia a massa dos ditados, dos contos, das lendas e das cerimônias rituais. Se quisermos, e para falar rapidamente, sob a História havia o folclore.

É notável constatar que a História deixou de ser somente política para penetrar mais fundo em nossa atividade e em nossas preocupações quase no momento em que o folclore desapareceu perante a invasão das técnicas. A História teria substituído a fábula para se tornar exatamente o mito do mundo moderno.

Na realidade, e isto é bem evidente, a oposição não é tão cerrada entre a História e a fábula, pois são os mesmos homens que vivem às vezes na História, às vezes na fábula. Isso é verdade na Idade Média épica, como veremos logo. É verdade também na Grécia clássica, que trouxe, além disso, novas contribuições destinadas a caracterizar até os dias de hoje a História como gênero literário: o romanesco e o moral.

Tomemos o exemplo da viagem de Heródoto ao Egito. É um bom testemunho dessa curiosidade do homem do Ocidente, do greco-latino, curiosidade de viajante, sempre desperta, pertencente ao mesmo tempo à geografia e à história, cujas colheitas constituem uma fonte rica de materiais para o cientista moderno.

Heródoto é em primeiro lugar um turista, frequentemente veloz, que relata tanto os contos dos guias como suas próprias observações, mas sabe ressaltar, de passagem, as coisas que o surpreendem, isto é, as que marcam uma diferença entre os modos de vida do lugar que visita e os hábitos de sua raça. Ele se espanta que no Egito os homens urinem agachados e as mulheres, em pé. Possui, portanto, o sentido certeiro da particularidade que é propriamente o sentido moderno da História, oposto à maneira narrativa político-literária da tradição clássica. Mas é preciso não concluir rápido demais. Em Heródoto, essa particularidade nos impressiona porque, por um lado, é rara nos textos antigos e, por outro, é procurada à lupa por nós, modernos; ela é, para nós, uma presa especial. No entanto, ela não é, longe disso, o essencial da sua obra. É suficiente observar que ela não está ausente, não está nunca ausente. O gosto da observação e do pormenor típico desponta aqui e ali, facilitando o trabalho dos historiadores modernos, que nem sempre contam com esse recurso em outras civilizações não mediterrâneas, quando o texto escrito não lhes traz nada, quando estão limitados às lições fragmentárias da arqueologia.

Importa, portanto, fazer essa reserva antes de mostrar como, logo a seguir, o autor antigo, sobretudo o autor clássico, volta as costas à particularidade. Ele a abandona em seu relato, mas não consegue suprimi-la totalmente.

Ele a abandona. Em Heródoto, a particularidade refugia-se no detalhe anedótico e ocasional, onde não é muito importante.

Desde que se trate do ser essencial do homem, o cuidado histórico da particularidade desaparece. O escritor, ao contrário, esforça-se por reduzir as estranhezas, por helenizar o Egito. Não suspeita que possa haver entre os dois tipos de humanidade uma diferença fundamental. Ele notou bem as curiosidades, mas não viu as diferenças essenciais de civilização, nem no espaço, nem no tempo. A religião nilótica perdeu sua cor própria e está vestida à moda grega. Isis e Osíris são confundidos com Deméter e Dioniso. Julga-se que os sacerdotes de Mênfis dissertam longamente sobre o rapto de Helena. Os milênios de história egípcia são rudemente telescopiados: nenhuma diferença entre Quéops e Quéfrem, os faraós do antigo império e o Amasis; do século VI. A História está doravante comprometida no caminho clássico da universalidade e da constância do tipo humano. Ela adquire então um valor de divertimento e de edificação. Heródoto está ainda muito próximo da fábula. Está na fronteira da História e da fábula escrita, enquanto a fábula não escrita continuou a ser transmitida oralmente até o século XIX. Erraríamos, porém, se acreditássemos que o espírito crítico lhe é estranho. Muitas vezes ele sabe que o que conta é mentira – "isso me parece inacreditável" –, mas mesmo assim ele o diz, porque a história o diverte. Por exemplo, seu conto das serpentes aladas não é nem grego, nem egípcio; basta que seja maravilhoso. A História se torna um bazar pitoresco de anedotas romanescas, sem cor local, mas divertidas.

Anedotas romanescas, mas também lições de moral. Entre os diversos períodos da cronologia egípcia, Heródoto não observa outras diferenças que não as da prosperidade que recompensa os bons e da miséria que pune os maus. A História torna-se uma coleção de moralidades. Não é mais considerada como um desenrolar contínuo de existência. Sozinhos, alguns fatos e alguns heróis excepcionais emergem de uma espécie de obscuridade, de nada, sem indicação de data ou de lugar. Esses casos exemplares são destacados do tempo. São somente do homem, porque ilustram uma constante da natureza humana: a altivez na adversidade, o excesso no sucesso, o estrago das paixões etc., e a História se aproxima dos gêneros literários clássicos. Ou então são pretexto para uma moralidade mais rasa e, como é frequente em Heródoto, a História aproxima-se do conto e voltamos ao romanesco.

Contudo, se a História permaneceu, apesar dessa dupla tentação da moral e do romanesco, foi porque, não obstante a preocupação do humanismo universal, persiste um gosto pela observação no presente e através do passado, mais familiar ao mediterrânico clássico do que às civilizações da Índia.

Se santo Agostinho foi, com são Jerônimo, um dos mestres mais prestigiados e mais populares da Idade Média, do século XI ao XIV, isso se deve a *A cidade de Deus*; existem mais de quinhentos manuscritos desse texto nas bibliotecas da Europa, e a sua publicação está entre as primeiras edições de livros. Não há dúvida de que esta obra inspirou o pensamento e a sensibilidade medievais. Ora, é uma *filosofia da História,* a primeira que foi concebida e escrita. Essa observação é de grande importância: a Idade Média se volta para uma tentativa de interpretar a evolução da humanidade em seu conjunto, e permanecerá sempre marcada por esta visão histórica do mundo, desconhecida da cidade antiga. Mas se *A cidade de Deus* constitui sem dúvida uma data capital na história da História e na história das filosofias da História, será porque anuncia a oposição, daí em diante clara, da cristandade medieval e do paganismo romano?

Uma observação superficial tenderia a admitir um cristianismo posto na História de imediato e uma Antiguidade em bloco fora da História. A literatura histórica grega retoma temas de amplificação poética, de demonstração política, de edificação moral. Não conheceu o sentimento da duração: nada mais impressionante do que a indiferença de Heródoto perante a imensidão da cronologia egípcia. Santo Agostinho, ao contrário, abarca todo o conjunto do devir humano para explicá-lo por algumas noções filosóficas gerais sobre a ação de Deus no mundo através de sua Providência. De santo Agostinho a Bossuet, a distância não é grande.

E, no entanto, o sentido histórico de santo Agostinho, por novo e revolucionário que se mostre com relação ao pensamento antigo, enraíza-se ainda na tradição de Roma.

Com efeito, não foi por acaso que o primeiro ensaio de filosofia da História surgiu no início do século V, no mundo latino abismado diante da notícia do saque de Roma por Alarico. Não é certo que, nesse momento, mesmo o paganismo tradicional, ou pelo menos o paganismo de tradição romana, não tenha despertado para o sentido da História, no sentido já agostiniano da História.

*A cidade de Deus* apresenta o grande interesse de permitir comparar duas histórias, uma voltada para o passado – o mito romano – outra para o porvir – a revelação de Deus no mundo. Certamente, as duas histórias são diferentes, mas se opõem menos do que Santo Agostinho quis fazer crer, à medida que uma e outra são uma História.

Se *A cidade de Deus* é a primeira das filosofias providencialistas da História, ela está também entre as últimas especulações sobre a duração de Roma e de seu Império.

Que Roma sempre tenha tido a preocupação de sua duração, com uma insistência e uma inquietação desconhecidas das cidades gregas, sabemo-lo em particular graças ao livreto de Jean Hubeaux, *Les grands mythes de Rome* [Os grandes mitos de Roma]. De fato, para este autor, há apenas um mito central, inspirador de todos os outros: a duração de Roma. Nesse livro, Jean Hubeaux segue as diversas respostas que os romanos, no curso de sua história, de Ênio, dos primeiros analistas, até santo Agostinho, deram a essa temível questão: quanto tempo, ou melhor, quantos anos os deuses concederam a Roma? A que momento chegou-se, nesse tempo assim exatamente medido? Hesitava-se, segundo os períodos, entre uma cronologia curta, em que se contava por ano; uma cronologia média, por anos que correspondiam a séculos; e uma cronologia longa, que ia, no caso de Cícero, até um ano astronômico. Todavia, as interpretações mais otimistas, como as dos poetas oficiais de Augusto, não chegavam a descartar inteiramente a ameaça de um fim de Roma, não essa decadência metafísica que, no ciclo dos moralistas gregos, seguiria sempre aos períodos felizes, mas o fim que um cálculo cronológico pode determinar, o fim anunciado da história romana. É curioso constatar como esse mesmo Augusto, que fazia com que a Sibila prometesse aos Eneidas o *imperium sine fine*, fazia também com que se apreendessem dois mil exemplares de uma espécie de literatura clandestina, sem dúvida de procedência judia, que especulava sobre o fim de Roma. Três séculos mais tarde, na época de santo Agostinho, o general que defendia Roma ameaçada por Alarico, recomeçou o mesmo gesto, com a diferença que, desta vez, não visava a uma literatura clandestina: Estilicão mandou queimar os livros sibilinos oficiais, conservados religiosamente no capitólio desde a época republicana, porque temia que fossem interpretados no sentido do fim de Roma, no momento em que ela atingia a idade crítica de mil e duzentos anos, isto é, o seu primeiro ano de séculos.

O saque de Roma por Alarico veio excitar ainda mais essa inquietação milenar. *A cidade de Deus* foi escrita por santo Agostinho para defender o cristianismo da acusação de ser o instrumento do fim de Roma e também para destruir a ideia de que o fim de Roma seria também o fim do mundo e, por conseguinte, o fim da Igreja de Cristo. Os cristãos, aliás, eram tentados a aplicar à sua própria sociedade o cômputo habitual da história romana, desde o prodígio dos doze abutres que apareceram à Rômulo, anunciando a duração de um ano, transferida a Roma. Mas qual ano? Santo Agostinho denuncia uma crença disseminada pelos meios pagãos de Juliano, o Apóstata, segundo a qual são Pedro teria recorrido a certas práticas mágicas para que fosse adorado o nome de Cristo durante 367 anos, prazo após o qual este culto logo acabaria! O cristianismo duraria um ano de anos, duração crítica que Roma passou pela primeira vez com Camilo, o segundo Rômulo, uma segunda vez com Augusto, o terceiro Rômulo, quando dos jogos seculares que celebravam a *renovatio* mágica da idade de Roma. É curioso que se concedesse à Igreja a duração que uma cronologia curta reservava a Roma. Mas essa opinião estranha tinha certo crédito. Santo Agostinho teve algum trabalho para demonstrar que os 365 anos se passaram, que a Igreja ainda vivia, até acrescida do número de hesitantes que, diz ele, "eram retidos pelo temor de ver realizar-se essa pretensa predição, e se decidiram a abraçar a fé cristã quando viram que o número 365 tinha passado".

A importância e a sobrevivência dessas especulações cronológicas não são somente sugestivas. Elas implicam uma consciência muito viva de uma história romana que tinha um começo, prosseguia sem hiatos e teria um fim que cumpria prever, pois era muito importante para todo o mundo. *Deve-se falar do fim de Roma como se falará mais tarde do fim do mundo. Não se pode falar no mesmo tom do fim de Atenas, ou de Esparta, ou de Corinto,* a fortiori, *do fim da Grécia.* Esta observação parece-me essencial para nossa reflexão sobre a atitude diante do tempo. Ela tende a colocar a articulação do mundo moderno – considerado como histórico – e do mundo antigo – estranho à História – não entre Roma e a Idade Média, mas entre Roma e a Grécia, mesmo helenística. Em *A cidade de Deus,* santo Agostinho fala como cristão inspirado pela Bíblia, mas também como romano, habituado a viver num tempo contínuo, ameaçado pela catástrofe final.

Para bem realizá-la, seria preciso levar mais adiante a análise. Essa não é a ocasião para isto. Contentemo-nos em completar esta comparação entre o fim de Roma e o fim do mundo pela oposição das sensibilidades religiosas nas cristandades do Ocidente e do Oriente. Apenas duas observações.

Em primeiro lugar, a tendência ocidental de anexar a tradição cristã à Roma: as predições da Sibila, o papel de Virgílio na *Divina comédia.* Em Constantinopla, pelo contrário, apesar da alta cultura humanista do clero, os mitos gregos não penetram na ortodoxia. Mais do que isto, sob a influência do monarquismo, ele é pouco a pouco dominado por um rigorismo ascético que acentua a oposição entre Deus e o mundo. A ortodoxia é bem mais desapegada dos mitos gregos ou orientais que a precederam do que o catolicismo diante das sobrevivências antigas.

Segunda observação. Erra-se ao falar da imobilidade da Igreja ortodoxa. Ela tem uma vida complicada e variada. Porém, se nos exprimimos mal quando falamos de imobilidade, sentimos confusamente, e queremos dizê-lo, que a palavra História não tem a mesma densidade para a ortodoxia e para o catolicismo. A Igreja Ortodoxa tem uma história, uma história empírica, que não tem para ela um valor essencial. Pelo contrário, a História é um elemento fundamental da espiritualidade da Igreja romana. Na imensa literatura patrística, embora existam volumosos tratados de História em grego, a primeira filosofia da História é devida a um latino, a santo Agostinho.

Assim, apesar da identidade da fé e do dogma, o catolicismo e a ortodoxia seguiram dois caminhos diferentes e foi, sobretudo, a historicidade que os separou: sua concepção de uma Igreja que prolonga na História a obra do Cristo.

Podemos evitar a tentação de remontar essa diferença de sensibilidade diante do tempo, mais longe do que o cristianismo, até a oposição diante da História, de Roma e do helenismo?

Não deixa de ser verdade que a Antiguidade clássica não sentiu a preocupação existencial da História. Ela não vive numa história contínua desde as origens até o presente. Ela recorta, dentro da duração, zonas privilegiadas cujo conhecimento é útil: os mitos sagrados das origens, ou então os episódios que se prestam ao aperfeiçoamento moral e à controvérsia política sobre a melhor forma de governo. Fora dessas zonas privilegiadas e descontínuas se estende uma noite abstrata, como se nada se tivesse passado no intervalo, ou somente coisas sem importância. A Antiguidade clássica, salvo Roma, à medida limitada que escapava da influência helenística, não sentia a necessidade da continuação que prende o homem presente à cadeia dos tempos, desde a origem.

A ideia de uma estreita dependência entre o homem e a História, eis uma autêntica contribuição do cristianismo. Sempre poderemos, se nos dermos ao trabalho, descobrir verdades cristãs antes do cristianismo, na sabedoria antiga. Mas ainda não se tinha, em momento algum, conhecido esse desenvolvimento histórico do sagrado na duração, desde as origens (que, aliás, permaneceram no estado de mitos isolados, atemporais), até o nascimento de Cristo, um dia do reino de César Augusto, sendo Herodes tetrarca da Galileia. E a vida de Cristo se tornou, em plena luz da História, o episódio central do sobrenatural cristão: a redenção, e o aparecimento de uma nova humanidade regenerada, sobre a qual a Igreja mantém a presença do Espírito. Todos os momentos da vida cristã se ligam a essa grandiosa história.

Nada mais curioso do que o esforço dos historiadores modernos e criticistas para reencontrar sob as aparências do cristianismo primitivo os indícios de mitos mais antigos: todas as vezes, eles têm que retirar do signo cristão seu caráter histórico. Pode ser que o cristianismo seja feito de mitos, mas, neste caso, de mitos historicizados.

A historicidade dominava ainda mais no período medieval, no cristianismo latino. Ela se atenuou um pouco em seguida, em proveito de um dogmatismo e de um moralismo. Essa evolução no sentido do dogmatismo deu-se em duas etapas principais: uma com o tomismo, no século XIII, e outra, muito mais importante, com o concílio de Trento. Ainda hoje, os sermões dos pregadores médios nos dão muitas vezes, com seus temas atrasados, a imagem da devoção burguesa no fim do século XIX: um dogma, uma moral, algumas práticas. Os padres democratas acrescentam as mais ousadas análises sociais! Não há quase nunca uma História. A História aplicou uma diabólica desforra ao colocar a democracia cristã numa corrida louca atrás do tempo perdido – e, dessa vez, perdido mesmo! A democracia cristã crê reencontrar a História sob as aparências abusivas do progresso. Mas, na Idade Média, a teologia catequista não tinha ainda obscurecido aos olhos da massa dos fiéis a perspectiva histórica da ação de Deus e de sua Igreja ao longo dos tempos. O gosto da interpretação simbólica tendia antes a duplicar a história dos acontecimentos naturais por uma história dos signos místicos subentendidos.

Essa perspectiva histórico-teológica ainda é viva, mas esquecida pelos fiéis; é preciso reconstituí-la decifrando, com a ajuda dos arqueólogos, as figuras de pedra e de vidro de nossas igrejas, do século XII ao XIV. Com emoção, encontramos ali a maravilhosa história do mundo que então deleitava os cristãos. Seu catecismo iconográfico reunia sua vida presente à cadeia dos tempos; uma série sem interrupção remontava do último bispo, do santo às relíquias veneradas, até o primeiro homem, passando pelas escrituras da Igreja e dos dois testamentos, que se viam nas paredes e nos vitrais. Porque, e é esta a lição da iconografia gótica, a História sagrada não termina nem em Pentecostes nem nos primeiros apóstolos, mas, prosseguindo sem interrupção desde a criação do mundo, atrela-se à História sempre aberta da Igreja. Os bispos, os apóstolos, os patriarcas, essa filiação é lembrada sem cessar pelos temas iconográficos, assim como a correspondência de Cristo com o primeiro Adão, da Igreja com a sinagoga... Os vitrais do coro e da abside da catedral de Reims representam os apóstolos carregando nos ombros os patriarcas, enquanto que acima ou do lado se seguem os bispos com suas igrejas, os reis com a espada e a coroa. É nas paredes das igrejas que descobrimos a natureza da piedade medieval, antes que numa teologia douta ou até numa literatura popular, mas consagrada a práticas muito locais. Ora, essa piedade é em primeiro lugar o respeito devoto a uma História. Ao sobrenatural folclórico, aos mitos de estação do paganismo agrário, a devoção cristã acrescenta um sentido sagrado da História: *in illo tempore*.

Assim, toda a vida medieval se baseava no precedente histórico, na recordação do passado: nada vale o que já foi; uma falta contra o antigo uso é uma perigosa novidade. Nenhuma sociedade humana ligou tanto sua condição presente à ideia que faria do passado. E, no entanto, esse mundo assim voltado para trás não conheceu a História literária como a de Tucídides ou de Tácito, como o helenismo, em que a vida quotidiana não tinha raízes históricas tão poderosas. Aqui ainda nos deparamos com a ambiguidade da palavra História, que designa ao mesmo tempo um conhecimento positivo e um sentido existencial do passado.

Um conhecimento positivo: é o caso dos historiadores moralistas da Antiguidade, assim como dos historiadores científicos do fim dos séculos XIX e XX. Sua reconstituição histórica pode ser tão precisa quanto lhes permitia seu instrumental técnico, mas lhe falta "o ar do tempo".

Um sentido existencial do passado: é o caso da Idade Média, que dava uma importância vital à recordação, embora logo a deformasse. Mas é também o caso, atualmente, da vida quotidiana e ingênua das pequenas comunidades elementares, quando são apreendidas antes de sua inserção numa estrutura mais complexa e mais abstrata. Essas comunidades se situam por si mesmas no tempo, num tempo logo deformado. Podemos experimentar esse sentimento em nossas famílias, na consciência que têm de sua própria história. É certo que há a genealogia, que participa de um conhecimento positivo. Mas é um documento quase científico, que intervém apenas nos momentos muito espaçados em que são consultados. Ao lado da genealogia, há a tradição transmitida oralmente, aos poucos, dos velhos aos jovens, dos mais velhos aos mais moços, de maneira fragmentada, ao sabor das circunstâncias, das associações ideias, das lembranças despertadas. É um conjunto de anedotas, de retratos, de narrativas, vagamente datadas por geração ou com relação a um grande acontecimento histórico, como a Revolução ou 1870. Porém, esse conjunto não é incoerente: jamais reunido num todo, tem uma unidade profunda, constituída pelo presente vivido. Pois essa História familial não se distingue da existência familial. Ninguém toma consciência dela como de uma História, no sentido em que há uma história da França. Por isto é tão raro que se empreenda sua redação. Ela, pelo contrário, faz parte do tecido da vida familiar. Não há vida familiar sem esta tendência de conduzir cada instante para a recordação.

Ora, essa devoção para com o passado não é nunca uma reconstituição objetiva. Por mais próxima que seja nossa descendência, a memória é sempre lendária e excelentes pessoas, conhecidas por sua boa-fé, são as primeiras a forjar, sem sabê-lo, as pequenas falsidades históricas que fazem caber os fatos no espírito de sua lenda. Não era de maneira muito diferente que agiam os veneráveis falsários, autores da doação de Constantino ou das falsas Decretais!

Com efeito, a maneira com que cada família constrói espontaneamente sua História, como podemos experimentá-lo hoje, é um tipo de memória coletiva muito próximo da noção medieval do tempo: ela retém ao mesmo tempo sua emoção, sua imprecisão e sua ilusão.

Sem dúvida, a referência a um passado lendário sempre existiu nas famílias organizadas. Mas então se tratava de uma origem mítica, mais do que uma tradição contínua; um outrora recuado, antes que um ontem ou um anteontem. É preciso admiti-lo, a Idade Média trouxe uma maneira nova de viver o tempo, que a seguir se desgastou nas estruturas sociais mais complexas, mas que persistiu como uma condição da existência familiar. Tradição, costume, uso... expressões vagas e ambíguas, por causa dos sentidos jurídicos ou dogmáticos que lhes foram acrescidos mais tarde; elas têm, porém, um som particular que não ouviríamos antes da Idade Média.

Detenhamo-nos um momento para ver o que se tornou então, na Idade Média, a História, encarada agora em seu sentido restrito. De maneira ainda mais precisa, perguntemo-nos como se chegou a conceber o que mais tarde se tornará a história da França. Isso equivale a estudar as origens da estrutura tradicional por reinados, que permaneceu clássica até o fim do século XIX. A ciência contemporânea teve muitas dificuldades para arrancar como uma erva daninha esse recorte tão familiar que a terminologia dos estilos de arte, também ela, manteve. Em História, a distinção dos períodos cronológicos é de grande importância, não somente de método, mas de espírito, de filosofia. Caracteriza-se assim, *volens nolens*, uma atitude diante do tempo. Os novos quadros, mais vastos e mais generosos, da historiografia contemporânea dão testemunho de uma visão do mundo, tanto quanto de certo estado dos conhecimentos.

Por isso é útil voltar à estrutura por reinados e à sua origem na Idade Média.

Nem o helenismo, nem mesmo a latinidade tiveram a ideia de uma História universal, que abarcasse em um só conjunto todos os tempos e todos os espaços. Em contato com a tradição judia, o mundo romano, cristianizado, descobriu que o gênero humano tinha uma história solidária, uma História universal: momento capital no qual é preciso reconhecer a origem do sentido moderno da História; situa-se no século III de nossa era. Os livros sagrados do judaísmo e do cristianismo não eram somente oráculos, assim como os mandamentos, ou narrações míticas e ainda menos meditações metafísicas. Eram antes de tudo livros de História. Eles empregavam certo número de acontecimentos cronológicos, uns míticos, outros mais históricos, mas uns e outros igualmente carregados de sentido sagrado. Nenhuma outra religião, no Ocidente ou no Oriente, se definia, segundo seus textos essenciais, como uma História.

A interpretação patrística do Antigo Testamento ainda ressaltou esse aspecto, procurando nos anais do povo judeu os sinais da vinda de Cristo e da missão da Igreja: Deus não se revelou imediata e completamente. Ele se comunicou pouco a pouco no tempo, que daí em diante se tornou um elemento essencial da revelação. Com a Bíblia, esse modo de pensamento religioso se impôs ao mundo mediterrâneo, apesar de sua novidade revolucionária. O passado deixava de ser objeto de simples curiosidade. Os acontecimentos tornavam-se meios para Deus manifestar-se ao homem. Mas os cristãos humanistas não podiam reconhecer o valor religioso da História sem estendê-lo, para além de Israel, à sua própria tradição clássica, a todo o passado de Roma e do helenismo. Com isso, eles foram levados a retomar todas as histórias parciais, para reuni-las em uma história contínua. Mal suspeitamos hoje o quanto esse projeto era grandioso e perigoso. As dificuldades estavam ao mesmo tempo na originalidade do projeto e na imprecisão das cronologias. Nunca antes se tinha concebido a História como *una*, e a documentação considerável se dispersava em dados fragmentários, que desafiavam não somente a síntese, mas também a mais sumária justaposição cronológica. Como reunir esses textos na ausência de um sistema comum de datas? Havia a era da fundação de Roma, a referência às Olimpíadas, os anos de consulado ou de arcontado, as listas de reis do Egito, da Assíria, da Babilônia. Tudo isto era de uma complicação espantosa, ninguém tinha até então tentado pôr ordem nisto, porque ninguém tinha tido a ideia de um parentesco profundo entre essas histórias particulares.

As histórias universais do século III são, portanto, cronologias sincronizadas. Elas são testemunho de uma comovente necessidade de sincronizar cronologias fragmentárias, a fim de estabelecer as concordâncias entre cada uma delas e a História Santa narrada pela Bíblia. Ao percorrer esses quadros de concordância entre Israel desde Abraão, a Assíria, o Egito, ou Israel, as Olimpíadas, os reinos dos reis da Macedônia e a crônica romana..., sentimos a preocupação de fazer viver o mundo inteiro ao ritmo da revelação divina: uma espécie de apostolado regressivo que evangeliza a História para trás.

Numerosos textos dos séculos IV e V provam a persistência e a força desse trabalho de sincronismo entre a Bíblia e o passado dos gentios. Há, em primeiro lugar, a *Crônica* de Eusébio de Cesareia, que, em grego, resume a história do mundo até o ano 324 de nossa era, traduzida em latim por são Jerônimo e continuada até a 290ª Olimpíada, no ano 381 d.C., 13º ano de Valentiniano e Valens. Mas a obra de Eusébio de Cesareia e são Jerônimo não é isolada. Mommsen publicou nos *Monumenta Germaniae Historica* alguns documentos curtos que mostram a mesma preocupação: fastos consulares, onde se fez com que se correspondessem os anos de fundação de Roma, os nomes dos cônsules e as datas-padrões da história cristã (o ano de 754 de Roma, o primeiro da encarnação), e listas de papas com suas datas. Na sequência do catálogo dos prefeitos da cidade, encontramos as *Depositiones episcoporum romanorum*; os nomes dos signos do zodíaco, com seus atributos, seus dias propícios, precedem o calendário das festas da Igreja romana: a VIII das Calendas de janeiro, *natus christus in Betleem*. Nessa confusão de almanaque, entre os nomes dos imperadores, indicações abreviadas sobre as províncias, bairros de Roma e seus monumentos a serem vistos, pesos e medidas, encontramos um *cursus paschalis*, fragmentos de história universal, espécies de agendas de cronologia: de Adão, o primeiro homem, até o dilúvio que aconteceu sob Noé, conta-se tantos anos. Do dilúvio até Ninus, que foi o primeiro rei dos Assírios, 898 anos. Em seguida, o abreviador estabelece listas dos reis da Assíria e do Lácio, referindo-se respeitosamente a são Jerônimo, que tem autoridade. Continua com os reis de Roma, os cônsules, substituindo dessa vez são Jerônimo por Tito Lívio. Ele conta *ab urbe condita* até 753 e em seguida depois de Jesus Cristo, até 519, onde se detém.

 Outro autor de manuais, de *Epítome (Epitoma chronicon)* escreve: *Romulus regnavit anno XXXVIII. Ejusdem autem regni achaz...* Sempre essa necessidade de sincronia e de universalidade, como testemunha este magnífico título – sempre nos documentos de Mommsen: *Liber generationis mundi*.

A alta Idade Média pouco conheceu da História além dessa literatura de correspondência cronológica. Durante muito tempo, os cronistas acreditaram que não tinham outra coisa a fazer senão seguir são Jerônimo. Para eles, não existem histórias particulares, o que é justamente o contrário da concepção antiga. Acreditam-se abreviadores e continuadores, apenas. Tomemos o exemplo de Gregório de Tours, que escrevia no final do século VI para que, num tempo "em que se perdesse o gosto das belas letras, a recordação do passado chegasse ao conhecimento das gerações futuras". Poderíamos acreditar que ele se limitaria a relatar os fatos de que foi testemunha ocular, ou de que ouviu falar a seu redor, os fatos que não foram reproduzidos em outro lugar; mas não. Todo seu primeiro livro é consagrado a resumir são Jerônimo, desde a criação de Adão e de Eva até o cativeiro da Babilônia, os profetas e o cristianismo. A seguir, faz uma pausa: "A fim de mostrar que nossos conhecimentos não se limitam ao povo hebreu, lembremos *(memoramus)* os outros impérios, *vel quali Israelitorum fuerint tempore*".

E lemos frases deste gênero: "No tempo em que Amon reinava sobre os judeus, quando foram levados em cativeiro à Babilônia, os macedônios obedeciam a Argaios, os lídios a Giges, os egípcios a Vafrés; quando a Babilônia tinha Nabucodonosor por rei, Sérvio Túlio era o 6º rei de Roma".

Ele se detém uma segunda vez para observar: "Aqui se detém são Jerônimo, a sequência foi escrita pelo padre Osório". E termina fazendo a contagem dos anos. "Aqui termina o primeiro livro. Ele abarca um período de cinco mil, quinhentos e quarenta e seis anos, que começa com a criação do mundo e termina na morte de são Martinho". Notemos de passagem que se refizermos as contas segundo Gregório de Tours, com seus próprios números, constataremos que ele se enganou em cerca de mil anos!

Ainda no século XII, o historiador normando Orderic Vital, que escreve por volta de 1140, começa sua *Historia ecclesiastica* por um resumo de são Jerônimo e de Osório; juntando às suas fontes a Bíblia, Pompeu Trogo, Beda o Venerável e Paulo Diácono: "Suas narrações fazem as nossas delícias". Primeiro vem a História Santa até Pentecostes; depois, a história romana, a partir de Tibério até Zenão. A seguir, ele engata com os imperadores de Bizâncio e os merovíngios. Poderíamos dar vários outros exemplos desse sentimento de que não há história separada, de que se está sempre na sequência dos tempos.

Essa sensibilidade pela História, porém, não provocou um estado de espírito propriamente histórico. E isso por duas razões que foram muito bem definidas por Marc Bloch em *A sociedade feudal*.

A primeira é o próprio excesso de solidariedade entre o outrora e o agora. Para retomar a expressão vigorosa de Marc Bloch: "A solidariedade entre o outrora e o agora, concebida com força demais, encobria os contrastes e afastava até a necessidade de percebê-los!". Resulta daí uma espécie de visão por telescópio da História. O homem do século XIII representa para si mesmo Carlos Magno, Constantino e Alexandre sob os aspectos e com a psicologia do cavaleiro de seu tempo. O escultor, o pintor de vitrais ou de tapeçaria não têm ideia de distinguir as vestimentas. Nem sempre por ignorância: a visitação do portal ocidental de Reims mostra suficientemente que na época se sabia reconstituir e vestir à maneira antiga. Os artistas bem que encontram o meio de particularizar seus personagens, quando querem: assim, distinguem Cristo dos apóstolos impondo-lhes um traje convencional, aliás, parece, derivado da vestimenta antiga. Se não particularizam, é porque não sentem necessidade disso. Sentem mais a solidariedade dos tempos do que suas diferenças: é sua maneira de estar diante da História. Ela nos interessa muito, à medida que está em oposição à atitude mais comum hoje em dia. Esse império atual da diversidade histórica existe, notemo-lo, sem suscitar reações instintivas e sugestivas, como a recusa da cor local na pintura religiosa de Maurice Denis e o *parti pris* de representar as cenas evangélicas em roupas modernas.

Tal é a primeira consequência da herança de são Jerônimo, piedosamente recolhida e cultivada na Idade Média, uma solidariedade das épocas, sentida com uma intensidade desconhecida até então. Desse ponto de vista, trata-se de uma descoberta de grande importância, mesmo tendo permanecido estéril no domínio da historiografia. A segunda consequência, pelo contrário, é menos fecunda. A concepção patrística da História universal, quer ela adote uma forma cronológica com são Jerônimo, quer filosófica com santo Agostinho, desemboca numa exegese providencialista. Os acontecimentos e seus desenvolvimentos são menos interessantes em si mesmos do que por seus signos místicos, sua significação moral no plano do governo divino! *De Gubernatione Dei* é o título do tratado de Salviano, por volta de 450. Já dissemos da importância de *A cidade de Deus*, de santo Agostinho, na economia histórica do Ocidente, até Bossuet e até os apologistas do início do século XIX, como Dom Guéranger. A História, que é una, tem também um sentido, um sentido teológico, particularmente claro no caso da História Santa, mais difícil de apreender quando se trata de acontecimentos retirados de fontes não inspiradas (mas a História não é sempre inspirada?), e também um sentido moral. Convém ao historiador descobrir sob as aparências a lição do acontecimento recolocando-o na economia divina do mundo. Pois parece que Deus teria dado luzes especiais sobre seus desígnios aos historiadores providencialistas. O exemplo de *A cidade de Deus* já é conhecido. Citemos, para reforçá-lo o caso muito semelhante de Salviano, que quer mostrar, na vitória dos bárbaros, o instrumento da vingança divina contra a sociedade romana esquecida de seus deveres, como antes no caso de Israel:

> Por que nosso Deus, pois, fez passar para o poder de nossos mais covardes inimigos as imensas riquezas da República e os povos mais opulentos de nome romano? [Cito segundo uma tradução de 1834.] Por quê? Se não é para nos fazer conhecer, segundo todas as aparências, que essas conquistas são usufruto mais das virtudes do que das forças; para nos humilhar e nos punir, entregando-nos a covardes [Salviano não admira os bárbaros e não lhes reconhece nenhuma superioridade étnica], para tornar manifestos os golpes da mão divina ao nos dar por mestres, não os mais valorosos dentre os nossos inimigos, mas os menos corajosos.

Essa preocupação de apreender o sentido da História durará muito tempo. Hoje, não está morta. Joseph de Maistre a renovou, aplicando-a à Revolução Francesa, instrumento da vingança divina. Ele não contribuiu pouco para politizar a História, transformada em arsenal de argumentos pró e contra nas grandes discussões teóricas. Enfim, as amplificações morais as quais levava essa filosofia da História se prestavam com demasiada facilidade aos desenvolvimentos oratórios. Assim, cada "renascimento" é acompanhado de uma descoloração da História, por uma perda do sentido da vida no tempo. Os homens da Idade

Média sabiam ser bons observadores dos costumes e das coisas. Os escultores dos calendários, os miniaturistas das iluminuras, os poetas épicos provam-no suficientemente. Mas essa vida do tempo está ausente dos textos propriamente históricos, à medida que seus autores quiseram tirar um ensinamento moral ou andar sobre os rastros dos autores clássicos. Não é preciso esperar o século XVII. A *vida de Carlos Magno* de Éginhard data do século IX. Ao percorrê-la, podemo-la considerar piedosa e fiel na transcrição. Ora, seu último editor, L. Halphen, provou que Éginhard demarcou a vida de Augusto, de Suetônio, e a transpôs desajeitadamente, em lugar de contar com simplicidade o que tinha visto.

Porém, não deixa de ser verdade que a Idade Média teve, na sua origem, o sentido da História universal e da solidariedade das épocas num mundo ordenado por Deus. É daí que é preciso partir para seguir a curva de sua atitude perante o tempo.

Segunda noção importante: a data da festa da Páscoa, última sobrevivência do calendário na grande queda dos valores positivos de civilização, do século VI ao VIII.

No mais das vezes, a noção de decadência resiste mal à análise histórica. Temos a impressão, ao olhar de perto, que ela é uma janela falsa para a simetria necessária à arquitetura da história clássica. Os clássicos consideram o curso do tempo como uma sucessão de "grandezas" e de "decadências". Ainda hoje temos grandes dificuldades para nos livrarmos dessa maneira de ver, fonte de erros e de contrassensos. Uma época dita de decadência é uma época quando a história se acelera, segundo a expressão de D. Halévy, quando os signos se multiplicam pela passagem de uma civilização a outra, quando se distingue a olho nu a oposição de duas estruturas. Também batizamos de época de decadência os momentos em que as sociedades se afastaram dos cânones clássicos definidos pelo helenismo. Seria preciso banir essa palavra da terminologia.

Contudo, existe um período, e apenas um nas idades históricas, onde essa vaga noção de decadência encontra uma significação concreta e muito dramática: os dois ou três séculos da alta Idade Média, entre a invasão dos bárbaros e o renascimento carolíngio. Temos, então, a impressão de que tudo está ameaçado de desaparecer, o tesouro dos séculos e até dos milênios. Valéry observou que as civilizações são mortais. Mas outras nascem de suas ruínas e de sua carne. Jamais houve hiato completo, buraco negro em que não se sabe mais nem lembrar, nem escrever, nem transmitir. Jamais, salvo durante a alta Idade Média, quando teve que desaparecer – o que nos interessa – até o cálculo do tempo. Pode subsistir a ideia de História quando se perdeu o sentido de um recorte do tempo, qualquer que seja ele? É notável que Eusébio de Cesareia e são Jerônimo, em seus vastos projetos de História universal, tenham primeiro objetivado contar tempo. A conta podia não estar exata, mas pelo menos existia a intenção, e ela bastava para dar ao espírito essa dimensão de fundo, essa profundidade que não existe mais quando faltam as marcações cronológicas. Esse é o caso dos negros da África, quando o Islã não introduziu ali um cuidado de cronologia e um sistema de datar, a Era da Hégira: então, não se trata mais de uma excessiva solidariedade das épocas, em que se atenuaram os elementos de diferenciação, mas do passado que se evapora, desaparece da consciência dos homens e é reabsorvido num folclore fora do tempo, como é o caso, creio, de todos os folclores.

A alta Idade Média bárbara não atinge esse limite. Na confusão geral, ela soube preservar o cálculo do tempo, porque a necessidade litúrgica de fixar com exatidão a data da Páscoa preservou algumas técnicas de cômputo astronômico, que de outra maneira teriam desaparecido. Era de importância capital que a Páscoa fosse celebrada no momento certo, senão o ciclo litúrgico se desordenaria, e está fora de dúvida que neste momento da história da Igreja a liturgia, muito próxima ainda das origens vivas, era a forma principal da devoção religiosa; podia até ligar-se a ela um formalismo que pareceria supersticioso a espíritos modernos. A importância atribuída à liturgia, por seu sentido – era, então, o único catecismo – explica o interesse dado à fixação da data da Páscoa, fonte de controvérsias muito animadas. Os contemporâneos pensavam que sua religião correria o risco de ser comprometida se houvesse um erro sobre essa festa essencial.

Ora, a correspondência da Páscoa – festa de origem judaica, determinada pelo calendário lunar dos judeus – e do calendário juliano, em uso no Ocidente, comportava dificuldades reais. Era preciso recorrer a especialistas, ou então, para regulamentar a questão de uma vez por todas, conservar tábuas de concordância levantadas previamente por vários séculos. Cada página da tábua continha nove anos, de modo que após 28 folhas havia coincidência entre o ciclo lunar hebraico e o ciclo solar romano.

As comunidades religiosas, em particular as abadias, possuíam essas tábuas pascais, indispensáveis ao desenvolvimento de uma vida litúrgica regular e, portanto, a toda vida religiosa. Essas tábuas pascais salvaram a noção de tempo da ruína dos valores da civilização. Pois as abadias, contrariamente à opinião corrente, pelo menos na Gália, não escaparam ao esquecimento que desfazia a herança do passado. A reforma da escrita e da escola, sob Carlos Magno, foi inspirada pelo temor de que a má grafia e a ignorância do latim entre os copistas não permitissem mais a transmissão fiel dos textos sagrados; já não se estaria seguro de sua autenticidade. O mesmo grande problema que o do cálculo do tempo. Sem Páscoas regulares, sem Bíblia autêntica, soçobrar-se-ia no nada, Deus abandonaria o mundo. Nas sociedades dos séculos VII e VIII, as tábuas da Páscoa desempenharam um papel análogo ao das festas consulares em Roma. Os anos do reinado dos reis bárbaros teriam podido continuar os dos imperadores que muitas vezes se confundiam com os consulados. Mas basta ler Gregório de Tours ou o pseudo--Fredegário e seus primeiros continuadores para perceber a impossibilidade prática de tal contabilidade. "O terceiro ano do rei Childeberto, que era o décimo sétimo de Chilperico e de Gontrão..."

O pseudo-Fredegário conta os anos de Childeberto desde seu aparecimento na Borgonha, sem se preocupar com seu reino da Austrásia: "o quarto ano de Childeberto na Borgonha...". O cronista está, então, na Borgonha. Ao contrário, quando seu continuador se transporta para a Austrásia, deixa de lado a cronologia da Borgonha para seguir a da Austrásia. Após a morte de Dagoberto, ele conta por anos de Sigeberto, rei da Austrásia, enquanto seu irmão Clóvis reina na Nêustria e na Borgonha. As cronologias tornam-se confusas e complicadas demais para espíritos avessos às abstrações dos números, para homens que, literalmente, não sabem contar. Assim, eles renunciam a adotar um sistema preciso de anos de reinado, mesmo quando a situação política se tornou mais clara com o surgimento de Pepino, o Breve. A parte do pseudo-Fredegário consagrada a Pepino situa os acontecimentos no tempo sem rigor e intermitentemente. Ele não conta mais por anos de reis. Há até recuo, nesse ponto, com relação a Gregório de Tours. Ele diz: "o ano seguinte", ou então "ao mesmo tempo", ou ainda "enquanto isso se passava". Às vezes, ele traz uma precisão: "o ano seguinte, quer dizer, o décimo primeiro de seu reinado" e retoma em seguida: "o ano seguinte"... até a morte de Pepino. Aí, o relato termina com essa recapitulação, onde reencontramos a preocupação do balanço cronológico, como em são Jerônimo; "ele tinha reinado vinte e cinco anos", o que, aliás, não é exato: dezesseis anos apenas e, mesmo se incluíssemos o seu tempo como administrador do palácio, seriam vinte e sete anos, e não vinte e cinco. Decididamente, nos perdemos aí. Isso incomoda pouco ou nada o cronista que não sente necessidade de substituir a incerteza e a complicação do cálculo dos reinados por um sistema de numeração do tempo mais simples. É verdade que a coleção do pseudo-Fredegário foi compilada com o intuito de propaganda carolíngia que ultrapassa o cuidado elementar de fixar a memória do tempo: nós o reencontraremos mais adiante, desse ponto de vista, diferente do que aqui é o nosso. Constatemos somente que um pepínida do século VIII podia reunir crônicas à glória de seus ancestrais sem se preocupar com referências cronológicas, sem se perguntar se o leitor teria alguma dificuldade em situar os homens e os acontecimentos. Isso não tinha para ele a menor importância, o problema não se colocava.

Essas crônicas testemunham, portanto, a grande confusão cronológica que ainda persiste no final do século VIII. Elas são, se posso assim dizer, leigas, isto é, mesmo se elas estão cheias de prodígios, ou foram escritas por clérigos, não nasceram na vida das abadias, de preocupações monásticas.

Sua indiferença pela cronologia me parece, por conseguinte, reforçar a hipótese de que o cômputo pascal salvou a noção de medida do tempo.

Os continuadores das histórias universais do século V, como quis ser Gregório de Tours, cuja sequência o pseudo-Fredegário garante, perderam o sentido da regularidade no desenrolar do tempo. Esses cronistas não são analistas.

Os primeiros anais são monásticos, e os eruditos parecem estar de acordo em atribuir a esses anais a origem das tábuas de concordância pascal. Augusto Molinier escreve no volume de *Sources de l'histoire de France* [Fontes da história da França] consagrado aos carolíngios: "Os autores desconhecidos dos primeiros anais monásticos tinham o cuidado de anotar em suas tábuas de Páscoa as vitórias, as expedições ou a morte dos novos mestres".

Pode-se representar como as coisas se passaram. Guardavam-se com cuidado os calendários que permitiam fixar a Páscoa. Esses calendários diferenciavam com precisão os anos e impediam a confusão. Num espírito religioso e litúrgico, elas se sucediam desde o nascimento de Cristo.

É essa diferenciação que importa sublinhar. Ela cria um estado de espírito que Gregório de Tours e, mais ainda, o pseudo-Fredegário, ignoram. Logo os monges experimentarão o sentimento ingênuo de acentuar essa diferenciação por referências mais concretas, ligadas à sua experiência quotidiana. O ano, já particularizado pelo seu ciclo litúrgico, será caracterizado por alguns acontecimentos marcantes: um inverno rigoroso, um prodígio sobrenatural, a morte de um personagem importante e, cada vez mais, também um acontecimento político, uma guerra.

Os *Monumenta Germaniae Historica* reuniram alguns desses anais, comoventes em sua ingenuidade. É preciso lê-los em seu terrível latim, que permite julgar a grosseria intelectual dos monges. Mas essa baixa da cultura realça ainda mais a importância de seu modo analítico, que preserva a noção de tempo.

Há, em primeiro lugar, no alto e à esquerda: *Anni ab incarnatione Domini*, e abaixo os anos: 764, 765... Diante do ano, duas ou três linhas de comentários. Por exemplo: 764 – *Hiems grandis et durus – Habuit rex Pippinus conventum magnum cum Francis ad Charisago*. A inclemência do clima é tão importante quanto a assembléia dos francos. Sentimos quanto o monge ficou impressionado com o rigor do frio. E o acontecimento dominante do ano.

E ainda: 787 – *Eclipsis solis facto est hora secunda 16 kal. Octobres die dominico. Et in eodem anno dominus rex Carlus venit per Alamaniam usque ad terminos Paioariarum cum exercitu.*

O eclipse deve ser relatado tanto quanto uma campanha de Carlos Magno. E com tal precisão, inteiramente moderna, desconhecida dos cronistas políticos, como o pseudo-Fredegário: no domingo, 16º dia das calendas de outubro, por volta de duas horas. Esse rigor implica o uso habitual do calendário.

849 – *Terrae motus. Walachfredus obiit*. A morte do abade e um tremor de terra são tudo por um ano. Os outros acontecimentos da grande História foram deixados de lado.

Às vezes, a secura da nota sucinta se anima de certa emoção.

841 – *Bellum trium fratrum, ad Fontanos*. Eis o fato bruto, mas o escriba está agitado e amplifica: *bellum crudelissimum inter fratres Hlottaricum*.

A importância dos fatos meteorológicos, dos eclipses e dos tremores de terra não é específica às breves notas dos anais monásticos, é moeda corrente na literatura do tempo. O que é preciso sublinhar, e que me parece novo, é o modo analítico, o cuidado cronológico que ele implica. Na época de Carlos Magno, e isto, sem dúvida, faz parte do "renascimento carolíngio", o modo analítico será adotado pelos redatores da História oficial, os *annales regii* que continuam a coletânea do pseudo-Fredegário.

A História universal e sua interpretação histórica do mundo, do amadurecimento do mundo, legava à Idade Média a ideia de que existia uma história do gênero humano. A necessidade de contar os dias, os meses, os anos, segundo um sistema prático, reintroduzia a noção, distinta da primeira, do correr do tempo.

Nas grandes histórias universais de Eusébio de Cesareia, de seus imitadores e continuadores, a cronologia adota um modo de classificação e de referências por duração dos reinados: os reis da Macedônia, os Césares de Roma... Essa unidade de cronologia, o reinado, não foi transmitida à Idade Média, ou antes, seu uso se perdeu. A adoção do calendário eclesiástico, da era da encarnação, permitia medir o tempo sem recorrer às datas confusas dos merovíngios. Sobretudo, o poder dos príncipes temporais impressionava menos a opinião do que o dos bispos e dos abades, cuja memória ainda fresca envolvia em uma atmosfera de lenda, quando não já ainda vivos. Que opinião? A única que conhecemos, a dos que escreviam e conheciam a única língua com que se podia escrever, o latim; portanto, a opinião dos clérigos.

Mas, na época de Gregório de Tours, e, podemos dizê-lo, até a reforma gregoriana dos séculos XI e XII, os clérigos não constituíam um mundo à parte. Um celibato rigoroso não os separava inteiramente dos outros homens, na vida quotidiana. Serve de prova uma anedota de Gregório de Tours, em que um abade debochado é morto pelo marido enganado: "Que esse exemplo ensine aos clérigos a não ter comércio com as mulheres de outrem, pois a lei canônica e as santas escrituras o proíbem, *praeter has feminas de quibus crimen non potest aestimari*", exceto com as mulheres a que tal não possa ser imputado como crime. Essa massa numerosa e de limites imprecisos quanto aos costumes devia impor seus sentimentos à multidão de devotos que frequentava as tumbas dos santos e suas relíquias. De qualquer forma, durante a alta Idade Média, até os grandes textos da historiografia carolíngia, os personagens importantes são os bispos e os abades. É sobre eles que se escreve, são eles que interessam. Para convencer-se disso, basta contar as referências do repertório das fontes no tomo I de Molinier (*Sources de l'histoire de France,* t.I, p.1), consagrado ao período das origens até os carolíngios. Enumeramos 630 referências. Dessas, 507 são de vidas de santos, o que equivale a 80%. Pouco importa se essas vidas são lendárias, muitas vezes construídas sobre um protótipo comum, com os mesmos milagres e os mesmos prodígios. Oitenta por cento dos textos históricos são biografias de bispos e de abades. Porque os santos, então, eram quase exclusivamente bispos e abades. Hoje, ao contrário, a santidade é raramente reconhecida canonicamente aos chefes da hierarquia regular e, sobretudo, secular...

A narrativa de Gregório de Tours, quando deixa de ser uma história universal, é tanto uma história dos bispos quanto uma história dos francos. Para Gregório de Tours, grandes datas padrões da História são: a criação do mundo, o dilúvio, a travessia do mar Vermelho, a ressurreição e a morte de são Martinho. A seus olhos, são Martinho parece mais importante do que Constantino, sem falar de Clóvis – instrumento, afinal, pouco respeitável da Providência divina. Mas são Martinho é "nossa luz", a chama cujos novos raios iluminam a Gália. A História que diríamos moderna começa com são Martinho. Antes de são Martinho, são Dênis, são Saturnino, santo Ursino, os evangelistas e os primeiros mártires pertencem à História das épocas veneráveis, conhecidos por antiga memória. O livro II, que segue o epítome de história universal do livro I, começa com os primeiros sucessores de são Martinho no bispado de Tours. É ocasionalmente que se trata dos francos, para reconhecer que pouco se sabe sobre eles. Após o histórico dos francos e de sua vinda à Gália, faz-se ao mesmo tempo a história dos primeiros reis francos conhecidos e a dos bispos de Tours e de Clermont. Com o livro III, que narra o reinado de Clóvis, o relato torna-se mais denso, à medida que são abordados os acontecimentos contemporâneos. Mas ele sempre reserva um lugar especial aos fatos eclesiásticos: deposição ou nomeação dos bispos, sínodos, vida eclesiástica, aliás intimamente ligada à dos reis, numa espécie de cesaropapismo.

No entanto, no livro X, Gregório de Tours se detém ainda e retoma uma história sistemática e contínua de sua sé metropolitana de Tours, desde o primeiro bispo Gatiano, passando por são Martinho, que foi o terceiro, "o 92º fui eu, Gregório, indigno". No livro I, em seu grande resumo cronológico do mundo, ele já tinha bem situado a si mesmo, no momento em que escrevia sua *Historia Francorum*: "No 21º ano de nosso episcopado, que é o 5º de Gregório, papa de Roma, o 31º do rei Gontrão, o 19º de Childeberto". A História do século VI ao VIII mostra-se primeiramente como a coleção dos atos dos bispos e dos abades. Importante modificação do sentido histórico. Desde Eusébio de Cesareia, a História não tinha jamais deixado de ser *santa*. Todavia, ela dava pouca atenção aos aspectos biográficos e se preocupava sobretudo em integrar a História pagã ao plano providencial. A História Santa deixava de ser só a dos judeus para tornar-se a do mundo.

Mas o espírito dos grandes sistemas cronológicos pouco a pouco foi sendo esquecido. Os esforços, no século VIII, dos anglo-saxões, como Beda, o Venerável, ou dos italianos, como Paulo Diácono, não conseguiram salvá-los. Se a lembrança das origens permanecia no prefácio dos livros, era mais por convenção de estilo. O declínio se precipitou no século X, e daí em diante, até o século XII, a França perdeu o sentido da universalidade da História, consequência de um estreitamento do horizonte geográfico e também de uma negligência em descobrir sob a trama dos acontecimentos a mão da providência. Tinham-se tornado indiferentes à matéria leiga da História, mesmo em sua interpretação providencialista.

Daí em diante, a História deixava de ser uma História Santa para tornar-se uma Vida dos Santos. O que era bem diferente! Não mais o sagrado no tempo, mas o sagrado fora do mundo. A narração dos milagres e dos prodígios que manifestavam a santidade e seu herói obrigava o biógrafo, o hagiógrafo, a acentuar um aspecto trans-histórico do sobrenatural. Mais um indício dessa erosão do sentido histórico que acabamos de notar, desde que se deixava o diário de bordo dos monastérios. O interesse, para nosso assunto, do Renascimento Carolíngio reside menos nos esforços fadados ao fracasso para fazer reviver as grandes histórias universais do que na reabilitação da matéria laica da História. Para além da hagiografia, para além da exegese providencialista, para além até do moralismo clássico, os carolíngios renovaram a tradição muito antiga dos chefes de guerra, na origem da História escrita. Com eles, vemos renascer a preocupação dos primeiros impérios de conservar a lembrança dos acontecimentos notáveis que dão fundamento a seu renome.

O empreendimento remonta a Childebrando, irmão de Carlos Martel. Ele fez que retomassem e compilassem crônicas locais, borgonhesas e austrasianas, ditas desde o século XVI, de Fredegário, e nas quais já tivemos ocasião de notar o esquecimento do sentido cronológico. Não se tratava, com efeito, de conservar a sequência do tempo, mas de fixar uma tradição real, a primeira no mundo reconstruído sobre as ruínas da România. O pseudo-Fredegário é, pois, constituído de uma coletânea de crônicas postas lado a lado para formar uma história contínua. Os eruditos reconhecem ali:

1º Um resumo de Gregório de Tours, à guisa de prefácio.

2º Uma crônica borgonhesa que vai de 585 a 642, escrita por pelo menos três autores diferentes. Eis uma amostra da narrativa:

> No oitavo ano do seu reinado [na Borgonha] Teodorico teve de uma concubina um filho que se chamou Childeberto. Um sínodo foi reunido em Châlons, e foi mudado o bispo de Vienne. Nesse ano, o sol foi coberto. Ao mesmo tempo, o franco Bertoldo era administrador do palácio de Teodorico. Era um homem de costumes regrados, sábio, prudente, bravo no combate e que guardava a fé jurada.

3º No século VII, a crônica é transportada para a Austrásia, em proveito dos pepínidas. Ela é copiada e conservada por Childeberto, o irmão de Carlos Martel, que a faz continuar até o aparecimento de Pepino, o Breve, em 752: "É até aqui que o ilustre conde Childebrando, tio do rei Pepino, fez escrever com o maior cuidado essa história da festa dos francos".

4º A vida de Pepino, o Breve, por Niebelungo, filho de Childebrando e sobrinho do rei: "O que se segue foi escrito por ordem do ilustre guerreiro Niebelungo, filho de Childebrando". Como se esse ramo mais novo se tivesse especializado na história da família.

Esta coletânea de Fredegário é, portanto, composta de antigas crônicas (tomou-se em primeiro lugar o que primeiro se encontrou) e, em seguida, de uma historiografia oficial.

*Les annales royales* [Os anais monárquicos], por muito tempo atribuídos erroneamente a Éginhard, escritos por ordem de Carlos Magno, continuam mais sistematicamente a obra de Childebrando e de Niebelungo. Segundo L. Halphen, é inútil procurar aí, conforme certos eruditos, divisões arbitrárias. Registremos somente que eles adotam a era da encarnação e o modo rigorosamente analítico: *anno* 741. Nesse quadro cronológico, desconhecido de Fredegário e emprestado aos anais monásticos, sem dúvida sob influência dos anglo-saxões, os cronistas desenvolveram a história das guerras monárquicas. Sua narrativa é dedicada à glória dos heróis, cujas ações brilhantes importa conservar. Essa História oficial e secular, secular mesmo, se, redigida por clérigos, está sempre impregnada do maravilhoso cristão, tem dois aspectos essenciais: um dinástico e outro militar; convém fixar por escrito os altos feitos dos ancestrais. Essa preocupação revela uma atitude diante do tempo que acredito ser nova e que contribuirá para formar a mentalidade típica do Antigo Regime e até a nossa mentalidade contemporânea, à medida que ela continua a de nossos predecessores de dois séculos atrás, é a tradição. A partir do século IX, enquanto se constitui o regime feudal, os ancestrais e o valor dos ancestrais são cada vez mais invocados. Para se impor socialmente, o homem deve ter ancestrais, e ancestrais de bravura lendária. Esse sentimento vai atravessar os séculos e dar ao Antigo Regime, apesar das diferenças de tempo, uma cor própria: a honra, dirá Montesquieu.

Essa devoção ao passado vale, nas épocas feudais, para as famílias comprometidas nas ligações da homenagem. Mas ela deve encontrar a sua origem na prática dos administradores do palácio da Austrásia, antes mesmo que eles sucedessem aos Césares: mais do que a unção real, o valor guerreiro os destinou à função monárquica. Sempre dinástica e militar, a tradição é, de início, monarquista. A historiografia oficial dos carolíngios funda uma tradição monárquica, lá onde os herdeiros de Clóvis haviam fracassado.

Essa transmissão dos altos feitos dos reis se interrompeu, pelo menos na forma de relatos doutos, em língua escrita. *Les annales royales* [Os anais monárquicos] não tiveram continuadores. Essa primeira tentativa de regrar a História pelo ritmo dos reis e de suas guerras não teve prosseguimento.

Nós temos o hábito de reduzir a História a uma sucessão de ciclos de apogeus e de declínios, em função das vicissitudes dos poderes políticos; assim, não estamos muito espantados com o desaparecimento da grande crônica real, que somos tentados, demasiadamente, a explicar pela ruína dos carolíngios e pela ascensão de uma nova barbárie, simétrica à dos séculos VI e VII. Contudo, não se parou de escrever História nos séculos IX e X, nem constatamos nos textos da época nada de comparável à língua rudimentar e à ignorância bárbara dos anais monásticos de que citamos mais acima algumas passagens. Pelo contrário, as lembranças da Antiguidade clássica dão testemunho de um conhecimento dos autores literários que, redescoberto sob Carlos Magno, não se perderá mais. Não é a barbárie, mas antes a retórica e a roupagem à antiga que perturbam o leitor moderno nos *Historiarum Libri IV* de Richer, escritos entre 883 e 995.

Não cabe evocar aqui a noção fácil demais de decadência, nem o enfraquecimento da dinastia carolíngia. Por que esse último argumento seria mais válido para a história latina do que para a epopeia em língua vulgar, onde os acontecimentos dos séculos IX e X desempenham um papel tão importante? É preciso procurar outra explicação.

Quais são os principais textos históricos dos séculos IX ao XI, se deixarmos à parte as crônicas normandas até as primeiras histórias das cruzadas?

Eis os *Gesta Dagoberti*, que não é uma história do rei Dagoberto, mas um panegírico de Dagoberto, na qualidade de fundador da abadia de Saint-Denis, panegírico escrito por um monge de Saint-Denis, por volta de 832, com a ajuda dos textos conhecidos de Fredegário e das vidas de santos. Seu interesse reside em detalhes tirados dos diplomas e títulos da abadia: recurso a fontes importantes para a conservação dos privilégios da comunidade.

Flodoardo é o autor de uma *Historia Ecclesiae Remensis*, que se detém em 948. Flodoardo morreu em 966. Ele é cônego da igreja da qual é historiador. Ele começa assim: "Não tendo outra intenção senão escrever a história do estabelecimento de nossa fé e de contar a vida dos padres da nossa igreja, não parece necessário procurar os autores ou fundadores de nossa cidade, já que eles nada fizeram para nossa salvação eterna e, ao contrário, nos deixaram, gravados na pedra, os indícios de seus erros" — maneira curiosa de se livrar de uma só vez da Antiguidade pagã e da História secular. Ele conta a vida de são Remígio, como os biógrafos da época precedente, e segue a série dos bispos, insiste sobre Hincmar, parafraseia cartas episcopais. Outra narrativa do mesmo Flodoardo engloba, sob a forma analítica doravante tradicional, acontecimentos notáveis da crônica local e alguns fatos mais distantes. Caem em Reims pedras de granizo grandes como ovos de galinha. Este ano, não houve vinho. Os normandos devastaram a Bretanha, a Hungria, a Itália e uma parte da França. Em 943, houve nos arredores de Paris uma grande tempestade e um furacão tão violento que destruiu as paredes de uma velha casa que desmoronou sobre seu dono. Alguns demônios, sob a forma de cavaleiros, destruíram uma Igreja vizinha e arrancaram os círios. Parece que os demônios e o maravilhoso folclórico aparecem com mais frequência nos textos desta época.

Helgaud é monge na abadia de Fleury-sur-Loire, hoje Saint--Benoît-sur-Loire. Ele redige uma vida do benfeitor da abadia, o rei Roberto, que é para Saint-Benoît o que a vida de Dagoberto é para Saint-Denis: um panegírico. Absolutamente nada sobre os acontecimentos, mas fatos edificantes, milagres, esmolas.

Quando Abbon narra o sítio de Paris pelos normandos, em 885-887, retém menos o fato de história secular ou monárquica do que sua incidência sobre a abadia de Saint- Germain. É um episódio da história de são Germano.

Raul Glaber (985-1047) é mais ambicioso. Pretende completar as grandes histórias universais, paradas desde Beda, o Venerável, e Paulo Diácono. Ele sabe que a História é uma fonte de ensinamentos morais: "Para todos os homens, excelentes lições de prudência e de circunspecção". "Nós nos propomos, pois, lembrar os grandes homens que podemos conhecer por nós mesmos ou por informações seguras e que, desde o ano 900 da encarnação do Verbo que tudo cria e vivifica, até os nossos dias, se distinguiram por seu apego à fé católica e às leis da justiça." Porém, ele conhece pouco além da Borgonha, como universo, ignora a cronologia e a divisão por reinados e se diverte enumerando longas sequências de prodígios e de milagres. Nada de comparável aos anais carolíngios.

Ainda no meio do século XII, a história da abadia de Vézelay se dá conforme o tipo precedente de crônica monástica e local.

Anais monásticos, histórias de igrejas, catedrais e abadias, biografias de bispos ou de abades, panegíricos de fundadores: a História se tornou de novo indiferente ao quadro real, aspecto, sem dúvida, do acantonamento geográfico que caracteriza essa "primeira época feudal", para adotar a expressão de Marc Bloch. Ainda uma vez, não se trata de ignorância. As narrativas são frequentemente atraentes para o leitor moderno, bem mais atraentes do que os textos mais antigos ou mais recentes, pois os autores, indiferentes à História geral e aos acontecimentos de grande política, foram permeáveis à observação dos costumes contemporâneos. Fenômeno raro nos historiadores de nosso povo! Encontramos ali quantidade de traços curiosos sobre o sobrenatural, sobre o folclore, como prova o espantoso relato de Galbert sobre Bruges, quando do assassínio do conde de Flandres em 1127. É o anúncio das crônicas célebres, como as de Joinville, as únicas que conquistaram direito de cidade na História literária e que são testemunhos sobre seu tempo escritas por saborosos observadores.

No entanto, essa historiografia não é nunca "régia", nem mesmo "feudal". Ela não se interessa pelos atos dos grandes, exceto quando se misturam com a vida das igrejas e das abadias. Constatamos aí um eclipse da ideia de tradição familiar. Eclipse que não é total: as tradições familiares e monárquicas, no momento em que a História em língua latina as abandona ou as desdenha, alimentam um gênero literário novo — a epopeia.

Não seria preciso entrar agora no labirinto das controvérsias suscitadas pelo problema das origens da epopeia. Todavia, os eruditos contemporâneos trouxeram sugestões muito preciosas. Eles estão quase de acordo em remontar até os séculos XI e X a formação das primeiras epopeias, embora os manuscritos mais antigos datem apenas de meados do século XII. Abandonando as ideias demasiado radicais de Bédier, ou matizando seu rigor, os medievalistas parecem hoje inclinados a admitir para as canções de gesta uma fonte não mais monástica, mas laica — popular ou senhorial. Pensamos logo nas cantigas em língua vulgar, cuja existência, mas não o assunto, é afastada por breves alusões, como a proibição de um bispo de Orléans do século IX a seus clérigos de dizer "canções rústicas". Sem dúvida, essas cantigas, mais do que os anais latinos, teriam transmitido às epopeias os elementos históricos mais antigos, particularmente os que dizem respeito à história de Carlos Magno ou a seus sucessores do século IX.

Por outro lado, a designação de Laon como residência da corte permitiu a F. Lot situar a data de fixação dos temas no século X, época em que a região laonesa tinha se tornado o reduto dos últimos reis carolíngios. Também os acontecimentos do século X alteraram as tradições anteriores: René Louis, autor de uma douta monografia sobre Gérart de Roussillon, admite na origem do tema um Gérart, conde de Vienne, que se revoltou por volta de 871 contra Carlos, o Calvo. Mas, no século X, esse personagem primitivo foi recoberto sucessivamente por dois outros: primeiro, um herói da independência borgonhesa no modelo de Boson, e depois um conde mítico de Roussillon, para maior glória de um conde histórico de Roussillon, de aproximadamente 980-990.

As primeiras redações ou fixações definitivas se situariam, portanto, no século XI, mas só possuímos, na maior parte dos casos, versões posteriores, raramente sem indícios de alteração e transposições.

De qualquer forma, desde a origem, a epopeia se nutriu de uma tradição real ou senhorial e se opôs à historiografia contemporânea, sobretudo eclesiástica e monástica. As etapas de sua formação remetem aos episódios históricos ou lendários, pouco importa, de guerreiros exemplares, com uma finalidade geralmente dinástica. Ela canta a gesta dos reis, mais ou menos confundidos na pessoa de Carlos Magno, como a *Chanson de Roland* [Canção de Rolando] e reflete às vezes o apego à família carolíngia, traída por barões desleais. Ou então, celebra a fama dos grandes, inimigos do rei, como Gérart de Roussillon, ou Guilherme de Nariz Curto, e não hesita em ridicularizar o monarca do *Couronnement Louis*. Tudo se passa, pois, como se as tradições dinásticas e heroicas que tínhamos observado nos anais oficiais carolíngios, tivessem desaparecido da historiografia latina para se refugiar nas cantigas populares e senhoriais, nos cantos em língua vulgar dos jograis; enfim, nos temas fixados das epopeias.

Foi, portanto, pela epopeia que a História entrou na literatura de língua falada; foi sob a forma fabulosa da epopeia que a História foi conhecida e sentida por todos. Ora, na França, ela nasceu mais particularmente do legitimismo carolíngio e se tornou uma maneira de transmitir a memória dos ancestrais: uma tradição heroica e dinástica. A noção de tradição familiar, desaparecida por um tempo da História douta em latim, subsistiu sob a forma épica.

Isso é notável, pois podemos nos perguntar se, sem a epopeia que conservou e transmitiu uma matéria dinástica e heroica, os séculos XII e XIII não teriam tomado uma consciência diferente da História. Marc Bloch ressaltou a confusão da Idade Média entre a História e a epopeia. Ainda na época de Henrique II Plantageneta, no século XIII, as canções de gesta eram consideradas autênticos documentos. Por muito tempo, até o século XV, as famílias senhoriais, assim como as abadias, tentarão ligar-se às linhagens de uma epopeia célebre. Assim, a casa de Borgonha serviu-se em sua propaganda de uma versão do século XIV, em alexandrinos, de Gérart de Roussillon, que um monge de Pothiers tinha recheado de nomes borgonheses. Filipe, o Bom, fez com que fosse posta em prosa e até divulgou uma versão resumida. Desde então, a gesta de Gérart conheceu edições impressas no século XVI e ainda em 1632 e 1783.

Porém, existe nessa História douta em latim dos séculos X e XI, uma exceção que foge à compartimentação estreita das narrativas contemporâneas e se liga à maneira dinástica e heroica da epopeia. É a obra do clérigo Dudon, que se situa entre 960 e 1043: *De moribus et actis primorum Normanniae ducum,* que serviu de fonte aos posteriores historiadores da Normandia. Pois, na história da historiografia medieval, a Normandia ocupa um lugar importante: o renascimento do gênero histórico no século XII parece determinado pelo avanço alcançado pelos historiadores normandos e também pelo alargamento dos horizontes devido às cruzadas. A repercussão das cruzadas sobre a História logo se compreende, é bem conhecida e é inútil insistir sobre ela aqui. Ao invés disso, gostaríamos de observar mais de perto o fenômeno histórico normando. Deve-se ele apenas ao progresso do ducado na organização política e econômica? Neste caso, por que a civilização se traduziu então por uma tomada de consciência histórica, enquanto que outras civilizações, apesar de brilhantes, como as do sul, desenvolveram o Direito, a Medicina, a poesia lírica, mas ignoraram tanto a História quanto a Teologia? Há um mapa da historiografia dos séculos XI e XII que deixa de lado o sul do Loire e mostra algumas manchas de densidade: no nordeste, junto à Alemanha, onde a História, mesmo universal, nunca foi abandonada; e no oeste, precisamente na Normandia.

A leitura do velho Dudon, depois da de outros textos contemporâneos de Champagne, Borgonha etc., permite apreender imediatamente a originalidade dos textos normandos. É a história de um povo que conservou a lembrança de suas origens, de suas migrações, de seus costumes e que, apesar de sua assimilação já antiga ao mundo franco, guarda o sentido de sua venerável particularidade. Esse é um fenômeno bem raro na alta Idade Média ocidental, onde as particularidades étnicas desapareceram rapidamente da memória coletiva. Assim, existem poucos indícios da oposição entre galo-romanos e germanos em Gregório de Tours, que fala das qualidades étnicas como de banais referências pessoais. Desde o começo do século XI – ou melhor, ainda nessa época – os normandos sabiam que tinham uma história diferente da dos francos, e a cantavam, quando preciso, em tom de declamação. Dudon intercalou em sua prosa algumas partes em versos. Numa delas, curiosa o bastante para ter sido sublinhada pelo editor, J. Lair, ele se dirige à comunidade dos francos:

> Ó Francia, tu te orgulhavas outrora de teu triunfo sobre tantas nações abatidas; davas-te a santos e nobres trabalhos... Hoje, eis-te prostrada em terra, tristemente sentada sobre tuas armas, surpresa e confusa... Retoma tuas armas, arroja-te mais célere e busca o que deve te salvar, a ti e aos teus. Tomada de vergonha e de remorsos, de mágoas e de horror por uma de tuas ações más. Escuta as ordens de teu Deus. *Eis que uma raça vem em tua direção da Dinamarca e com seus remos infatigáveis fende rapidamente as ondas.* Por muito tempo, e em inúmeros combates, ela te oprimirá com seus traços terríveis. Furiosa, ela fará com que milhares de francos mordam a poeira. Enfim, uma aliança se conclui; a paz tudo acalma. Então, essa raça levará até o céu teu nome e teu império. Sua espada baterá, domará, quebrará os povos orgulhosos demais para se submeterem a ti. Ó feliz Francia! Três, quatro vezes feliz, saúda-a, tremendo de alegria, saúda-a eterna. (Da tradução francesa de J. Lair.)

O clérigo dos séculos X e XI, portanto, viu bem a amplitude do acontecimento histórico que foi a instalação dos normandos na Nêustria ocidental. Ele não a rebaixa ao nível de um episódio entre outros, não a dilui no romanesco da aventura. Ele distingue, quando não opõe, a raça *(progenies)* dos normandos e a dos francos.

Dudon não começa sua narrativa com os primeiros duques de que se propõe ser o historiador, aliás, oficial. Vai mais longe: os normandos não começam na Nêustria. Eles têm uma história mais antiga, do tempo fabuloso em que viviam nas costas do

Norte, em terras mal situadas (Dani, que o autor, em sua preocupação de identificação com a geografia clássica, confunde com *Daci*). Essa tradição foi transmitida oralmente até o momento em que foi registrada por Dudon. Ela se enriqueceu ao passar por clérigos cultos: foi preciso atrelar a raça normanda, como a dos francos, a Enéias e aos Enéidas. Os normandos têm Antenor, como os francos têm Francion. Mas a lenda das origens conserva cuidadosamente os traços do passado fabuloso e pagão, o êxodo periódico dos jovens, a poligamia, os sacrifícios humanos, as grandes partidas para o mar. Não se trata mais aqui da História universal de Eusébio-Jerônimo — que, aliás, historiadores normandos posteriores a Dudon, como Orderic Vital, retomarão. Há na origem um estranho povo de marinheiros, de costumes exóticos. Ele chegou ao reino dos francos após uma série de aventuras que o cronista se compraz em narrar. E, passando de uns aos outros, chega-se aos normandos de hoje e a seus duques, destinados a um grande porvir. Estamos, porém, antes da conquista inglesa por Guilherme.

É curioso que essa *saga*, devotamente conservada pela tradição oral, não tenha originado um ciclo épico. Não terá sido justamente porque na Normandia a tradição oral logo foi fixada pela História douta dos duques? A matéria heroica e dinástica do passado foi fixada de uma vez por todas, difundida e conhecida com rapidez suficiente para que os poetas não pudessem mais moldá-la à sua fantasia. Assim, em meados do século XII, época da redação das canções de gesta, a darmos crédito às catas de seus manuscritos, o poeta normando se contentará em redigir em versos franceses e em estilo épico as tradições já fixadas por Dudon; é o *Roman de Rou*, de Wace, primeira história em língua vulgar de uma família e de uma nação, saída ao mesmo tempo de uma tradição oral e de uma vontade principesca de passar para a posteridade. Menos fabulosa do que a epopeia, mais preocupada com a exatidão, ela não deixa de ter por objetivo ilustrar uma tradição, garantir sua sobrevivência e sua força emotiva. Todavia, ela não é mais a tradição estritamente dinástica dos anais reais carolíngios. A História, como a Epopeia, sofreu a influência dos valores sentimentais cultivados na sociedade cavalheiresca; a fidelidade e a honra assumiram uma importância no código moral que dá à época sua cor própria. Com isso, a História se tornou uma maneira de exprimir e de sustentar uma fidelidade. Esse havia de ser um traço duradouro do sentimento comum da História. Ainda hoje, ela se mostra muitas vezes como uma saudade do passado, a afirmação de uma fidelidade. Essa fidelidade pode ser um legitimismo preciso, mas também uma piedade mais difusa. Neste caso, a História herda naturalmente as fidelidades perdidas e as conserva num mundo em que quase perderam o sentido.

Até o século XIII, as crônicas eram somente locais ou regionais. No século XIII, a História vai conhecer uma nova aventura. São Luís e seus predecessores imediatos a invocaram para ilustrar o mito nacional e régio que foi então, de acordo com um desígnio preconcebido, traduzido ao mesmo tempo para o pergaminho e a pedra.

Pela primeira vez desde Eusébio-Jerônimo, a sequência do tempo iria ser retomada e organizada num plano de conjunto, ao redor de um tema central, o da casa de França e da religião da sagração. No mesmo momento, a História universal reaparece, após uma indiferença de vários séculos, e, graças ao concurso do pensamento enciclopédico escolástico, com mais rigor e método. A história régia está, aliás, ligada a esse renascimento da História universal. O tempo, cuja continuidade foi daí em diante redescoberta, se desenvolverá segundo uma dupla revolução, primeiro ao redor dos temas patrísticos da Bíblia e da Igreja; a seguir, ao redor deste tema novo que ultrapassa a mera fidelidade dinástica: o mito régio.

Três obras da segunda metade do século XIII dão testemunho desse retorno à grande História: *Grandes chroniques de France* [Grandes crônicas da França], a estatuária funerária de Saint-Denis e a iconografia da catedral de Reims.

A catedral de Reims é dedicada à liturgia da sagração; sua iconografia é dividida em dois registros: um registro de Deus e um registro de César, isso para a claridade da exposição, ficando compreendido que o exercício do poder temporal é também de natureza religiosa. A articulação dos dois registros mostra bem a relação entre a História Santa e a história dos reis: os reis da França sucedem aos reis de Judá e tomam o seu lugar na galeria ocidental.

A cena essencial torna-se, então, a cerimônia de sagração. Ela se repete duas vezes. Primeiro, no exterior, na fachada ocidental: uma composição monumental, destinada a chamar de longe a atenção do peregrino, representa o batismo de Clóvis, isto é, a sagração do primeiro rei. Daí em diante, a série dos reis começa com o primeiro que foi cristão e ungido, distinção desconhecida por Gregório de Tours, que ignora a confusão posterior entre o batismo e a sagração. Torna-se então menos importante remontar para além de Clóvis, até os ancestrais troianos dos francos. A origem é fixada na primeira sagração, no milagre da santa ampola, de que Gregório de Tours não fala e que aparece tardiamente nos textos.

Assim, o peregrino, desde a entrada, é recebido pela imagem da primeira sagração histórica. No interior, reencontra nos vitrais do trifório a cerimônia tal como se repete desde Clóvis, a cada geração: o rei, com vestes estampadas de flores de lis, de espada e cetro, cercado dos pares da França. A liturgia recomeça o gesto consagrador do primeiro rei e renova a intervenção milagrosa da pomba e da santa ampola.

A partir dessa dupla imagem de pedra e de vidro, se desenvolve a procissão dos reis ao longo dos vitrais, no interior, e das galerias de estátuas, no exterior. Esses reis dão a volta à igreja, até o transepto. Em sua sequência anônima, duas figuras se destacam, como santos padroeiros: são Luís sobre o portal norte, Carlos Magno sobre o portal sul. Assim, Carlos Magno, o herói da epopeia, é recuperado pela nova mitologia régia. A fila das majestades de pedra e de vidro exalta a ideia da continuidade régia, desde Clóvis até são Luís, passando por Carlos Magno.

Foi a mesma ideia que inspirou são Luís em Saint-Denis. Antes de são Luís, os reis, como os grandes barões, escolhiam o lugar de sua sepultura de acordo com suas devoções pessoais, em geral em uma abadia privilegiada de que eram benfeitores: por exemplo, Saint-Germain-des-Près, Sainte-Geneviève, Saint-Benoît-sur-Loire e sobretudo, mas sem exclusividade, Saint-Denis. Eles seguiam o uso de seu tempo e nada os distinguia, a esse respeito, de seus contemporâneos. São Luís havia de modificar, nesse ponto, a tradição e dar às sepulturas régias um sentido novo na ilustração do mito monárquico. Ele concebeu o projeto grandioso de reunir em Saint-Denis, em um só conjunto monumental, as tumbas dispersas dos reis da França. Portanto, atribuiu à abadia de Saint-Denis uma função na liturgia régia, simétrica à de Reims. Uma era a catedral da sagração; outra, a necrópole dos reis.

Essa reunião das sepulturas reais não correspondia ao sentimento de piedade familiar que qualquer membro de uma casa ilustre teria podido experimentar. Tratava-se de um desígnio bem mais importante, de natureza político-religiosa. Com efeito, são Luís não se detém nos seus ancestrais pelo sangue. Deixou até Felipe I em Saint-Benoît-sur-Loire. Mas remontou até Hugo Capeto, para além de sua própria família, anexando os reis das três raças, ou, para falar como as grandes crônicas, os da *genealogia* de Meroveu, da *geração* Pepino e da *geração* Hugo Capeto, cobrindo-os todos indistintamente com o manto azul da flor-de-lis. Ele começava, como em Reims, pelo primeiro rei consagrado, Clóvis, considerado como origem, cuja tumba, transportada já pronta a Saint-Denis, tinha sido esculpida à sua efígie na época de Felipe Augusto: essa espécie de restauração, aliás, dá testemunho, desde o final do século XII, de um verdadeiro culto das pessoas reais por sua função régia, que anuncia o grande projeto de são Luís.

Mas as tumbas reais já restauradas no estilo da época eram exceção. O mestre de obras de são Luís, Pierre de Montreuil, fez executar por suas oficinas dezesseis estátuas que representam a série régia desde Clóvis, com poucas omissões, série destinada a ser continuada, em primeiro lugar pelas crianças reais, levadas da abadia de Royaumont, abadia preferida de são Luís, onde ele havia inumado seus filhos segundo costumes que não tinha ainda modificado. Alguns arqueólogos acham que as estátuas de Pierre de Montreuil tinham sido concebidas para serem erguidas ao longo das colunas. Teríamos, então, tido uma galeria real semelhante à do exterior de Reims ou à do Palácio da Cidade, que é mais tardia. Mas as efígies foram deitadas, como jacentes, reforçando assim a impressão de continuidade pela ideia de que a morte não podia mais rompê-la, nem a morte, individual, nem a extinção dinástica. Com efeito, a morte do rei inspirou uma liturgia particular, simétrica à da sagração, e que parece ter fixado o seu ritual nessa época.

De qualquer forma, e esse é o fato importante que devemos reter aqui, o peregrino de Saint-Denis não podia penetrar no transepto sem ler a lição de pedra de uma história que se tornava a história da França, resumida na sequência de seus reis, segundo a mesma pedagogia que lhes ensinava a História Santa em outras partes, nas paredes ou vitrais das igrejas... Daí em diante, existia um resumo simbólico da História, acrescentado à grande História providencial, e era a história dos reis da França.

Dessa história, assim esquematizada em fórmulas de pedra e vidro, os monges de Saint-Denis deram, na mesma época, uma versão não mais iconográfica, mas literária: *Grandes chronique de France* [Grandes crônicas da França].

A parte das *Grandes crônicas* que concernem o período das origens a Felipe Augusto foi redigida de uma só vez em francês por um monge de Saint-Denis, de nome Primat, por ordem de são Luís, e foi terminada no reinado de Felipe, o Ousado, a quem é dedicada.

Na realidade, a ideia de uma grande história da monarquia não era estranha aos predecessores de são Luís: ela teve que amadurecer pouco a pouco. As tumbas refeitas de Clóvis, de Chilperico, transferidas a seguir para Saint-Denis, deixam já suspeitar da existência, desde a segunda metade do século XII, de um interesse particular pelo passado da monarquia. Podemos ir mais longe, e perguntar se a origem do grande mito régio de são Luís não remonta a Suger, abade e restaurador da abadia de Saint-Denis, principal conselheiro da coroa.

Suger é, em primeiro lugar, o autor de duas vidas de reis, Luís II e Luís VII: panegíricos, sem dúvida, e escritos em latim, mas também a primeira obra histórica da Idade Média que não desconcerta o leitor moderno, não especialista. A seguir, uma tradição do século XIV lhe atribuiu a ideia de reunir os antigos textos latinos que, postos em sequência, formariam uma história completa da realeza francesa. Essa compilação existe na Biblioteca Mazarino, e o manuscrito pode ser datado entre 1120 e 1130. Era já uma crônica da França, mas ainda em latim e sem plano sistemático.

Por outro lado, conhecemos, graças a Émile Mâle, a influência pessoal de Suger na iconografia medieval. Ela foi considerável. É a ele que Émile Mâle atribui "a ressurreição do antigo simbolismo", isto é, a retomada dos símbolos iconográficos caídos no esquecimento. Atribui-lhe também a criação de temas novos, como a árvore de Jessé e o coroamento da Virgem. O homem que soube redescobrir os simbolismos religiosos perdidos e imaginar outros, o fiel servidor da família real, podia já conceber o mito da monarquia e fixá-lo, quer por sua própria iniciativa nos escritos, quer pelas diretrizes dadas às oficinas literárias de sua abadia. Pouco a pouco, Saint-Denis tornou-se um centro de estudos históricos da monarquia. Ali prosseguia, depois de Suger, o trabalho de biografias oficiais que ele tinha começado com a da vida de Luís VI. Assim, Rigord, depois Guilherme de Nangis, compuseram vidas de Felipe Augusto e de são Luís.

No entanto, se as *Grandes crônicas da França* se inspiravam em antigas compilações e biografias régias em língua latina, que, na maioria dos casos, se contentavam em traduzir para o francês, elas inovaram no estilo e na apresentação. Reconhecemos aí, repetida com a mesma insistência, a ideia que ilustrava a iconografia régia de Reims e de Saint-Denis. Tratava-se, como nos alinhamentos de pedra e de vidro, de ressaltar a série contínua dos reis e, falando a linguagem comum, de ser compreendido por todos.

Desde as primeiras linhas de seu prólogo, o monge Primat expõe as suas intenções: "Porque muita gente desconhecia a genealogia dos reis da França, de que origem e de que linhagem descendiam, realizou esta obra, por ordem de tal homem a quem não podia nem devia recusar". Assim Primat designava são Luís. A obra foi, portanto, escrita para firmar a legitimidade da casa da França.

Além disso, foi também composta por reinados. É a primeira vez que uma história da França adota a divisão por reinados, que devia durar mais de cinco séculos, e ainda não desapareceu de todo dos usos modernos e das expressões correntes. Evidentemente, esse recorte por reinados corresponde ao objetivo proposto: é o *Roman des rois* [Romance dos reis]. Assim Joinville, como o monge Primat em sua dedicatória.

*Philippe, rois de France, qui tant est renomés*
*Je te rens te roman qui des roys est romés.*

No prólogo, Primat anuncia seu plano: "E porque houve três gerações de reis da França desde que começaram a existir, essa história será dividida em três livros principais; no primeiro, falaremos da genealogia de Meroveu; no segundo, da geração de Pepino; no terceiro, da geração de Hugo Capeto. Cada livro será subdividido em diversos livros, de acordo com a vida e os feitos dos diversos reis." No capítulo consagrado ao fundador da casa capetiana, Primat insiste ainda na continuidade régia e na legitimidade dinástica.

> Aqui faltou a geração do grande Carlos Magno e a descendência dos herdeiros do reino de Hugo, o Grande, que se chama Capeto... Mas depois ela foi recuperada ao tempo do bom rei Felipe Dieudoné [Augusto], pois ele esposou, pensando em recuperar a linhagem do grande Carlos Magno [note-se a insistência do cronista em sublinhar o projeto de Felipe Augusto de garantir por seu casamento a legitimidade de sua raça], a rainha Isabel, que era filha do conde Baudoin de Hainaut [descendente de Carlos, o Simples...], assim, podemos dizer com certeza que o valoroso rei Luís, filho do bom rei Felipe, era da linhagem do grande Carlos Magno e *nele sua linhagem foi recuperada*. E seus filhos também, o santo homem Luís que morreu na cúria de Thunes, e o rei Felipe, que hoje reina, e todos os outros que dele descenderem, se sua linhagem não cessar, que Deus e o senhor são Denis o guardem.

Pôde acontecer a Primat de modificar este plano por reinados, mas foi por lhe ter faltado a documentação, como no caso do período dos últimos carolíngios, antes do surgimento dos capetianos. Sabemos que, então, a historiografia estava reduzida aos quadros locais, exceto na Normandia. Assim, Primat interrompeu nesse ponto a sua série para intercalar, como acessório, uma tradução dos historiadores normandos: "Aqui começa a história de Rolle, que depois foi chamado Robes, e dos duques da Normandia que dele descenderam".

Na série dos reis, Primat se detém com predileção em Carlos Magno, assim como os talhadores de pedra ou os mestres vidraceiros de Saint-Denis, de Chartres e de Reims e como os poetas das canções de gesta. "Aqui começam a vida e os feitos nobres do glorioso príncipe Carlos Magno, o Grande, escritos em parte pela mão de Eginalt, seu capelão, e em parte pelo estudo de Turpino, o arcebispo de Reims, que estiveram presentes com ele em todos os seus feitos." Primat atribuía um valor igual ao historiador Éginhard, ainda reconhecido pela erudição moderna, e aos autores da fabulosa viagem de Carlos Magno a Jerusalém. Os monges de Saint-Denis tinham feito um esforço louvável para escolher as suas fontes e limitar o gosto medieval do maravilhoso. Carlos Magno, com efeito, fugia às censuras da crítica histórica, porque sua vida participava do maravilhoso da vida dos bem-aventurados, assim como aconteceu mais tarde a são Luís, que tomou seu lugar como o santo protetor da França real.

Falando claramente: a França real, e não a família real. Nas *Grandes crônicas,* como em Reims ou em Saint-Denis, o projeto não é apenas dinástico, mas nacional e religioso. "Em tão grande amor e em tão grande devoção recebeu a fé cristã, que, a partir da hora em que obedeceu a seu salvador (batismo de Clóvis), ela (a França) mais desejava a multiplicação da fé do que o crescimento de seu senhorio na terra." Existia uma vocação da França e de sua casa no plano providencial: assim, Nosso Senhor lhe deu "uma prerrogativa e uma vantagem sobre todas as outras terras e sobre todas as outras nações". "Se alguma outra nação faz à Santa Igreja violência ou ofensa, na França ela vem fazer sua queixa, à França vem por refúgio e socorro, da França vêm a espada e o gládio por que é vingada, e a França é como o filho leal que socorre sua mãe! Em todas as dificuldades se tem a sela sempre posta para ajudá-la e socorrê-la". Essa vocação transferiu para a França a missão providencial do santo império: "Clero e cavalaria estão sempre tão acertados, que um nada pode sem o outro; sempre juntos, e ainda, graças a Deus, nunca em desacordo. Em três regiões habitaram, em tempos diversos: na Grécia primeiramente reinaram, pois na cidade de Atenas estava outrora a fonte da filosofia, e na Grécia, a flor da cavalaria. Da Grécia vieram depois a Roma. De Roma vieram à França."

Assim seguia o curso de uma história monárquica popular, "a mãe das histórias e das crônicas da França", segundo o título de uma edição do século XVI, pois será aplicado em primeiro lugar às *Grandes Crônicas* o processo novo da impressão; a edição de 1476 é o primeiro livro francês impresso.

Uma espécie de história nacional e dinástica estava daí em diante estabelecida; o que, aliás, teve desde o meio do século XIII seu reverso senhorial e antimonárquico; assim como ao bom imperador Carlos, a epopeia opunha também o rei incapaz e desleal. A história continuava a epopeia nestes dois planos. Isso se mostra claramente nas narrativas do menestrel de Reims, escritas por volta de 1260 por um contista itinerante para divertimento da "baronia de França": um exemplo daqueles contos históricos que foram então associados aos poemas épicos. Eles eram tomados por história verdadeira, mas na realidade formavam uma coleção de contos romanescos, onde os fatos quase contemporâneos eram deformados com incrível virtuosidade. Luís VII aparece sob a fisionomia de um usurpador que impede sua esposa Eleonora de fugir com Saladino, transformado num senhor generoso e cavalheiresco. Luís VII é o "rei mau", que deve suportar o desprezo de Eleonora: "Não valeis uma maçã podre", lhe diz ela. Até são Luís é tratado com desenvoltura. Mas se o gênero romanesco e anedótico persistiu, o tema antimonárquico não sobreviveu ao prestígio da monarquia, que então inspirava a continuação das *Grandes crônicas*.

De fato, a redação de Primat, de 1274, detinha-se no final do reinado de Felipe Augusto. Os monges de Saint-Denis a continuaram oficialmente até João, o Bom, com a mesma preocupação de continuidade que se mostra em Saint-Denis, onde os túmulos reais se sucederam, se não até a Revolução, pelo menos até os Bourbons – no Palácio da Cidade, onde a efígie do rei em exercício se colocava sobre um pilar da sala, após a de seus predecessores.

A partir de João, o Bom, a redação das *Grandes crônicas* não foi mais confiada aos monges de Saint-Denis; ela se laiciza, o tom muda, passamos da História Santa régia, que são Luís tinha desejado, para uma espécie de diário oficial cuja redação se torna cada vez mais positiva e objetiva. Os príncipes do século XIV começam a considerar a História com um olhar frio e isento, com um olhar profissional. Conhecemos seu estado de espírito, já quase científico, graças a uma carta do rei de Aragão a seu historiador, datada de 8 de agosto de 1375, na qual lhe recomenda que recorra às fontes, consulte os fundos de arquivos e, preocupação nova de exaustividade, escreva tudo *par le menu,* no pormenor mais quotidiano, sem omitir nem um fato nem um nome. É outra maneira de conhecer a História, a de Commines e dos cronistas florentinos, que anuncia Maquiavel. A História no final da Idade Média perdeu a sua transcendência, seu valor sagrado de representação de um tempo providencial, eclesiástico ou régio. Tornou-se então ou uma técnica podada, um material para a arte política para o uso dos soberanos e dos homens de Estado, ou então um relato pitoresco e anedótico, destinado à diversão de um público frívolo.

Subsistiu apenas, na consciência ingênua do tempo, o hábito de um recorte tão familiar quanto a periodicidade das festas religiosas, mais concreto do que as divisões astronômicas do calendário: a sucessão dos reinados. Isso se passava no tempo do rei fulano...

Da época patrística à redação denisiana das grandes crônicas da França, os documentos testemunham a importância atribuída ao tempo e à sua dimensão. O homem medieval vive na História: a da Bíblia ou da Igreja, a dos reis consagrados e taumaturgos. Mas ele não considera nunca o passado como morto, e é justamente por isso que chega a colocá-lo tão mal como objeto de conhecimento. O passado o toca muito de perto, quando o costume funda o direito, quando a herança se tornou legitimidade, e a fidelidade, uma virtude fundamental.

*1950*

*Capítulo V*
# A atitude diante da História: o século XVII

Um curioso livreto de 1614, *La manière de lire l'Histoire* [A maneira de ler a História], nos informa sobre o estado de espírito de um amante de História no início do século XVII. Seu autor, René de Lusinge, senhor das Alymes, não era um especialista: "Não quero instruir; mas apenas dar a minha opinião e dizer por onde comecei quando quis aprender História por mim mesmo".

Ele começou por volta dos 12 anos lendo os romances de cavalaria: *Huon de Bordeaux,* os *Quatro filhos Aymon, Pierre de Provence, Ogier, o dinamarquês...* Esses romances, com os nomes de *Contos azuis, Biblioteca azul, Contos zarolhos* e *Contos de lobo,* conservaram um público de adolescentes, de provincianos, de gente do povo, até tarde na época clássica. Tiveram os seus impressores, particularmente, em Troyes, os Oudgt. Chapelain defenderá Lancelote contra o zelo dos partidários dos Antigos. Será necessária, no século XIX, a concorrência do *Petit Journal* e da biblioteca das estradas de ferro para que essas velhas narrativas caiam no esquecimento. Convenhamos que resistiram por muito tempo e devemos considerar que seus heróis, ainda medievais, não deixaram de ser familiares às crianças dos séculos XVII e XVIII.

Portanto, nosso René foi "doutor nessa fabulosa ciência". Ele "empunhou o Amadis". Tinha a sensação de penetrar na intimidade do passado: "Meu espírito, que já estava mais forte, julgava estar no cume do conhecimento da História. Essa ciência quimérica sobre o valor de seus paladinos tomou conta de mim e não me deixou nenhuma liberdade de poder, de dia ou de noite, pensar ou de me dedicar a outra coisa; eu os devorei em um instante". Ele encontrava ali "os amores, as guerras, a elegância das cortes, as leis da cavalaria". É o que se buscará ainda durante muito tempo nos livros de História mais sérios.

Assim, uma literatura romanesca popular, herdada da Idade Media, aparece na origem de sua devoção à História. Reencontramos o mesmo fenômeno no fim desse século em um dos precursores da moderna erudição: Bernard de Montfaucon. Esse, ainda criança, tinha encontrado no castelo de seu pai um grande cofre de couro, cheio de livros, que os ratos estavam começando a roer. O cofre pertencia a um parente um tanto peculiar que morava com sua família. No cofre, diz Montfaucon, "encontrei uma infinidade de livros sobre História, um grande número, sobretudo, sobre a história da França". Sem dúvida, um amontoado de romances de cavalaria e de antigas crônicas do século XVI... A experiência de René de Lusinge deve ter sido comum para muitos futuros leitores de Mézeray.

Mas René de Lusinge não se satisfaz com essa "ciência quimérica", com essa literatura romanesca.

Logo as considerou "bobagens", e foi então que descobriu a verdadeira História. O que entendia ele por isto? Dois gêneros, aliás, desiguais em nobreza: "a velha História", a da

Antiguidade, e a História moderna – moderna para ele: a de seu tempo. "Quando deixei aquelas bobagens, estava extremamente desejoso de conhecer a velha História, tanto *a sagrada quanto a profana*, a dos gregos e dos romanos. "Nossas escolas estavam cheias dos grandes nomes de Metelo, Cipião, Mário, Sila, César, Pompeu e diante desses Horácios, desses Scevolas, e todos os que sua história eleva ao céu, depois de Rômulo, seu fundador." Trata-se, portanto, da História do colégio, a que os "professores ensinam", a História Santa e a História Antiga, considerada fechada, sem prolongamentos para além do cadeado das grandes invasões. Longepierre, em seu *Discurse sur les Anciens* [Discurso sobre os antigos], escreve em 1687:

> Quando os bárbaros, ainda mais funestos, podemos dizer, pela perda de tantas obras excelentes do que pelas suas célebres crueldades, inundaram o universo e os tesouros [...] foram [...] ou sepultados sob as ruínas do Império [...] ou dispersados [...] a barbárie se expandiu com toda a impetuosidade de uma torrente de que são tirados os diques que lhe faziam violência; sobretudo o Ocidente, que tinha estado mais exposto ao furor destas nações selvagens, viu-se logo envolvido por trevas espessas de grosseria e de ignorância, que haveriam de durar até que se recuperassem o mesmos antigos [graças aos gregos refugiados de Constantinopla e aos Médici.]

Assim, o tempo se fecha ao redor de dois períodos privilegiados, a Antiguidade bíblica e a clássica, ficando o resto da duração abandonado numa espécie de "não ser histórico". Essa concepção se situa nos antípodas de nossas preocupações modernas. Atualmente, a História implica uma consciência do contínuo que não existia no século XVI. Não se tratava nem mesmo de uma falha que teria separado a Antiguidade dos períodos ulteriores; a Idade Média era simplesmente posta entre parênteses, enquanto imaginava-se que o século XVII se unia, para além do gótico, a uma antiguidade semelhante a ele. Escrevia Fustel de Coulanges, em 1864:

> Há oitenta anos a França era entusiasta dos gregos e dos romanos; acreditávamos conhecer sua história, nutríamo-nos desde a infância, desde o colégio, de uma pretensa história grega ou romana que homens como o bom Rollin tinham escrito, e que se assemelhava à verdadeira história aproximadamente como um romance à verdade [bem menos, em nossa opinião]. Assim, críamos que nas antigas cidades todos os homens tinham sido bons... que o governo era facílimo.

Se formava um preconceito que atribuía aos povos antigos os hábitos mentais das sociedades modernas:

> Nosso sistema de educação, que nos faz viver desde a infância em meio aos gregos e aos romanos, habitua-nos a compará-los sem cessar a nós mesmos, a julgar sua história de acordo com a nossa e a explicar nossas revoluções pelas suas. O que mantivemos deles e o que nos legaram faz-nos crer que eles se assemelhavam a nós: temos alguma dificuldade em considerá-los povos estrangeiros; quase sempre, somos nós que nos vemos neles.

Não resta dúvida de que essa concepção da História triunfou no ensino humanista dos colégios, se deixarmos de lado as iniciativas parciais do Oratório e de Port-Royal. A História era tratada apenas em ocasião das explicações dos textos antigos. Rollin foi o primeiro a promover um ensino sistemático e particular da História, que ainda foi, apesar das intenções mais amplas do reformador, limitado à história antiga e romana. No entanto, erraríamos se confundíssemos, no Antigo Regime, os programas de colégio e a cultura civil e honesta. Se a História escolar se detinha na Bíblia e na Antiguidade, havia outra História que, por não ser sempre ensinada na escola, desempenhou um papel importante na consciência dos homens do século XVII, e René de Lusinge não a ignorou.

Ao lado da História que "os professores ensinam", ele acrescentou a que "encontrei por acaso lendo os livros". Ela aborda todas as preocupações do tempo: os reis católicos, fundadores da unidade espanhola, a invenção da bússola, que permitiu a navegação longínqua e as Grandes Descobertas, o período agitado e ainda próximo das guerras de religião... Ao lado da História do colégio, há a história da França, a história da cidade natal, a história genealógica das famílias. O próprio Rollin, que a justo título aparece como organizador dos estudos clássicos, não hesitava em escrever: "É desde a infância que é preciso pôr os fundamentos desse estudo [a História moderna]; gostaria que cada senhor soubesse bem a história de sua família e cada trabalhador soubesse melhor a de sua província e de sua cidade do que a do resto". Sem ter ainda entrado no ensino, a História moderna já era cultivada.

A História que um homem do século XVII podia "encontrar por acaso lendo os livros" é a história da França. Os Oudot, impressores de Troyes especializados na literatura popular, publicaram em 1609 *Abrégé de l'histoire de France* [Resumo da história da França], que os vendedores ambulantes vendiam com os *Contos azuis*, os romances de cavalaria e as vidas de santos. Foi desse livro dos Oudot que os oratorianos de Troyes se serviram para um rudimento da história de Faramundo a Henrique III. A história da França não é um gênero douto nem literário, mas um gênero tradicional, cujas regras estão bem fixadas, com público bastante numeroso, que variou pouco do século XV ao XIX.

Com efeito, apesar das diferenças de estilo, de interpretação dos fatos, da maneira de extrair a moral dos acontecimentos, todos esses livros são muito calcados nas *Grandes crônicas da França,* às quais estão acrescentadas as histórias mais recentes. A observação de H. Hauser sobre o século XVI permanece válida até Michelet: "Um acontecimento, se foi por uma vez descrito exatamente, nada ganha em ser escrito em outros termos e é inútil estudá-lo de novo". Portanto, a História é feita por *continuadores.* No início, retomam-se e continuam-se as grandes crônicas que fixaram *ne varietur* o recorte por reinados. Assim Gaguin, em 1497, nos inícios da imprensa, publica *La Mer des chroniques et mirouer hystorial de France.* Vinte anos mais tarde, prolongam-se até o rei Luís XI "as crônicas e anais da França desde a destruição de Troia". Haverá também edições resumidas. Assim J. du Tillet, em 1550, a *Chroniques des rois de France* [Crônica dos reis da França], também intitulada *Breve narração dos atos e feitos memoráveis, acontecidos desde Faramundo I, rei dos franceses, tanto na França, Espanha, Inglaterra como na Normandia, segundo a ordem do tempo e cômputo dos anos, distintamente continuados até o ano de* 1556.

Ainda no meio do século XVIII o procedimento não era diferente. Como nos séculos XV e XVI, a História era obra de continuadores. O abade Velly iniciou em 1740 uma *História da França* que, após sua morte, foi continuada por Villaret, depois, em 1770, por Garnier, professor no Colégio Real, que a levou de Luís XI a 1564, onde se detém, esgotado pela complicação das guerras de religião. Em 1819, a História do abade Velly é novamente publicada com o nome de seu primeiro autor, mas o editor, Fantin des Odoard, anunciava na página de título que "cuidadosamente a reviu e corrigiu". De fato, ele a reescreveu inteiramente, seguindo de perto a edição de 1740-1770, mas modificando seu espírito (veremos como, mais abaixo, através de alguns exemplos). No entanto, ele preferiu fazer passar seu trabalho, que poderia ter parecido original, pela retomada e continuação do abade Velly, assim como os primeiros autores do século XVI se apagavam atrás das *Grandes crônicas da França*. Igualmente, Anquetil, em 1805, reconhece sem se envergonhar que seu *Histoire de France* [História da França] é uma compilação:

> Adotei como guias os quatro historiadores gerais, Dupleix, Mézeray, Daniel e Velly. Primeiro, convenci-me por minhas lembranças de que nada do que oferece algum interesse na história da França foi esquecido por esses quatro escritores, ou que, pelo menos, se um omite alguma coisa, outro a restitui; de que sua autoridade é sólida e, por conseguinte, pôr os seus nomes na margem é como citar a prova. [...] Quando tive que tratar de um assunto, examinei qual dos quatro o apresentou melhor e tomei seu relato como base para o meu; depois, acrescentei o que acreditei faltar à narração do preferido.

Este método curioso, que persistiu por tanto tempo, explica-se pelo apego do público a uma versão tradicional, que ele admite e exige que seja embelezada ao gosto do dia, mas sem modificar o esquema já fixado. Pois a História é uma narração de fatos.

Furetière, em seu dicionário, define-a assim: "Relato feito com arte: descrição, narração elevada, contínua e verdadeira dos fatos mais memoráveis e das ações mais célebres". E, mais uma vez, não se admite que haja algo, posteriormente, a acrescentar ou a retocar no relato dos primeiros narradores.

Essa história da França teve seus clássicos reeditados durante todo o século que se seguiu às suas publicações. No século XVI, as *Grandes crônicas da França* com Nicole Gilles: 1510, 1520, 1527, 1544, 1551, 1562, 1617, 1621. Paul Émile, o imitador de Tito Lívio que enobreceu à antiga o relato arcaico das *Grandes crônicas:* 1517, 1539, 1544, l548, 1550, 1554, 1555, 1556, 1569, 1577, 1581, 1601. No século XVII, o historiador mais lido é incontestavelmente Mézeray. Seu grande *Histoire* [História], publicada em 1643, foi reeditada seis vezes até 1712, época em que foi substituída pela do padre Daniel, reeditada também seis vezes entre 1696 e 1755. Mas Mézeray teve a honra de duas edições no século XIX, em 1830 e 1839, enquanto que *História da França* de Michelet é publicada em 1830 e a de Henri Martin em 1833. Isso mostra a aprovação popular, nas pequenas burguesias e entre os artesãos provincianos, desse velho autor hoje completamente esquecido.

Depois de Mézeray e do padre Daniel, os leitores da segunda metade do século XVIII e do início do XIX se dividiram entre o abade Velly, o abade Millot e Anquetil. Napoleão dizia em 1808 que "Velly é o único autor minucioso que escreveu sobre a história da França". "Sua Majestade encarregou o ministro da polícia Ije cuidar da continuação de Millot." Em seu prefácio a *Dix ans d'études historiques* [Dez anos de estudos históricos], escrito em 1835, Augustin Thierry ressalta a persistência da apreciação dos historiadores clássicos do século XVIII, apesar da reação romântica iniciada com Chateaubriand. "Se os senhores Guizot, de Sismondi e de Barante encontravam leitores entusiastas, Velly e Anquetil tinham sobre eles a vantagem de uma clientela mais numerosa."

Assim, do século XVI até 1830, gerações sucessivas não recuaram diante da monotonia desse mesmo relato, fixado de uma vez por todas quanto ao essencial, repetido com a única diferença do estilo, da retórica e de um apêndice com os acontecimentos ocorridos após a versão precedente, apêndice que será por sua vez incorporado pelo compilador seguinte. Não podemos deixar de nos impressionar com a persistência desse gênero, que permaneceu durante três séculos semelhante a si mesmo e igualmente próspero. Ocorreu aí um fenômeno tão significativo quanto a cristalização do classicismo ao redor da antiguidade sagrada e profana; dois aspectos contraditórios, mas também característicos da época, que aliás tiveram que coexistir nos mesmos homens, embora em graus diferentes – dualidade que explica essa complexidade muitas vezes reconhecida da mentalidade do Antigo Regime. As épocas clássicas adotaram uma atitude perante a História que não é nem uma recusa, nem uma busca crítica, com recurso às fontes, nem um perder-se no tempo, nem a curiosidade da descoberta. É outra coisa bem difícil de imaginar, que agrada justamente pela banalidade e pela repetição, sob os hábitos à moda do dia. Tentemos vê-la mais claramente.

Possuímos um pequeno tratado sobre a História, datado de 1628: *Avertissement sur l'histoire de la monarchie française* [Aviso sobre a história da monarquia francesa]. É de Charles Sorel, o autor de *Francion*, um dos fundadores do romance realista, depois de

Noël de Fail e com Théophile de Viau. Embora ocupasse o cargo de historiógrafo do rei, por herança de seu tio, era um espírito independente, audacioso, que teve de retirar de seus romances e de sua História alguns traços capazes de não agradar à corte. Sua opinião sobre a História não traduz nenhum conformismo oficial, muito pelo contrário. Daí seu interesse.

Ele começa por lamentar que no seu tempo não houvesse interesse bastante pela história da França: na verdade, este é um lugar-comum de historiadores. Mas aqui se trata da concorrência que fazem os antigos à história da França. "Eu me espantei ao ver o pouco-caso em que se tem a história da França em seu próprio país. Os homens de letras sabem melhor o número de cônsules ou de imperadores de Roma do que o de nossos reis." Sabemos que isto não é inteiramente verdadeiro, ou, pelo menos, é verdadeiro apenas para os belos espíritos, de que Sorel é, aliás, adversário. Leem-se "livros fabulosos" demais, romances de cavalaria demais. E, contudo, Sorel não desconfia que esses romances estão na origem do gosto pela história da França de alguns de seus contemporâneos.

Mas chegamos ao ponto: se "muito poucas pessoas sabem a história da França" é "porque são raros os livros sobre ela"; os velhos autores são ilegíveis, "escritos como que a despeito das musas", "amontoando tudo o que encontravam em lugares diferentes". Já em 1571, du Haillan, no prefácio de seu tratado sobre a História e as instituições francesas, vangloriava-se de ser o primeiro a escrever corretamente: antes dele, "grandes massas de histórias martinianas e dinizianas (de são Martinho de Tours e de são Diniz) e as crônicas de Hildebrant, de Sigebert..." É a reação clássica da língua nobre, mesmo no autor de *Francion*: nestes velhos livros, "veem-se palavras tão baixas e tão sujas que não acho que possam servir para outra coisa senão para exprimir os pensamentos dos patifes e dos velhacos, longe de poder exprimir os dos reis e dos homens de virtude". Seus primeiros precursores, sucessores imediatos das *Grandes crônicas* (das quais ele não fala), "são os últimos em eloquência e em força de julgamento. Eles escreveram de modo tão bárbaro...". Errou-se ao continuá-los: mais valia escrever uma obra nova. Esse é, de fato, o momento em que se sentiu a necessidade de renovar os cronistas, cujas edições são de aproximadamente 1620-1630: não infiramos daí uma mudança profunda na estrutura da História; eles permanecerão a fonte essencial; contentar-se-ão em retirar-lhes algumas anedotas "baixas" demais e os vestirão segundo a moda do dia, para retomar indefinidamente esse novo modelo. É justamente esse o programa de Sorel, após a crítica de seus predecessores. Abandonar-se-ão as fábulas inverossímeis demais, como a origem troiana dos francos ou o reino de Yvetot. Mas essas lendas persistirão, no entanto, apesar do racionalismo clássico e do purismo da Contra-Reforma. Mézeray narrará a história de Yvetot, porque de qualquer forma é um belo conto, "e se Pele de Asno...". Bastar-lhe-á acrescentar: "Todavia, se pedirem minha opinião, vejo o conto tão carregado de erros contra a verossimilhança e a cronologia que o devolvo de bom grado a quem no-lo deu". O que não impede que ele o tenha contado. Portanto, as lendas serão deixadas de lado, sobretudo quando põem em jogo falsos milagres. Não se trata de abolir o sobrenatural: "quanto àqueles que têm alguma verossimilhança", serão mantidos, "se *forem edificantes*". Os outros serão silenciados: "Imaginar os casos miraculosos tão frequentes é torná-los desprezíveis". O historiador, neste caso, permanece "pagão no cristianismo".

Em seguida, desbastada dessas germinações parasitas, vestir-se-á a narrativa à moda do dia, suprimir-se-ão as referências cronológicas que tornam o estilo pesado: "considero que é desgracioso dizer a cada "ação em que ano e em que mês aconteceu"; os que quiserem conhecer as datas "aguardarão que eu tenha feito uma tábua cronológica."

Não se enfileirarão mais pormenores de erudição, nem problemas de direito público ou de história das instituições: isto não se encontra nos antigos.

> É impossível, entre tantas disputas, tornar elegante uma narração e lhe dar um estilo agradável. Se os antigos tivessem sido obrigados a isso, não nos teriam deixado tantas belas obras-primas. Eles não discutiam sobre a origem das dignidades [alusão às controvérsias sobre o título de par, sobre as cortes de parlamento, muito numerosas no século XVI, em que se pensava encontrar as origens de uma monarquia limitada por seus grandes oficiais]; não se perturbavam se uma província era soberana ou se não era senão um ducado dependente da coroa... Entre eles, não se sabia o que era um feudo, ou outras coisas semelhantes, ou então, se se sabia, os historiadores não se divertiam dando-lhes longas definições.

E é verdade que não se encontra mais nada nas histórias do século XVII sobre as instituições, enquanto que os autores do século XVI se interessavam muito por elas: permanece apenas a narração dos acontecimentos.

Evitar-se-á, segundo Sorel, recorrer às fontes e citar literalmente os textos originais. "Não quero discursos bárbaros como os que os autores citaram, palavra por palavra, tal como os encontraram em velhos manuscritos. Extrairei deles a substância para com ela fazer discursos à nossa maneira", isto é, imitados de Tito Lívio. Mais tarde, o padre Daniel, que reagirá contra este tipo de História oratória, reconheceu que é preciso citar as referências e remontar às fontes: "A citação dos manuscritos ainda muito honra a um autor", admite, mas para logo a seguir concordar que recorrer aos originais nem sempre serve de alguma coisa: "Vi um grande número deles (de manuscritos). Mas direi de boa-fé que essa leitura me causou mais dificuldades do que me trouxe vantagens". Os textos antigos dizem respeito a questões particulares demais para entrar numa História geral, sempre fiel ao esquema das *Grandes crônicas* e de seus continuadores.

No século XVII, portanto, se falará em estilo nobre. Mézeray não o conseguirá e retornará a uma maneira mais saborosa e mais familiar. O padre Daniel o censurará: "Se Mézeray tivesse tido ideia da nobreza e da dignidade que convém à História, teria suprimido várias piadas, provérbios, maus gracejos e grande quantidade de expressões baixas, além do estilo atrevido."

Sorel reconhece, de passagem, que seu método levanta objeções entre o público das *Histórias da França*. "Algum espírito bizarro dirá que prefere servir-se dessas histórias gerais que possuímos (as velhas crônicas e suas continuações do século XVI) e que lhe agrada ver as particularidades que aí se trazem." Sorel passa adiante, mas a observação é, para nós, muito importante, pois prova a existência de um público menos contaminado pelo gosto nobre do que Sorel, e a quem agradava encontrar nos velhos autores as particularidades das antigas épocas.

Podemos nos perguntar por que Sorel se esforça tanto para trajar à antiga a história da França. É que ela vale a pena: "Nossos antigos reis não nos deixaram tantos apotegmas quanto os gregos e os romanos", mas os seus notáveis feitos "valem bem as palavras dos outros".

*A história da França é obra patriótica:* a expressão parece anacrônica, mas o seu sentido é esse. Sorel se propõe a reabilitar os reis maltratados por seus predecessores: sem dúvida, nossos primeiros reis herdaram "a barbárie dos alemães, seus ancestrais". "Mas a virtude dos últimos pode apagar essa mancha e, de qualquer forma, não é preciso fazê-los tão maus quanto possível. O historiador deve preferir o bem ao mal, e ainda que seja obrigado a declarar as más qualidades dos príncipes sem disfarces, deve regozijar-se mais quando narra as boas, porque elas nos servem de exemplo." "Nossos historiadores bem mostraram sua indiscrição ao censurar a maior parte de nossos reis". Escreveram que Clóvis era sanguinário e Dagoberto, covarde.

> Não posso suportar também a impertinência dos que, tendo que falar de Clóvis II e de seus sucessores, põem como título: Reis preguiçosos. Concordo, porém, que eram censuráveis por não tomar nenhum conhecimento de seus negócios, mas isso não quer dizer que devemos empenhar-nos por tornar ridícula nossa história, e nos servirmos desta velha piada de preguiçosos, pondo-a em letras capitais, como que por ostentação.

A história da França tem por objetivo honrar a França e seus reis. Podemos observar que Sorel silencia sobre as lições morais e políticas a se extrair da História, embora essa preocupação, já sensível no século XVI, se afirme no final do XVII para se desdobrar no século XVIII. Para Furetière, "a História é uma moral reduzida à ação e ao exemplo. "É preciso mostrar aos homens na História, como num espelho, as imagens de suas culpas."

Na época de Sorel, a história da França era em primeiro lugar patriótica; antes dele, Étienne Pasquier se propunha a mostrar "qual foi a antiguidade da nossa França do modo mais preciso possível". Du Haillan não "se divertiu, em sua obra, descrevendo a história da França inteiramente, mas apenas escrevendo os despachos e ações de nossos reis na religião, justiça e polícia".

Chegamos até a descobrir nos contemporâneos de Sorel uma nostalgia dos "velhos bons tempos". Patin fala do "velho e bom são Luís"; "suas ações [de nossos antepassados] sentiam os preceitos do Evangelho". Depois tudo mudou "e eis onde chegamos". Do mesmo modo, em 1624, o padre Garasse não hesita em escrever: "Essa estação... tem verdadeiramente espíritos mais polidos do que os dos séculos de nossas infelicidades; mas também são mais irrequietos e menos sólidos do que aqueles *bons velhos gauleses* que iam mais pesadamente ao trabalho, mas cujas resoluções eram mais sólidas e menos ruinosas do que as nossas". Théophile de Viau terá saudades das neves de antanho:[1]

*Nos Princes autrefois estaient bien plus hardis*
*Où se cachent aujourd'hui les vertus de jadis?*[2]

Assim, é indispensável, segundo Gabriel Naudé, não privar o país dos "mais assinalados milagres da monarquia". Por esta razão, mais tarde, o jesuíta Labbe responsabilizaria as raízes gregas de Lancelote: o francês vem do latim e do "thiois". O helenismo de Lancelote desnaturaria a língua "que recebemos de nossos ancestrais há doze ou treze séculos".

---

1 Referência ao refrão do poema "Ballade (du tempes jadis)" de François Villon, que diz: "Où sont les neiges d'antan?" [N.T.]
2 Nossos príncipes outrora eram bem mais corajosos / Onde se escondem hoje as virtudes de antigamente? [N.T.]

A história da França responde a uma forma particular de patriotismo que foi a do Antigo Regime.

Nossos velhos historiadores deixaram pesados e grossos volumes, e sua leitura desencoraja o leitor moderno, que se tornou indiferente à história dos reis. Para dar uma ideia de seu estilo e, ao mesmo tempo, tanto do que tomaram emprestado quanto de suas divergências, escolhemos alguns episódios, e veremos como eles foram encarados e tratados por cada um dos autores ao longo dos séculos.

## A aventura de Childerico junto a Clóvis

A fonte é Gregório de Tours: Childerico era *nimia in luxuria dissolutus*, e desviava do bom caminho as jovens dos francos. Os francos, irritados, expulsaram-no do poder. Ele refugiou-se na Turíngia, deixando em seu lugar um homem devotado. Esse lhe enviou a metade de uma moeda de ouro, cuja outra metade Childerico detinha, quando julgou ter chegado o momento do retorno do seu senhor: era o sinal combinado. Mas a mulher do rei da Turíngia abandonou então seu marido para acompanhar Childerico. "E quando ele a interrogou sobre as razões que a tinham trazido de tão longe, diz-se que ela respondeu assim: conheci teu mérito, tua grande coragem. Por isso vim viver contigo, porque, podes acreditar, se tivesse conhecido em qualquer lugar além dos mares alguém mais valoroso do que tu, teria vindo com ele." Nenhuma palavra sobre a dupla traição do marido por sua mulher e do anfitrião por seu amigo. Gregório de Tours não se melindrava por tão pouco.

Esse é o relato que encantou a imaginação de nossos velhos historiadores. Eis o que ele se tornou, primeiro, nas *Grandes chroniques de Saint-Denis* [Grandes crônicas de Saint-Denis]. O episódio entra no quadro dos costumes feudais e cavalheirescos.

"Era odiado por seus barões, pelas vilanias e pelas vergonhas que lhes causava, pois tomava por força suas filhas ou suas mulheres quando elas o agradavam, para realizar as delícias de sua carne; por esta razão, o expulsaram do reino; não podiam mais suportar sua luxúria desenfreada." Bissine, o rei da Turíngia, "muito prazerosamente o recebeu e o hospedou muito honradamente por todo o tempo de seu exílio". Mas Childerico tinha deixado um amigo entre os francos: "Ninguém é tão odiado que não tenha em alguma parte um amigo". Esse amigo aproveitou o descontentamento dos barões com o romano Gilon, sucessor de Childerico, para lembrar-lhes, num belo discurso, o "justo senhor nascido de vossa gente". Após o terem expulsado, "submetei-vos a um orgulhoso de nação estrangeira" (o romano é um estrangeiro, aspecto que não se encontra em Gregório de Tours). "Decerto é para vós coisa difícil demais poder suportar a luxúria de um só homem, e suportais a perdição de tantos nobres príncipes." Graças a essa intervenção, a legitimidade, uma vez lembrada, triunfa, e Childerico retorna, alertado pelo amigo. Quando Basines, "mulher de Bissine", "soube que Childerico tinha feito as pazes com os barões e fora recebido em seu reino, ela abandonou seu marido e se juntou a Childerico na França, pois se dizia que ele a tinha frequentado quando era hóspede de seu senhor". O rei "tomou-a em casamento, como pagão que era, sem se lembrar das vergonhas e dos benefícios que Bissine, rei da Turíngia, o primeiro marido, lhe prestara quando fora expulso da França".

Mas Basine era um pouco feiticeira. A primeira noite ela "o admoestou (a seu marido) a se abster de se demorar ali aquela noite", e fez com que ele visse, em primeiro lugar, leopardos e leões: "os primeiros que de nós nascerão, nobres e poderosos"; depois ursos: é a segunda geração, "rapinantes" como ursos; e enfim chacais, que representam a última geração, "bestas acovardadas e de nenhuma virtude".

Para du Haillan, em 1571, a história, da qual, aliás, desaparece o episódio de Basine e de suas visões, se torna mais moralista. "Tendo Childerico retornado e retomado o seu antigo estado, lembrou-se de sua vida passada e do mal que lhe adveio por ter se dado demais à luxúria. O que o tornou tão sábio e avisado que daí em diante não teve outro cuidado que não tornar-se, por valentia, sabedoria e justiça, amado dos franceses e curar com suas virtudes as chagas de sua primeira má reputação e de sua sorte." As grandes crônicas haviam acrescentado ao relato de Gregório de Tours uma circunstância romanesca e uma glosa em favor da legitimidade dinástica. No final do século XVI, termina-se com uma lição moral: a conversão do príncipe, de que não se fala nem nas *Grandes crônicas* nem em Gregório de Tours.

Por sua vez, Mézeray retoma a narrativa de seus predecessores. Veremos que, no entanto, ele introduz uma alusão às leis fiscais de Childerico, inspirado na opinião de seu tempo. A história de Childerico e de Basine dá um bom exemplo do saboroso estilo de Mézeray.

Childerico não é mais apenas um devasso, mas também um príncipe perdulário, que explora seu povo:

> Seus prazeres desenfreados e seus ministros corruptos logo gastaram mais dinheiro do que as despesas de uma longa guerra teriam consumido. [O príncipe] Esvaziou primeiramente os bolsos de

seu povo, depois os mais escondidos cofres. *Os senhores não se ressentiam com muita dor do peso de todos esses impostos que recaíam frequentemente sobre a população* [um dos primeiros exemplos de aproveitamento polêmico da história em proveito de uma reivindicação política ou social], mas ele os descontentou com outras injúrias bem mais sensíveis. Não há ultrajes maiores que os que se fazem à honra e, dentre esses, o mais terrível, *pelo menos na opinião dos homens* [Mézeray se diverte], é mexer com suas mulheres.

Os "Estados" (trata-se aqui de um belo anacronismo, dessa vez involuntário) decretaram sua queda, depois de longos discursos à maneira nobre: "Tomo aqui por testemunho o glorioso espírito de Meroveu". Meroveu já não poderia reconhecer Childerico como seu filho!

A narrativa prossegue conforme a tradição. A arenga do amigo de Childerico transformou-se no seguinte: "Mas qual foi vossa loucura ao expulsar um rei, vosso legítimo senhor, para pôr em seu lugar um tirano estrangeiro!" "Um príncipe *um pouco apaixonado*, pelo poder de sua autoridade e pelo ímpeto da juventude, que, se fosse moderado, não seria mais suportável que um carrasco... Eu vos digo que Ele será bom príncipe: a idade e o desterro moderaram seu fogo."

Na Turíngia, Childerico, "de temperamento apaixonado e de conversação agradável entre as damas [o temível devasso tornou-se um galante cavalheiro um pouco insistente], conquistou a afeição de Basine, mulher de Basin", e Mézeray conclui com a recepção de Basine na França e as três visões de Childerico, que não omite.

Em seu *Abrégé de l'histoire de France commencée par Pharamond* [Resumo da história da França começada por Faramundo], que ainda foi reeditado em 1821, o sábio e austero Bossuet não recua diante da história de Childerico: toma-a como a encontra.

Childerico era "um príncipe bem-feito de corpo e de espirito, valente e hábil; mas tinha um grande defeito, que era o de se entregar ao amor das mulheres até o ponto de tomá-las pela força, *e até* [circunstância agravante para Bossuet] *mulheres de qualidade*, o que atraiu para si o ódio de todos". É preciso confessar que, sem modificações profundas da narrativa, já fixada, Childerico se torna bem mais humano. Mas Bossuet é severo com o caso de Basine: "Basine, mulher do rei da Turíngia, seguiu com ele para a França e o desposou, sem que ele pensasse nos direitos do casamento nem na fidelidade que devia a um rei que o tinha tão bem recebido." E deixa de lado a anedota das visões.

Com o padre Daniel, em 1696, o tom muda. Sorel já tinha levantado dúvidas. Mas o padre Daniel, em uma das duas dissertações sobre as origens que abrem seu tratado, já não hesita em condenar "a quimérica deposição de Childerico, pai de Clóvis". "Tudo aqui é romanesco, tudo tem sem dúvida a aparência de um romance." Mas, apesar da erudição de seus argumentos, talvez o padre Daniel não seja conduzido unicamente pela crítica: essa deposição é também incômoda para a noção de legitimidade, sobre a qual o padre Daniel se estende longamente. Assim, ele defende Hugo Capeto da censura de usurpação. Passa ainda por Pepino, o Breve, o que é suportado. Mas não Hugo Capeto: Carlos, o Simples, nascera de um casamento "encarado como ilegítimo em Roma".

Na verdade, a história galante de Childerico sobreviveu sem dificuldades aos ataques do padre Daniel. A grande História do abade Velly e de seus continuadores, que fez autoridade até o início do século XIX, a retoma por sua vez:

> Era o homem mais bem-feito de seu reino [assim o via já Bossuet]. Tinha espírito e coragem, mas, nascido com um coração terno, entregava-se demais ao amor, o que foi a causa de sua ruína. Os senhores francos, tão sensíveis ao ultraje quanto suas mulheres o tinham sido aos encantos do príncipe, reuniram-se para depô-lo. Forçado a ceder à sua fúria, retirou-se para a Alemanha, onde mostrou que raramente a adversidade corrige os vícios do coração: seduziu Basine, esposa do rei da Turíngia, seu anfitrião e seu amigo.

Elegeu-se outro rei. "Os desmandos do monarca reinante trouxeram de volta a lembrança do príncipe exilado... o príncipe legítimo retomou a posse do trono de que suas galanterias o tinham privado." Este acontecimento maravilhoso é seguido de outro também notável por sua singularidade. A rainha da Turíngia, qual outra Helena, abandona o rei, seu marido, para seguir um novo Páris... "Basine era bela, tinha espírito. Childerico, sensível demais a essa dupla vantagem da natureza, desposou-a para grande escândalo das pessoas de bem, que em vão reclamaram os direitos sagrados do himeneu e as leis invioláveis da amizade. Foi desse casamento que nasceu o grande Clóvis."

O primeiro volume do abade Velly, que trata das origens, é de 1755. As histórias do fim do século XVIII não mais conservaram a história de Childerico. Em 1768, o abade Millot, "antigo jesuíta", deixou de lado inteiramente todos os predecessores de Clóvis, mas em contrapartida introduziu na narrativa tradicional algumas palavras sobre os gauleses: "Como sua miscigenação com os francos formou a nação francesa, eles são nossos *pais* e temos interesse em conhecê-los": nossos ancestrais, os gauleses.

O silêncio do abade Millot não é, porém, senão uma interrupção passageira. Os sucessores do século XIX serão mais conservadores. Em 1809, Anquetil retoma o episódio de Childerico I, em conformidade com a tradição. Ele defende Childerico, acusado de cumplicidade no assassínio do usurpador que o tinha deposto: "parece até que seu caráter generoso o distanciava de semelhante crime, pois temos até mesmo o direito de nos persuadir, pelo silêncio dos escritores, de que ele não praticou nenhuma vingança contra os que o tinham expulsado de seu trono." Anquetil imagina a cena da chegada de Basine à corte de Childerico: "O monarca francês não pôde deixar de demonstrar-lhe certa surpresa por sua prontidão". Mas seu sucesso junto às mulheres não embaça sua glória: "Assim, ele adquiria (após ter superado o rei da Turíngia, seu rival infeliz) dois gêneros de celebridade, bravura e galanteria, qualidades sempre preciosas aos franceses". Childerico torna-se um precursor do "Vert Galant".

Cerca de vinte anos mais tarde, a narrativa romanesca de Childerico desaparece definitivamente com Michelet. A exposição de Michelet não retém mais nada da maneira dos que o precederam:

> É provável que vários chefes francos, por exemplo, esse Childerico que nos é apresentado como filho de Meroveu, pai de Clóvis, tivessem títulos romanos, como, no século precedente, Melobando e Arbagosto. De fato, vemos Egídio, um general romano, partidário do imperador Majoriano, inimigo dos godos e de sua criação, o imperador arverno Avitus, suceder ao chefe dos francos, Chilperico, momentaneamente expulso pelos seus. Sem dúvida, não foi na qualidade de chefe hereditário e nacional, mas como senhor da

milícia imperial, que Egídio substituiu Chilperico. Esse último, acusado de ter violado algumas virgens livres, retirou-se para junto dos turíngios, cuja rainha irá roubar. Voltou ao país dos francos após a morte de Egídio.

É a continuidade da história romana, prolongada pela história da França, de que os velhos historiadores não tinham consciência. Repugnava-lhes esta passagem sem interrupção entre duas épocas que lhes eram familiares por razões diferentes e até contraditórias: a Antiguidade e a época francesa.

## Joana d'Arc

A história de Joana d'Arc é um episódio clássico da história da França tradicional. Reencontramo-la continuamente, sempre igual, mas, sem que o fundo documentário seja modificado, diferentemente colorida segundo o gosto dos tempos.

As *Chroniques et annales de France depuis la destruction de Troyes, jusqu'au roi Louis XI* [Crônicas e anais de França desde a destruição de Troia até o rei Luís XI], de Nicolas Gilles, foram publicadas em 1520 e várias vezes reeditadas até 1621. Nelas encontramos, narrada com ingenuidade e precisão, sem sombra de crítica ou reserva, a história da donzela. As aparições de Vaucouleurs, as recusas grosseiras de Baudricourt, que despreza uma pastora "nascida de gente pobre". O reconhecimento de Chinon: "em nome de Deus, gentil rei, é mesmo convosco que quero falar". O interrogatório dos teólogos. Porém, e esse é um caráter das versões joânicas que muitas vezes reencontraremos, Nicolas Gilles insiste sobretudo nos aspectos mais maravilhosos:

A dita Joana pediu ao rei que mandasse buscar por um de seus armeiros uma espada que lhe tinha sido comunicado estar em certo lugar da igreja de Sainte-Catherine-de-Fierboys, a qual tinha por marca em cada lado três flores-de-lis e estava entre várias espadas enferrujadas. O rei perguntou-lhe se ela já tinha estado na dita igreja de Sainte-Catherine; ela disse que não, que o sabia por revelação divina e que com aquela espada ela devia expulsar seus inimigos e levá-la para ser sagrada em Reims.

A partir da sagração de Reims, pelo contrário, o relato torna-se esquemático e isso é tudo o que resta do martírio de Rouen: "O dito senhor João de Luxemburgo vendeu a dita Joana aos ingleses que a levaram a Rouen, onde a trataram duramente e depois a mataram e a queimaram publicamente". E nada mais.

Relato tradicional, por conseguinte, em que o sítio de Orléans e a sagração de Reims são tratados especialmente, os elementos maravilhosos são colecionados com cuidado e os de todo o processo e a morte são, pelo contrário, sacrificados.

O capítulo que Bernard de Girard, senhor du Haillan, consagra a Joana d'Arc é de tom diferente. Ele apresenta uma versão que desaparecerá das outras histórias da França e que não irá se impor à tradição (1576).

O rei de Bourges "era um homem que amava seus prazeres e não cuidava da morte e da ruína de seu reino, divertindo-se a fazer amor com sua bela Agnès e a construir lindos jardins, enquanto os ingleses, com a espada à mão, passeavam por seu reino. E Deus, que olhava com piedade para a França, fez nascer, bem a propósito, um João Bastardo de Orléans, um Potron de Xaintrailles, um La Hire". Os nomes do bastardo de Orléans, de Xaintrailles e de La Hire permanecerão populares durante todo o século XVII.

"Ela deve muito sobretudo ao bastardo de Orléans" porque ele soube inventar Joana d'Arc: "Esse homem sutil reergueu-a [a majestade do rei] por uma astúcia de religião, quer fosse ela verdadeira ou falsa". Mas du Haillan acreditava que era falsa.

> O milagre dessa moça, quer tenha sido um milagre inventado e combinado, quer verdadeiro, elevou a coragem do rei, dos senhores e do povo, que a tinham perdido: tal é a força da religião, e frequentemente da superstição, pois, na verdade, dizem que Joana era amante de João, bastardo de Orléans, outros diziam que o era do senhor de Baudricourt, marechal da França, que, sendo homens finos e avisados, vendo o rei apalermado [...] e o povo [...] abatido [...] pensaram em se servir de um milagre inventado a uma falsa religião, que é a coisa do mundo que mais eleva e anima os corações e faz crer aos homens, mesmo aos mais simples, o que não existe: ademais, o tempo era muito propício a receber tais superstições, estando o povo muito devoto, supersticioso e arruinado.

É uma versão huguenote, e du Haillan é um dos autores aceitos pelo temido Agrippa d'Aubigné no prefácio de seu *Histoire universelle* [História universal], no qual, como de costume, ele massacra os seus predecessores: "Seu trabalho é sem igual, sua linguagem, bem francesa, e sabe ao mesmo tempo ao letrado e ao guerreiro... era homem muito lido".

Após ter reservado seu juízo a respeito de Joana, du Haillan retoma o fio habitual da narrativa: Bourges, Orléans e Reims. E termina com estas poucas palavras, mais secas do que as de Nicolas Gilles: "Enfim, ela foi presa pelos ingleses perto de Compiègne e levada a Rouen, onde, tendo tendo ocorrido seu processo, foi queimada". É tudo.

Jean de Serres, em *Inventaire general de l'histoire de France* [Inventário geral da história da França] (1597), é mais comovente. Intitulou seu capítulo: "O memorável cerco de Orléans". "A França estava reduzida a uma situação tão extrema, que os homens nada mais podiam fazer em relação a ela." É Joana d'Arc, cuja história é narrada sem que haja nada a notar de particular, a não ser mais detalhes e mais sentimento no momento do processo: Joana está morta, "deixando uma saudade infinita nos contemporâneos, por ter sido tratada de maneira singularmente cruel, e uma memória de louvor imortal, por ter sido tão útil e necessário instrumento para a libertação de nossa pátria". Esse é o tom da história patriótica, que observamos mais acima, e se compreende o lugar que Joana d'Arc nela ocupará até o século XIX, e que em seguida será preservada graças a Michelet. As versões como de du Haillan são doravante rejeitadas como escandalosas. Assim protesta Simon Dupleix, em seu *Histoire générale de France* [História geral da França], onde se registra pela primeira vez o apelo a Jesus de Joana sobre a pira:

> Essa admirável donzela que, tendo sido instrumento da Providência divina numa ocasião de tão grande importância; que se poderia imaginar que era feiticeira, mágica, ou mulher de má vida, como o publicaram os inimigos dela e da França e até mesmo alguns franceses libertinos, para não serem obrigados a aceitar milagres realizados pela intercessão de santos que gozam no céu da beatitude eterna.

Em Mézeray, nada mais falta à narrativa tradicional: Vaucouleurs, Bourges, o exame dos teólogos e das matronas. O milagre da espada é objeto de uma descrição atenta e crédula: "Ela lhe pediu que mandasse buscar uma espada que estava enterrada com os ossos de um cavaleiro em Sainte-Catherine-de-Ferbois, na qual havia cinco cruzes gravadas; os que foram enviados a encontrarram no lugar que ela havia especificado e, como segundo milagre [como se ainda não bastasse!], a ferrugem de que estava coberta desapareceu no momento em que a pegaram". No cerco de Orléans, "dizem que o príncipe da Milícia Celeste... foi visto por muitos ao fim do longo combate de uma forma mais do que humana, com uma espada flamejante à mão". É descrito o processo, e Mézeray encontra meios de fazer com que Joana dissesse um longo discurso em estilo de tragédia sobre a fogueira. Aí encontramos a pomba que sai das chamas e "seu coração foi encontrado intacto, pois o fogo não ousou violar algo tão precioso". Foi, sem dúvida, por Mézeray que várias gerações de franceses conheceram a história de Joana d'Arc.

O final do século XVII, época de Luís XIV, é mais comedido em sua maneira de apresentar Joana d'Arc: não que ele omita esse acontecimento que adquiriu um lugar definitivo na história tradicional da França, nem que a desnature recorrendo às versões escabrosas do século XVI. Notamos que os autores, influenciados pelo trabalho de disciplina e de ordem de Luís XIV, sentem-se incomodados com o que há de extraordinário e de irregular no destino da donzela. Daí muitas nuances e reservas: podemos julgá-lo por esses poucos textos.

Simon Guellette é o autor de *Méthode facile pour appendre l'histoire de France* [Método fácil para aprender a história da França] datado de 1685. Existe toda uma literatura pedagógica e mnemotécnica sobre a história da França. A História em versos, em jogos de cartas etc. Essa é escrita, como o catecismo (o concílio de Trento criou a literatura de catecismo), sob a forma de perguntas e respostas. O autor mantém, portanto, os grandes episódios. Clóvis, por exemplo: "Que fez Clóvis de notável? – Aumentou muito o reino da França e foi o primeiro rei cristão." "Quais foram as principais qualidades de Clóvis? – Foi valente e muito político, mas também um pouco cruel..."

Trata-se de uma História patriótica. "O império pertencia, por direito, aos francos? Sim. – Por quê? – Por duas razões: uma porque foi fundado por um príncipe franco; outra, porque o foi como império da França, dependente da nação francesa." Se Hugo foi chamado Capeto, "foi porque tinha a cabeça grande ou porque era muito prudente". E o último carolíngio não sucedeu à coroa "porque acumulou o ódio de todos os franceses. – Por quê? – Por ter-se ligado demais ao partido dos alemães e do imperador Oton. É nesse espírito patriótico que se chega a Carlos VII. "O que aconteceu de notável em seu reinado? – O Cerco de Orléans e a aventura da donzela." A donzela: "Filha de um trabalhador, nascida na Lorena, que foi inspirada por Deus a tomar armas e combater os ingleses." Note-se que tudo está ai, só que dito de maneira um pouco seca. Joana foi queimada. "Por que lhe ocorreu essa desgraça? – Porque ela não se retirou após ter feito o que Deus lhe tinha ordenado [isto é, após a sagração] e foi além do que lhe fora ordenado." Ela não foi suficientemente disciplinada. Porém, seus algozes não são absolvidos: "O que aconteceu aos ingleses após essa injustiça? – Foram todos expulsos da França, exceto de Calais".

Em seu *Abrégé de l'histoire de France* [Resumo da história da França], Bossuet é talvez ainda mais reservado. Ele não faz rodeios sobre a importância do acontecimento: "Tudo parecia desesperado quando chegou à corte uma jovem entre 18 e 20 anos *que dizia que* Deus a havia enviado." Todo o sobrenatural da história de Joana é discretamente escamoteado: em Chinon, "a donzela o foi encontrar (o delfim) entre todo o mundo". Nem uma palavra sobre as aparições ou sobre o milagre da espada. É evidente que Bossuet não está à vontade na narrativa tradicional, onde não sabe distinguir entre o lendário e o autêntico. Assim, a popularidade do mito impõe-se a ele: "O nome da donzela de Orléans voava por todo o reino e enchia de coragem os franceses. O que a donzela tinha predito realizou-se contra a expectativa de todos".

Mais eis o que ele encontra para dizer do processo e do martírio: Cauchon, "partidário dos ingleses, condenou-a como feiticeira e por ter tomado hábito de homem. Em execução dessa sentença, foi queimada viva em Rouen em 1432". Isto é tudo e é de fato curto e seco. Não devemos acreditar que ele foi retido pelo prestígio da coisa julgada. Ele não hesitou em condenar a "crueldade inaudita" do caso dos templários. Mas ele não compreende a piedade medieval e popular, ainda viva em seu tempo, se dermos crédito à persistência do tema entre os historiadores: ela lhe parece suspeita e ele tem pressa em virar a página. Aliás, esse resumo de Bossuet assemelha-se a um verdadeiro castigo escolar: é um exemplo de clássico perdido num mundo em que não se encontra, mas que deve, todavia, sacrificar-se em nome de uma tradição. Sentimos nitidamente a oposição das duas correntes, a clássica e a tradicional, em outros lugares reunidas facilmente através de um anacronismo saboroso.

O padre Daniel não é um clássico integral. Ele ama os antigos textos, mesmo quando fala deles num estilo nobre que os castra.

"Deus salvou Orléans e a seguir todo o Estado, por um desses golpes extraordinários de que raramente vemos, *fora dos Santos*

*Livros*, exemplos mais singulares do que surgiu então aos olhos de toda a Europa."

É um caso único, digno do Antigo Testamento, no tempo em que Deus falava diretamente aos homens. Não poderíamos marcar melhor o caráter sagrado do acontecimento. Mas o padre Daniel deve explicar-se, quase desculpar-se, pois a opinião esclarecida – podemos já empregar esse termo sem anacronismo excessivo – é refratária ao milagre de ampla audiência popular. "Parece-me que aqueles a quem a simples palavra milagre afugenta devem estar bastante embaraçados para imaginar um sistema justo que encontre outras causas para uma sequência de acontecimentos tão singulares e em tão grande número como a que veremos." O autor invoca o testemunho dos contemporâneos. "Parece-me dever bastar para dissipar a vã conjectura de alguns [que, portanto, convém refutar ainda no final do século XVII] que disseram, sem fundamento, ter sido um artifício dos generais franceses terem feito a donzela vir à corte, como uma mulher milagrosa, para impressionar o espírito do povo e o do rei, que se desencorajava." O padre Daniel está convencido e não recua diante do sobrenatural. "Eu mesmo não temerei passar por crédulo demais no espírito de pessoas prudentes ao narrar esse fato memorável da nossa história tal como o acho registrado nos mais seguros monumentos do tempo em que se passou." E depois de todas essas precauções que então não deviam ser supérfluas, ele dá início à narração, não omitindo nada da versão tradicional: as aparições, o reconhecimento de Chinon, o milagre da espada, que devia ser indigesto aos homens do fim do século: "Desenferrujaram-na e lha deram". O padre Daniel, contudo, se esquece da limpeza miraculosa da arma! Inversamente, o tom inicialmente caloroso e emocionado torna-se seco no momento do processo, descrito, porém, de acordo com os manuscritos. Não entrega nunca a palavra a Joana, abstém-se de comentários ou apreciações e termina simplesmente: "Ela fez uma nova abjuração, confessou-se a um dominicano, recebeu a eucaristia e foi queimada no velho mercado. Foi assim que tudo se passou". O embaraço do padre Daniel justamente nesse momento, que se tornou hoje o mais dramático e o mais célebre da história de Joana, é particularmente característico do espírito do tempo. Em meados do século XVIII, o episódio de Joana d'Arc se mantém em seu posto, sem grande modificação de fundo, mas submetido ao enfoque particular da época. O continuador do abade Velly trata longamente dessa história. Reconhece nela com orgulho e emoção um dos momentos privilegiados em que a nação inteira se reuniu para salvar a pátria ameaçada: essas são praticamente suas próprias palavras. Veremos os franceses "reanimarem-se aos gritos da *pátria* agonizante..., aproximarem-se e reunirem-se por si mesmas todas as partes da monarquia, unindo-se mais estreitamente do que nunca, unicamente pela ação da *força nacional*. Não podemos insistir demais nessa verdade: o restabelecimento de Carlos VII no trono de seus pais; foi obra da *nação*". "Neste abalo tão violento o reino renasceu, por assim dizer, de sua própria substância."

E o autor retoma com entusiasmo a história de Joana. O sobrenatural não é escamoteado, como em Bossuet; ele é exposto segundo a versão tradicional, mas racionalizada: cada milagre recebe uma explicação natural, bastante forçada, mas desenvolvida de maneira muito séria, sem ironia ou gozação.

Joana "tinha se persuadido fortemente de que Deus a destinava à salvação da pátria". "Ela possuía todas as virtudes de que uma alma simples é susceptível: consciência, piedade, candura, generosidade, coragem." É uma camponesa e estamos na época do grande entusiasmo pelas coisas da terra: "A vida agreste tinha fortificado ainda mais seu corpo naturalmente robusto". Nosso historiador está entre os primeiros dos velhos historiadores a notar esta particularidade da vida íntima: "Ela só tinha o exterior de seu sexo, sem experimentar as fraquezas que o caracterizam". E nosso autor, mais do que seus predecessores, dado à análise psiquiátrica, explica assim uma exaltação de visionária: "Essa disposição de seus órgãos devia necessariamente aumentar a força ativa de sua imaginação". Já não é de modo algum o tom do século XVII, mas sim o do século XIX. Esse gosto pela interpretação racionalista, porém, não chega nunca a desfigurar a exposição dos fatos. Pelo contrário, o autor, porque não acredita no sobrenatural, está até mais à vontade para lhe dar livre curso; em primeiro lugar porque é preciso evitar o anacronismo e conservar, no meio do século XV, sua cor própria e, em seguida, porque a história é bela e emocionante tal como é: "Antes de prosseguir esta narrativa dos acontecimentos que concernem esta jovem singular, cabe advertir aos leitores que devem consultar unicamente suas luzes para o julgamento que farão sobre ela". Não se trata de julgar, mas de compreender:

> Limitar-nos-emos à simples exposição dos fatos atestados. Mais instruídos, mais esclarecidos do que nossos crédulos ancestrais, certos prodígios deixaram de ser problema para nós. Demasiado raciocínio afasta o entusiasmo. *Transportemo-nos por algum tempo até o século XV* [sublinhemos esta frase que anuncia um sentido novo e moderno da História]. Não se trata do que possamos pensar hoje das revelações de Joana d'Arc, mas da opinião sobre elas que

tiveram nossos ancestrais, já que foi essa opinião que produziu a espantosa revolução de que falaremos.

E a narrativa tradicional começa, sempre igual; apenas o comentário muda. Se Joana reconhece o delfim em Chinon é porque ela já tinha visto retratos do príncipe, algumas efígies em moeda e estava "informada de sua figura exterior". Reencontramos o milagre da espada: "Seria, no entanto, uma reticência infiel deixar, a exemplo de alguns de nossos historiadores, uma aparência de tragédia capaz de se impor". É algo bem simples, com efeito: ao ir até Chinon, Joana havia passado por Fierbois, tinha se detido na igreja e, "sempre fiel às revelações de que se acreditava favorecida, talvez tenha, nenhuma espécie de consagração, deposto a espada na tumba de um cavaleiro". O autor extrai a moral do êxito de Joana em Orléans e em Reims: "Era sobre a palavra desta jovem singular que se baseava um empreendimento contrário a todas as regras da prudência humana. Podemos afirmar que naquele momento Joana d'Arc decidiu a sorte de Carlos. Ele estaria perdido, sem alternativas, se fracassasse. E assim que uma *providência* incompreensível se compraz às vezes em manifestar o nada de nossas especulações políticas pela simplicidade dos meios que emprega para contrariá-las." O autor não é um livre-pensador, acredita na ação da Providência nas coisas humanas, mas não aceita o milagre.

Contrariamente a seus predecessores, o continuador de Velly descreve longamente o processo e a morte. Desta vez, elabora uma obra original. Não se contenta com as compilações anteriores, mudas a esse respeito. Ele se dirige às fontes, aos manuscritos do processo, conservados na Biblioteca Real. Trata-se, sem dúvida, salvo erro, de uma das primeiras narrativas anteriores a Michelet que esteja tão próxima do texto. As respostas de Joana são citadas literalmente e impressas em itálico. O autor está emocionado. Ele censura Mézeray, que deixou um dos relatos mais completos do século XVIII, por não ter transmitido o "horror" de Joana diante da morte, traço humano que enobrece a heroína em lugar de rebaixá-la. Ele narra a morte, o grito de Joana em meio às chamas. "Notou-se com espanto que o coração não tinha sido consumido; mas a surpresa teria cessado se se tivesse refletido sobre a disposição da fogueira e a confusão do carrasco." Sempre o mesmo cuidado de nada abandonar da versão tradicional e de explicar tudo naturalmente. Assim, "a desafortunada Joana d'Arc deveria ser a vítima desse século bárbaro".

O abade Millot, em sua história de 1767, delineia com respeito a história de uma Joana racionalizada como a do abade Velly. Ele acentua a responsabilidade de uma religião desencaminhada. Desde os tempos de Felipe Augusto "o cristianismo já mal se reconhecia". Na época de são Luís, "não se pode conceber nada de mais terrível do que o estado em que se encontrava a humanidade". Assim, Joana d'Arc foi vítima de "cruéis teólogos", num processo "conforme ao gênio da Inquisição".

"A França teria sido submetida se então tivéssemos sido tão racionais para não crer em suas revelações. Mas com uma razão mais esclarecida, teríamos talvez evitado os erros e as infelicidades que tornaram esse recurso necessário."

Em *Histoire du patriotisme français* [História do patriotismo francês] (1769), Joana, naturalizada por Velly, é secularizada por Rossel. Só o patriotismo é suficiente para explicar o que passava por sobrenatural: "Ela se crê inspirada, mas é apenas patriota. Ela parte, cheia desse entusiasmo patriótico que então se tomou, como por longo tempo ainda depois, por uma inspiração divina". "Eis todo o mistério desse acontecimento singular no qual o povo viu na época magia e sortilégio; os devotos, milagres; os pensadores, um feliz artifício da corte... Nosso século, com mais razão, verá nele apenas um efeito raro e extraordinário, mas natural, do patriotismo." Lembremos aqui a frase de Michelet: "Sim, segundo a religião e segundo a pátria, Joana d'Arc foi uma santa".

No início do século XIX, em 1809, Anquetil permanece fiel à narrativa tradicional, com apenas algumas omissões, como a da espada de Sainte-Catherine-de-Fierbois. Ele não se preocupa em encontrar interpretações naturalistas. Narra de modo seco, tomando a precaução de reservar a sua opinião: "Narremos este acontecimento como se, a cada ação, não devêssemos nos espantar nem parecê-lo". E conclui assim:

> Um sábio que tinha visto admirava e hesitava em se pronunciar. Imitemos sua circunspeção, nós que só o sabemos pelo relato de outros. Mas sabemos o suficiente para garantir que a história não apresenta outra heroína de 17 anos que tenha sido modelo de bravura nos combates, de sabedoria nos conselhos, de severidade nos costumes, inabalável nas suas resoluções... Seria difícil encontrar nela algum defeito.

A opinião de Anquetil é ainda um eco do século XVIII, em que a indiferença religiosa, ou antes a desconfiança do sobrenatural, coloria de racionalismo a história de Joana d'Arc na versão tradicional, fixada no início do século XVII.

O último dos historiadores compiladores antes de Michelet é Fantin des Odoard, que retomou a compilação do abade

Velly e de seus continuadores. Sua edição de 1819, sem nada mudar, como sempre, no encadeamento dos fatos, traduz um sentimento novo, pelo menos entre os historiadores, que já é o anticlericalismo moderno. É um retorno à versão huguenote do século XVI.

O autor não é hostil à monarquia. Toda uma parte de seu livro aparece como uma reabilitação dos reis condenados pelos historiadores do Antigo Regime, pelo menos até Luís XIV, o déspota absoluto. "Eu me propus vingar a memória de Felipe, o Belo, de um injusto desfavor." "O verdadeiro caráter de Luís XI parece ter escapado a todos os nossos historiadores." É preciso "absolvê-lo desta coloração sanguinária pintada por todos os nossos historiadores nas páginas de sua história". Com efeito, é nessas clássicas histórias da França escritas no Antigo Regime que se encontra o repertório de todas as anedotas destinadas a alimentar as polêmicas monarquistas e republicanas nos séculos XIX e XX: Felipe, o Belo, carrasco dos templários, as jaulas de ferro do sanguinário Luís XI, o abandono de Joana d'Arc por Carlos VII, Carlos IX atirando-se de uma janela do Louvre na noite de são Bartolomeu... mas foi preciso que viesse a Revolução para que esses traços adquirissem um tom polêmico. Fantin des Odoard toma o partido dos antigos reis contra Bossuet e o padre Daniel.

Mas esse monarquista, que reabilita Luís XI e Felipe, o Belo, é liberal contra Luís XIV e antirreligioso contra Joana d'Arc. A emoção do século XVIII, ainda presente no seco relato de Anquetil, dá lugar a uma zombaria que lembra Voltaire. Voltaire, que não tinha tido influência sobre os historiadores de seu tempo, inspira, pelo contrário, diretamente os historiadores da restauração. Retomando a tese huguenote do século XVI,

Fantin des Odoard reconhece que o verdadeiro herói "nascido para a salvação da França é o bastardo de Orléans". Quanto a Joana, "Mézeray [referem-se sempre a Mézeray] conta que o príncipe da Milícia Celeste lhe apareceu e ela fez predições fielmente cumpridas; essas fábulas não poderiam repetir-se hoje. Joana d'Arc era uma servente de hospedaria em Vaucouleurs, robusta, montando cavalos em pelo e realizando outras façanhas que senhoritas não costumam fazer". Adivinha-se a sua intenção. Joana d'Arc foi, portanto, o instrumento dos generais: "Eis todo o milagre." Entretanto, "as particularidades do processo dessa guerreira tão desafortunada quanto célebre provam a boa fé com que ela acreditava em sua missão sobrenatural". Eis a divertida maneira com que o autor explica a fé de Joana:

> Se me perguntassem hoje como ela foi enganada, eu diria que mil meios se ofereciam, naquele século, para se abusar da credulidade de uma moça ignorante. Se for permitido misturar a um dos elementos mais graves de nossa história a linguagem do gracejo, todos leram nos contos de La Fontaine como um monge impudico abusou de uma mocinha, persuadindo sua mãe de que o céu a destinava a ser avó de um papa. Estratagemas absurdos no século XIX eram viáveis no tempo em que viveu Joana d'Arc.

Estamos longe dos comentários racionalistas mas respeitosos do abade Velly: dez anos antes de Michelet.

Assim, quando seguimos um mesmo tema ao longo das velhas histórias, deixamos um pouco de lado o assunto, nunca enriquecido por contribuições novas; inversamente, a narrativa, em que os fatos são sempre semelhantes, mas o estilo e a maneira sempre diferentes, torna-se para nós, hoje, como que um espelho do tempo – não o tempo do acontecimento narrado, mas o tempo do historiador que narra. A história da França, do século XV ao XIX, não é uma sequência de episódios cujo arranjo e valor relativo são submetidos à revisão do erudito, do crítico e do filósofo. É um todo, bem à parte das outras histórias – em particular da história romana, um todo que devemos continuar, mas que não podemos decompor. Na verdade, existe uma história da França assim como há temas de tragédias ou de óperas, como há um Orfeu, uma Fedra, que cada um retoma a seu modo. É um assunto: não a História, mas a história da França, que cada geração refaz em seu estilo e da sua maneira. Isso implica uma consciência do tempo histórico diferente da que possuía a Idade Média. Na Idade Média, não havia outra origem que não a do mundo e da criação. Sob o Antigo Regime, a história da França é, pelo contrário, um período privilegiado cuja origem remonta ao primeiro rei Faramundo, já semelhante a todos os outros reis seus sucessores, e esse período privilegiado é posto à parte do tempo. Assim, se perde o caráter próprio à História de particularizar um acontecimento numa sequência de tempo, relativamente ao que precede e ao que se segue. Nada precede: era uma vez o primeiro rei da França. Reconheceu-se muitas vezes o fenômeno de desistoricização da História sob o Antigo Regime. Mas não se deu a devida atenção ao fato de que ele é particularmente forte no gênero "História da França" e não tem por única causa o espírito clássico, onde o homem é sempre semelhante a si mesmo. Se ele decorre do classicismo, é negativamente, isto é, à medida que o classicismo não permitiu literatura de inspiração histórica ou nacional, como a dos elisabetanos ou dos espanhóis. O apelo do passado, das épocas em que se formou o sentido nacional, recalcado dos gêneros nobres, fez com que nascesse um gênero à parte, que de História teve apenas o nome, onde cada geração construía à sua maneira e segundo a sua cor própria seu passado nacional; e esse passado devia ser exatamente o mesmo, já que era a herança comum, e sempre diferente, já que era a propriedade de cada geração.

Os modernos têm tendência a não dar muita importância aos sentimentos não escritos dos períodos reconstituídos pela História. A fidelidade da antiga França à sua tradição, deformada a cada geração segundo sua ótica especial, é um desses sentimentos cuja importância é igual à pobreza e à raridade de sua expressão. A persistência de *uma só* história da França, a mesma sob diferentes roupagens, durante mais de três séculos, permite, porém, apreendê-lo.

"A história da França" não é uma História, nem mesmo uma História oficial. No entanto, a curiosidade propriamente histórica existia no século XVII, ainda que não se exprimisse por uma literatura. Encontramo-la no gosto do documento antigo: um gosto de colecionador que conserva em seu "gabinete" o que pode reunir de "antiguidades" e de "curiosidades". A maneira de ser que, no século XVII, corresponde mais de perto à nossa preocupação histórica de hoje, pertence não a escritores, nem mesmo a cientistas, mas a "antiquários".

Os primeiros colecionadores da Renascença tinham formado galerias de obras de arte antiga e galerias de pintura. Coleções principescas desse gênero, na França, na Itália, na Áustria... estão na origem da maior parte dos grandes museus da Europa. Sua história é, aliás, bem conhecida e pertence ao mesmo tempo à Museografia e à História da Arte. Mas nos séculos XVI e

XVII existiram outras coleções, de caráter diferente. Passamos, então, da galeria de arte à reunião de documentos de História, ao gabinete histórico.

A transição se fez por intermédio do retrato: retratos pintados ou retratos gravados, estes mais populares do que aqueles, retratos de personagens célebres, antigos e contemporâneos. A primeira coleção de retratos é italiana, a do padre Jove, por volta de 1520. Ela se tornou célebre e provocou imitações, o que nos permite pensar que ele correspondia ao gosto do tempo. Os Médici reproduziram-na em Florença e Henrique IV se inspirou nela para a pequena galeria do Louvre. Reencontramos a sua influência em todas as coleções do fim do século XVI e começo do XVII. Ora, os retratos de Jove não constituem uma galeria de arte, mas um museu de História. Ademais, padre Jove era um historiador, um historiador humanista que escreve na língua e à maneira de Tito Lívio. Ele serviu de modelo à história da França de Paul Émile, a primeira história da França de tipo clássico, que restaurou nas histórias nacionais o uso do latim, caído em desuso desde a Idade Média. Mas o padre Jove colecionador é um historiador mais próximo de nós do que o imitador de Tito Lívio: seu projeto de reunir duzentos e quarenta retratos de homens célebres corresponde a uma preocupação de individualizar o passado e de representá-lo concretamente, e o bom êxito de seu empreendimento na Itália e sobretudo na França prova que não se tratava da fantasia de um excêntrico.

As imagens de padre Jove pretendem ser fiéis. Foram até as fontes: Fernando Cortez enviou o seu retrato, Barba-Roxa transmitiu as miniaturas dos sultões. Assim, esses retratos, que se pretendiam autênticos, pertencem em seu conjunto à época do padre Jove, ao presente mais conhecido e mais familiar.

A história não aparece aqui como uma reconstrução tentada a partir de um ponto zero escolhido segundo certa concepção do mundo cristã, real, humanista... é uma série de observações a partir do tempo presente.

Assim, é entre os personagens do Renascimento italiano (escritores, poetas, cientistas, estadistas, religiosos e guerreiros) que padre Jove recruta a maior parte de seus retratos. A parte da Antiguidade clássica e sagrada é relativamente menos importante do que na tentativa anterior de Justo, o Grande, para a biblioteca do duque de Urbino, no final do século XV: não reencontramos mais Sólon, Moisés, Salomão, nem Homero, Virgílio, Cícero, Aristóteles. A série dos sábios e poetas não vai além de Alberto Magno e a dos chefes militares se contenta com Alexandre, Aníbal, Artaxerxes, Numa Pompílio, Rômulo, Pirro e Cipião, o Africano. Aliás, estas referências discretas à Antiguidade desaparecerão totalmente das galerias francesas posteriores.

Pelo contrário, a Idade Média ocupou um lugar surpreendente para esse historiador humanista. Alberto Magno abre a sequência dos sábios, e é um passado lendário, e às vezes desprezado, que une os grandes capitães da Antiguidade aos dos tempos modernos: Átila, Carlos Magno, Frederico Barba-Roxa, Godofredo de Bouillon, Tamerlão e os nomes da Idade Média italiana da época de Dante. Eis o que é novo e curioso.

Enfim, entre a multidão dos contemporâneos ou das duas ou três gerações anteriores, padre Jove tentou ampliar seu campo além da Itália familiar: os espanhóis, os imperiais, os franceses são mobilizados; entre os mais célebres: Fernando Cortez e Cristóvão Colombo, os reis da França desde Carlos VIII até Henrique II; note-se que padre Jove não foi além de Carlos

VIII: é o umbral além do qual a história é obscura e lendária e não deixa emergir senão alguns nomes famosos.

Há apenas um rei da Inglaterra: Henrique VIII. Padre Jove não tentou se reconhecer nesse período confuso da história britânica. Inversamente, ele reconstituiu a série inteira dos sultões otomanos, dos corsários Barba-Roxa, pois se tratava de uma história muito próxima da existência, nesse Mediterrâneo do século XVI, obcecada pela ameaça turca.

Destarte, a escolha no passado e no presente parece ditada por uma observação familiar, e a iconografia, que não exige relações lógicas entre as telas justapostas, parece dar-se bem com essa maneira empírica, que a História literária rejeitará até nossos dias.

Por volta do meio do século XVI, encontramos na França coleções inspiradas na do padre Jove. Uma delas nos é conhecida pormenorizadamente por uma coletânea das inscrições em versos latinos destinadas a comentar cada retrato, segundo uma fórmula que encontramos também em outros lugares até o fim do século XVII. Laborde supõe que se trata da galeria de Catarina de Médici. Ela é composta por retratos de Francisco I, de suas duas mulheres, de sua irmã Margarida, de seus filhos desaparecidos (Francisco I e um de seus dois filhos fazem parte do museu Jove), da rainha da Escócia, de Henrique II, Catarina de Médici, seu filho Francisco e sua nora Maria Stuart. Toda a família, desde Francisco I. Seguem-se a casa de Lorena, os Guise, Diana de Poitiers, que devia se impor bastante para figurar na galeria de Catarina de Médici; se a hipótese de Laborde é correta, o condestável, o almirante, os marechais da França, os últimos papas, o rei da Espanha, a rainha da Inglaterra, o imperador acompanhado dos eleitores leigos e eclesiásticos, de seu parente, o rei da Boêmia, enfim os príncipes italianos, os duques de Ferrara e Toscana: todas as cabeças coroadas da cristandade – somente da cristandade –, os grandes oficiais da coroa da França, a família real desde Francisco I.

Essa lista é interessante porque não é única. Numerosas coleções de gravuras e desenhos repetem séries quase análogas, copiadas umas sobre as outras a partir dos originais das oficinas de Clouet, hoje em Chantilly. A multiplicação dessas coleções quase idênticas de retratos e essa fabricação em série provam sua popularidade junto ao público da época. Anteriormente, apenas as imagens religiosas parecem ter conhecido sucesso semelhante.

Todos, daí em diante, queriam ter em suas casas, em suas paredes ou, no mais das vezes, em suas escrivaninhas, as efígies autênticas da família real e da corte, que não se separava dela. Uma série que, na galeria pessoal de Catarina de Médici, tem um caráter genealógico e familiar, corresponde a um sentimento coletivo quando reunido por um particular, um oficial de justiça ou de finanças em seu gabinete.

Note-se que essas coleções não vão além de Francisco I, mesmo as mais antigas, que datam de Henrique II. Por outro lado, elas não deixam de partir de Francisco I quando datam do final do século XVI ou ainda, às vezes, do início do século XVII. Esses retratos não são históricos, mas sim retratos contemporâneos. Por que, então, não deixaram passar Francisco I nas últimas décadas do século? E por que Francisco I?

Porque até Henrique IV há um período de tempo de somente pouco menos de um século (de Francisco I a Henrique IV) que os contemporâneos representavam como um presente indissociável, um bloco de anos que permanecia sempre como presente. A opinião comum não concebe um presente ideal, semelhante a um ponto geométrico. Ela lhe dá uma consistência e uma duração. Mas chega um momento em que o presente se estendeu demais e, assim, tornou-se frágil. Então, sem o efeito de uma circunstância brutal, guerra ou revolução, ele se quebra em dois, e das ruínas do antigo presente, ainda ontem familiar, surge um passado subitamente recuado. Esse passado, assim destacado do presente como um ramo pesado demais, pode ser esquecido: é o caso das sociedades sem História. Mas ele pode também ser preservado: foi o que aconteceu no início do século XVII, após a morte de Henrique IV, quando um colecionador de 1628 colou sobre papel cento e cinquenta retratos do século XVI.

Estas imagens deixavam de pertencer ao presente que elas tinham informado para se tornarem testemunhos de um passado já fixado: sucedeu ao retrato contemporâneo, então, por volta do início do século XVII, o retrato histórico.

Podemos nos espantar que isso tenha ocorrido somente no século XVII. O ilustre padre Jove tinha bem representado Carlos Magno, Godofredo de Bouillon, Frederico Barba-Roxa. Na França, não se imitou essa evocação das origens longínquas. Será porque existia então uma literatura histórica mais próxima das instituições concretas do que os fabulosos *Anais* ou *as histórias* à maneira de Tito Lívio? Escreveu-se bastante sobre as coisas da França viva: os grandes ofícios da coroa, as cortes de justiça, a sagração. Perguntava-se sobre as origens e o sentido dessas instituições: uma filosofia política pedia à História a justificação de uma monarquia temperada pelas companhias de oficiais e princípios do sangue. Essa literatura desaparece no século XVII sob a influência de um classicismo que elimina da

História o direito privado, público e de uma fidelidade à coroa que reduz a História à enumeração dos reinados e dos atos reais. Como se a História, expulsa da literatura, se refugiasse na iconografia e, desdenhada pelos escritores, encontrasse abrigo entre os colecionadores.

Houve, porém, alguns precedentes no século XVI que têm o seu interesse. Em Poitou, certo Gouffier tinha reunido sobretudo retratos de seu tempo. Mas sua curiosidade ultrapassava o umbral habitual de Francisco I, pois tinha também retratos do tempo de Luís XII, da mulher de Carlos VII e até um retrato de João, o Bom, aquele que hoje está no Louvre depois de ter sido recolhido por Gaignères.

Não acho que se saiba muito mais sobre essa tentativa para ir mais adiante.

Por outro lado, estamos bem informados sobre os *Homens ilustres* de Thevet, graças a uma nota penetrante de J. Adhémar. Esse espantoso capuchinho, nascido em 1500 e que se tornou capelão de Catarina de Médici, propõe-se a reconstruir com a sua coleção de gravuras os retratos exatos de grandes homens do tempo passado. Ele censura no padre Jove a sua inexatidão: esse tinha emprestado a Cristóvão Colombo uma barba ridícula e representado são Gregório Nazianzo imberbe, contra toda verossimilhança! Thevet procura medalhas, consideradas como contemporâneas, para reproduzir suas efígies; ele pede documentos às famílias. Assim, a duquesa de Longueville lhe dá documentos para gravar um Dunois e o duque de Lorena, um Godofredo de Bouillon. Já restaura efígies das tumbas: Felipe de Valois, Eudes de Montreuil, Commines. Ele se interessa pelos heróis da Idade Média, mesmo os mais afastados do espírito de seu tempo, como Pedro, o Eremita. É um espírito novo, um espírito de pesquisa de documento por sua exatidão e por seu poder de evocação.

As grandes coleções de retratos históricos situam-se na primeira metade do século XVII e, se a última é mais tardia, ela aparecerá sob Luís XIV como uma sobrevivência da época anterior.

A mais antiga está no castelo de Beauregard, perto de Blois. Paul Ardier, que comprou a terra de Beauregard em 1617, era um oficial de finanças. Inspetor geral das guerras em 1601, ele se tornou tesoureiro da poupança por volta de 1627. Em 1631 ele se retirou para Beauregard, onde morreu em 1638. Ele tinha começado a acumular a sua fortuna na corte dos Valois, junto ao duque de Anjou, que acompanhou na Polônia: serviu, portanto, a Henrique III, a Henrique IV e a Luís XIII. Ele modificou a decoração do castelo renascentista onde terminou seus dias – e mais especialmente a da grande galeria. Essa não mudou até nossos dias e o visitante pode ainda evocar a curiosidade que inspira sua composição. Essa galeria é uma galeria de História, em suas paredes, e uma galeria de batalha, sobre seu chão. Os príncipes, os homens de Estado começavam então a fazer parte das cenas militares às quais tinham participado: assim como Richelieu, cujos quadros de batalha estão hoje em Versalhes. O grande Conde continuará essa tradição e Chantilly Ardier contentar-se-á com ladrilhar sua grande sala com faiança de Delft representando a revista de um exército, onde os costumes, as armas, os instrumentos musicais e as insígnias são reproduzidos com exatidão: o antigo inspetor das guerras se interessava antes pelas tropas do que pelas operações.

Nas paredes, a galeria de História. Se dividirmos as paredes de madeira no sentido da altura, a metade superior é coberta de 363 retratos históricos dispostos por reinado, e a metade inferior traz os nomes dos reis, suas divisas, seus emblemas e as datas dos seus reinados. Os retratos são bustos, todos pintados na mesma escala, nas mesmas dimensões e segundo a mesma execução, sobre um fundo neutro. Eles são apresentados da maneira mais monótona, sem nenhum ornamento, uns ao lado dos outros, em três fileiras ao longo da galeria; dir-se-ia imagens de identidade ou uma exposição pedagógica. Só dois quadros rompem esta sequência interminável: Luís XIII em pé, grande como retratos 3x3 em busto, e Henrique IV, em cima da lareira, representado sobre um cavalo caracolando em plena natureza. A posição central é dada a Henrique IV, aonde chega o passado e de onde provém o presente. Portanto, somente dois personagens ganham destaque: Henrique IV, por causa de seu prestígio, que apenas mais tarde o de Luís XIV eclipsará, e o rei em exercício. Todos os demais são representados sem nenhuma preocupação estética, diferentemente das outras galerias de História ou de batalha. Não podemos nos impedir de pensar que se trata de uma documentação reunida por um colecionador de imagens iconográficas bem indiferente, pelo menos nesse caso, à arte. A única finalidade era justapor sabiamente os traços autênticos dos personagens da história para conhecê-los com a familiaridade que só a vista do rosto humano pode dar. Algo de muito próximo do álbum de fotos ou da coletânea de ilustrações, atualmente.

Os retratos começam com Felipe VI de Valois. Como a apresentação é sempre a mesma, bastará citar, como exemplo, a lista das figuras de um reinado para dar uma ideia da composição de conjunto da galeria. Tomemos o painel de Carlos VII, que compreende 24 retratos. Ele começa por uma inscrição: "Reinado do rei Carlos VII, começado no ano de 1422, indo até o ano de

1461". É composto pelos retratos cuja legenda transcrevo aqui: Carlos VII, rei da França. Felipe II, duque de Borgonha, dito o Bom. Artus de Bretanha, condestável de França. Jean, conde de Dunois, Poton de Xaintrailles. Estienne de Vignolles, dito La Hire. Joana d'Arc, dita a donzela, de Orléans. Tannegui du Chastel. Jean de Bueil, conde de Sancerre, almirante da França. Henrique II, rei da Inglaterra. Jean de Thallebot. Cosimus de Médici Pat (*Pater Patriae*). Hércules I, duque de Ferrara. Francesco Sforza, duque de Milão. Pierre d'Aubusson, grande mestre de Rodes. Amurat. Maomé II. Constantino Paleólogo, último imperador de Constantinopla. João Huniades, governador da Hungria. Georges Castriot, dito Scandenberg. Antoine de Chabannes. René, duque de Lorena. Guilherme, cardeal de Touteville. Em geral, se têm também os retratos do imperador, do papa e, nos últimos reinados, quase contemporâneos, os homens de toga – até mesmo um secretário de Estado de Francisco I, Robertet, o único "ministro", assim como Rabelais é o único escritor, perdido no meio dos grandes homens de Estado e de Igreja, dos príncipes e dos capitães: preocupação muito moderna que, aliás, explica em parte o fato de que Robertet morou em Beauregard antes de Ardier.

No palácio Cardinal, Richelieu tinha também uma galeria de História. Em parte, ela desapareceu, mas conhecemo-la em seu conjunto pelas reproduções gravadas que foram publicadas. Ela compreendia somente 25 retratos. Era uma antologia; a finalidade não era somente documental, como em Beauregard, mas patriótica, política e também de discreta apologia pessoal: Richelieu deu-se o trabalho de reconstituir a série dos homens de Igreja que desempenharam um papel político na França. Ele começou por Suger, o Richelieu de outro Luís. Seguem-se o cardeal d'Amboise, até mesmo o cardeal da Lorena, embora a lembrança dos Guise devesse ser bem pouco honrada, e, enfim, Richelieu. Joana d'Arc é a única mulher da Galeria Cardinal, o que sublinha o seu caráter de heroína nacional naquela época. Todos os outros retratos representam homens de guerra, de Simon de Montfort ao condestável de Lesdiguières: os grandes capitães da história da França.

As duas últimas galerias históricas que subsistem ainda hoje, por serem menos antigas, pertenceram a atrasados que prolongavam sob Luís XIV hábitos de espírito do meio século precedente: a Grande Mademoiselle e Rabutin.

A Grande Mademoiselle teve a ideia de reconstituir a série completa de seus ancestrais, de todos os Bourbons, desde Robert, conde de Clermont, filho de são Luís: é o gabinete Bourbon. Ele passou por herança à família Orléans e, na época em que Dimier escrevia seu livro *Portrait au XVIe siècle* [Retrato no século XVI], tinha saído do castelo d'Eu para a Inglaterra. Não achei a seu respeito mais do que um catálogo de 1836 que dá somente os nomes de cada retrato, sem mais detalhes. Não podemos notar aqui, portanto, senão o tema genealógico. Não é perfeita a ideia de são Luís em Saint-Denis, de Felipe, o Belo no Palácio da Cidade, mais nacional do que dinástica, mais dinástica do que genealógica. Faz-nos pensar, antes, no túmulo do imperador Maximiliano em Innsbruck, precedido de uma dupla fileira de ancestrais de bronze. É difícil imaginar Luís XIV, orgulhoso que era, como todos os seus súditos, da antiguidade de sua casa, colecionando as imagens de seus parentes longínquos, antes do surgimento de Henrique IV. Já foi muito ele ter salvo da dispersão das coleções Gaignerès o João, o Bom, do Louvre.

Aliás, podemos nos perguntar se, no século XVII, a ideia monárquica não se distingue mais nitidamente da ideia de família. A economia da necrópole real de Saint-Denis é notável a esse respeito: o projeto de são Luís foi prosseguido por seus sucessores somente até o último Valois. A partir de Henrique IV, os reis continuam sendo enterrados em Saint-Denis, mas numa espécie de anonimato, uma fossa comum dos reis; eles não possuem mais monumento funerário e não se preocupam em continuar a sequência começada por são Luís desde Clóvis. A série dos reis continua existindo na literatura da história da França, em iconografias privadas, mas ela não é mais oficialmente mantida em Saint-Denis. Repugnância em imaginar concretamente demais, por uma consagração monumental, a morte do rei que não morre. Predominância da liturgia real, popularizada pela gravura, que se repete sem ligação com a passagem do tempo? Isso pouco importa aqui; basta frisar o caráter particular do projeto da Grande Mademoiselle: ela agiu menos como princesa de sangue do que como herdeira de uma casa nobre, semelhante nisso a outras famílias de seu tempo, onde a filiação, atestada pela genealogia, fixava o lugar que se devia ocupar na hierarquia social e fornecia a matéria de uma literatura sobre as origens familiares.

Esse empreendimento é, portanto, mais genealógico do que histórico, e por isso não nos interessa tanto aqui, exceto enquanto ela não é uma genealogia escrita, destinada a provar a antiguidade de uma linhagem, mas uma maneira de se representar virtualmente os personagens do passado.

A galeria de Rabutin, o primo de Madame de Sévigné, foi reunida em seu castelo de Borgonha entre 1666, data de sua saída da Bastilha, para onde o tinha conduzido a *Histoire amoureuse des Gaules* [História amorosa das Gálias], e 1682, data de seu retorno às graças da corte. Rabutin tinha menos ordem e curiosidade histórica do que o antigo tesoureiro da poupança, senhor de Beauregard. Suas coleções de retratos são menos metódicas. Estão, no entanto, agrupadas segundo os assuntos em três salas: os chefes militares, os reis e os personagens célebres, desde Agnès Sorel.

É a última galeria histórica antes da de Luís Felipe. Desaparece inicialmente a moda do retrato contemporâneo, tal como existia no século XVI, e a seguir o gosto do retrato retrospectivo, tal como se tinha manifestado durante a primeira metade do século XVII, testemunho de uma sensibilidade particular à História.

Antes de encerrarmos o assunto do retrato histórico, tentemos, pela comparação dos personagens históricos representados, ver se percebemos a sua popularidade relativa, no início do século XVII.

Para os colecionadores de retratos, a história começa aproximadamente na mesma época. Se deixarmos de lado Jove, que ignora a história da França, Beauregard e Rabutin partem dos primeiros Valois: o reinado de Felipe VI, para Beauregard; Agnès Sorel e du Guesclin para Rabutin. Richelieu remontou ainda mais longe, sem dúvida por causa do caso tão sedutor de Suger, mas contamos apenas dois nomes antes dos primeiros Valois, dois nomes em 25.

O advento dos Valois, nas cercanias de 1400, marcava a origem de certa história familiar, além da qual não se ia. Era a História viva, recolhida por tradição oral, aquela a que se referiam constantemente nas conversas políticas ou particulares. Ainda no século XIII, Voltaire se opunha à tradição dos períodos anteriores, cujo conhecimento ele julgava inútil: "Parece-me que se quiséssemos aproveitar o tempo, não passaríamos a vida a nos embasbacar diante de fábulas antigas. Gostaria que um jovem, após ter adquirido um leve verniz dos tempos remotos, começasse o estudo sério da História no tempo em que ela se torna verdadeiramente interessante para nós, isto é, por volta do fim do século XV."

Esta história familiar, oral e iconográfica, a História "moderna" dessa época, se distinguia portanto da História douta, a dos livros compilados uns sobre os outros. Cada uma partia de um ponto de origem diferente: Faramundo, para a história da França literária; os Valois, para a história familiar. É preciso que nos lembremos aqui do que foi dito mais acima a respeito do presente prolongado de Francisco I a Henrique III, e deste segundo presente, o de Henrique IV, simbolizado pelo retrato equestre do primeiro Bourbon sobre a lareira de Beauregard. O século XVII não possuía o sentimento, pelo menos em seu estado inocente, de uma duração histórica contínua, que tinha sido, pelo contrário tão forte na Idade Média, quando só havia a História universal, indo até a criação do mundo. A façanha de Bossuet é, neste sentido, excepcional e anacrônica, medieval demais ou avançada demais para o providencialismo maistriano.[3] No século XII, não vivíamos em *uma* História, mas em *vários* sistemas particulares de História, dos quais cada um adotava uma origem diferente, eixos de coordenadas diferentes: a história da França – a história familiar a partir dos Valois –, a história do

---

3 Referência à Joseph Maistre (século XVIII), que publica uma obra sobre a Revolução Francesa em nome da doutrina providencialista contrarrevolucionária. [N.E.]

presente contemporâneo, que começava em Francisco I, para o século XVI; em Henrique IV para a primeira metade do século XVII; em Luís XIV para o século XVIII: tantos são os blocos de tempos autônomos.

Há analogias certas entre as galerias de Jove e de Beauregard. Sem dúvida, Jove ignorava a história da França e só representava seus reis a partir de Carlos VIII. Mas um grande número de italianos, de espanhóis, de turcos e de berberes são comuns às listas de Jove e de Beauregard. Parece que os personagens do Mediterrâneo ítalo-hispano – turco dos séculos XV e XVI –, tão numerosos em Jove, tinham ainda uma atualidade suficiente no início do século XVII para interessar Ardier e determinar sua escolha: os sultões otomanos, Tamerlão, os Barba-Roxas, Savonarola, César Borgia, Cristóvão Colombo, Gonzalvez de Córdoba, o duque de Alba... Pelo contrário, no tempo de Rabutin eles pertenciam apenas a uma história morta. Em sua galeria há apenas um italiano do acervo de Jove: Piccolomini, que, aliás, falta a Beauregard, e um espanhol, o duque de Alba. Os sultões turcos, os príncipes barbarescos, Scandenberg, que constavam em Jove e em Ardier, desapareceram das paredes de Rabutin. O cosmopolitismo rnediterrâneo não era mais sentido pelos amadores da iconografia: subsistia apenas nas coleções gravadas de roupas exóticas.

Na galeria de Rabutin há uma sala reservada às mulheres, e outra aos capitães: é ainda a divisão de Brantôme. Inversamente, nem Jove, nem Ardier, nem Richelieu se interessaram particularmente pelas mulheres. Salvo as soberanas, as princesas herdeiras e as regentes, que têm seu lugar entre os homens de Estado. Encontramo-las em Beauregard, mas elas não têm nem mesmo cidadania no palácio Cardinal. Assim, os poucos retratos de mulheres que puderam vencer esse ostracismo devem ser particularmente significativos, são os que não poderiam ser omitidos. Há apenas dois deles. Dois em Beauregard e um só no palácio Cardinal. Em Beauregard: Joana d'Arc e Diana de Poitiers. Diana de Poitiers é a única mulher galante admitida nesta austera coleção. No palácio Cardinal, apenas Joana d'Arc.

Os museus iconográficos italianos acolhem amplamente os filósofos e os artistas. Os franceses, pelo contrário, ignoram-nos: Rabelais é o único escritor representado em Beauregard. As galerias são exclusivamente políticas, militares e galantes.

Entre esses homens de Estado e esses capitães, tentemos estabelecer um pequeno quadro de honra dos nomes mais frequentemente citados. Só um é citado quatro vezes, sendo comum a Jove, contudo tão pouco curioso das coisas da França, a Beauregard, ao palácio Cardinal, a Rabutin: o de Gaston de Foix, que uma carreira breve e gloriosa tinha tornado o mais popular de todos os capitães da História. Na verdade, o mesmo teria acontecido com o condestável de Bourbon se Richelieu não o tivesse deliberadamente ignorado: ele está em Jove, em Beauregard e também em Rabutin. O espantoso é que ele não esteja na galeria Cardinal: sua traição não tinha então, na opinião comum, o sentido infamante que tomou nas sociedades modernas, onde o imperativo nacional se tornou mais rigoroso. A história do século XVII, mesmo em seu declínio, apresenta outras passagens de um campo a outro: o grande onde e, mais tarde, o espantoso Bonneval que morreu paxá em Constantinopla, depois de ter servido ao príncipe Eugênio contra seu rei. A opinião não lhes foi severa por muito tempo. Mas Richelieu já não aceitava mais essa brandura arcaica e a ausência do condestável de Bourbon em sua galeria significa o advento de uma concepção mais rígida da disciplina cívica e militar.

Três vezes nomeado, com o condestável de Bourbon: du Guesclin, o mais antigo dos heróis populares. Richelieu tentou voltar mais atrás, até um condestável de Felipe, o Belo, e dos primeiros Valois. Mas ele é o único a conhecê-lo: é uma empresa arqueológica sem futuro. Primeiramente, du Guesclin. A seguir, vêm Joana d'Arc e seus companheiros. Joana d'Arc está somente em Beauregard e no palácio Cardinal. Rabutin esqueceu, voluntariamente, sem dúvida; ele não acreditava nas mulheres que conservam sua virtude nos campos! Mas todos os franceses são unânimes ao escolher Dunois, o bastardo de Orléans. Ele é o herói mais célebre na França. Atualmente, Joana d'Arc o sobrepujou no sentimento popular e Dunois só é conhecido dos historiadores. Mas no século XVII ele vinha antes de Joana d'Arc. Seus outros companheiros, La Hire e Xaintrailles partilhavam esse renome: eles estavam em Beauregard e em Rabutin, e se Richelieu os omitiu foi porque tinha que escolher. Ademais, eles figuravam nas mais comuns das imagens: os jogos de cartas. É curioso como a lembrança da epopeia militar de Dunois e de Joana d'Arc era ainda viva no século XVII.

Após os heróis da Guerra de Cem Anos, de du Guesclin a Joana D'Arc, os das guerras de Itália: La Trémoille "que, como escreve o comentador das gravuras da galeria Cardinal, entrou para a carreira militar aos 15 anos e a deixou junto com a vida, aos 80 anos, numa batalha" em Pavia. Gaston de Foix, o condestável de Bourbon, como acabamos de ver, e Bayard. Note-se que Rabutin omitiu Bayard, enquanto conservou o condestável de Bourbon. Mas o "bom cavaleiro, sem medo e sem defeito", era tão popular quanto seu adversário.

Esses eram, pois, os nomes históricos mais populares nos mais recuados períodos conhecidos. Seguem-se a eles, mais numerosas, como é natural, as grandes figuras das guerras de religião: um passado muito próximo, com menos de um século, mesmo para Rabutin; por exemplo, Ana de Montmorency, o primeiro duque de Guise, vencedor de Calais; Monluc de quem se dizia "nosso bravo Monluc", como se dizia de Bayard: "o bom cavaleiro". Trata-se de homens de guerra.

Apenas um homem de Igreja consegue reunir três sufrágios: o cardeal d'Amboise, o primeiro dos grandes cardeais homens de Estado, servidores do rei. Richelieu interessa-se pelos cardeais, porque é um deles. Mas Rabutin não se detém aí. Pelo contrário, ele cita Michel de l'Hospital, que Richelieu passou sob silêncio, mas que figura também em Beauregard, onde os homens da lei são menos raros.

Os nomes familiares a todos são, portanto, os dos grandes capitães, felizes ou infelizes, às vezes estrangeiros como o duque de Alba, em muitos casos já lendários ou bem próximos de se tornarem tais. Depois deles, vêm algumas mulheres belas e galantes. Isso não aparece na análise que precede, porque nem o tesoureiro de Beauregard nem Richelieu tinham disposição para colecionar retratos de amantes. Mas é preciso citar pelo menos dois nomes, frequentemente repetidos, dois rostos muitas vezes reproduzidos: Agnès Sorel, que às vezes aparece como rival de Joana d'Arc nas versões hostis ao papel sobrenatural da donzela, e Diana de Poitiers, próxima e célebre demais para que Ardier pudesse lhe proibir as paredes de sua galeria.

A gravura e a galanteria: temas que reencontraremos mais adiante no romance de cavalaria e de amor.

Na segunda metade do século XVII, as galerias de História desaparecem. Não que a curiosidade que as tinha provocado tivesse morrido, mas sim se modificado e, particularmente, porque era conduzida por um gosto novo, o da erudição. Excelentes livros foram consagrados, no final do século XIX, aos grandes eruditos beneditinos e leigos dessa época. Não há lugar aqui para retomá--los; note-se, porém, a sobreposição do erudito sobre o antiquário.

Os primeiros eruditos foram, no final do século XVI e começo do XVII, os colecionadores. Não tanto os colecionadores de retratos, mas de textos e de manuscritos.

Os Ardier de Beauregard, e os Gouffier anteriormente, eram burgueses por profissão, interessados na política, na economia e na guerra. Os colecionadores de textos, primeiros eruditos, são mais particularmente parlamentares ou advogados no parlamento, pelo menos no início do século XVII. Assim como de Thou, presidente do parlamento de Paris, que escreveu uma história de seu tempo, mas em língua latina. Ele reunia em seu "gabinete", onde obras de arte antiga lembravam o gosto da Renascença, ao mesmo tempo os amantes de textos, de história e os artistas. Confiavam-lhe, também, a direção das jovens vocações históricas, como a do mais jovem dos Godefroy.

Os Godefroy pertenciam a uma família curiosa que, de pai para filho, se dedicou à História e ao Direito durante todo o século XVII. Notemos de passagem essa aliança do Direito e da erudição histórica, em oposição à história da França – segundo Sorel ou Mézeray – e à literatura. Denis Godefroy era um protestante, antigo advogado no Parlamento, que, em 1579, tinha emigrado para Genebra. Ensinou Direito em Estrasburgo e depois em Heidelberg. Além de obras de Direito, um *corpus juris civilis,* e de uma coletânea de gramáticas latinas desde Varrão e das edições de Cícero, ele deixou um tratado de história romana. É ainda o espírito dos humanistas do Renascimento. Em março de 1611, ele envia seu filho Jacques a Paris, munido de uma carta de recomendação para o presidente de Thou:

> O presente portador é o segundo de meus filhos, que envio para se formar em Advocacia. Ele tem boas bases de Direito e de História, *até* mesmo *a gaulesa e a franca* [*até* mesmo: devemos entender que a romana era um tema de estudos mais difundidos]. De modo que ele pode fornecer quase todas as datas até o ano de 500. [tudo se passa, pois, como se, a partir de 500, fosse inútil saber de cor a cronologia]. Pretende, porém, fazer seu primeiro ensaio em quatro ou cinco folhas e um mapa topográfico no qual representa para os olhos a verdadeira origem de *nossos* francos.

Três anos mais tarde, o velho Godefroy escreve de novo a de Thou:

> Não ouso importunar-vos por meu filho, de quem sei que se deu bem em Direito e História, *em particular a franca*. Esteve mais de três anos sem ir, como deveria, ao palácio. Por isso o chamo para ouvir a sua resolução e provê-la como agradar a Deus, a saber, dirigi-lo a outro lugar para terminar a sua história franca, sobre a qual sei que trabalhou fiel e curiosamente.

Durante sua estada em Paris, onde tinha seguido o chanceler du Vair, Peiresc frequentou o gabinete de Thou. Ele era conselheiro no parlamento da Provença e vivia em Aix, onde juntou os documentos mais heteróclitos de Arqueologia, de História, de Ciências Naturais e de Astronomia.

Após a morte do presidente de Thou, os irmãos Dupuy reuniram em seus gabinetes os frequentadores do erudito magistrado, de quem eram os herdeiros espirituais. O pai deles tinha sido conselheiro no Parlamento de Paris, onde um deles trabalhava como advogado.

Du Cange pertence à geração seguinte, tendo nascido em 1610. Mas provém também de uma família de juristas, titular dos ofícios de judicatura da Picardia: passavam de pai para filho o prebostado de Beauquesne. Um dos irmãos mais velhos de Du Cange estabeleceu-se em Paris como advogado no parlamento. Ele próprio, antes de fugir de uma peste em Amiens, tinha comprado o ofício de tesoureiro da França na mesma cidade.

Estes círculos jurídicos não se assemelhavam nem ao meio mais boêmio do humanismo do Renascimento, nem às reuniões mais mundanas dos salões e de Versalhes, no século XVII; é entre eles que se desenvolveu a curiosidade histórica do documento escrito, desde o fim do século XVI.

Podemos pensar que o exercício de suas profissões obrigava esses advogados e esses juízes a manipular textos às vezes muito antigos, medievais, carolíngios, bizantinos e romanos, pois o direito, romano ou consuetudinário, não conheceu antes da Revolução ruptura de tempo que tornasse ultrapassados os textos antigos e dispensasse o recurso a esses. Assim, podiam vencer facilmente as dificuldades de escrita, de língua e de terminologia que abundavam nos diplomas e nos documentos medievais. Entretanto, essa continuidade cronológica do passado para o presente nem sempre era favorável a um espírito de pesquisa histórica, à medida que o passado se tornava profissionalmente familiar demais, e não se separava o bastante do presente. O hiato de 1789-1815 permite uma espécie de afastamento no tempo, que facilitou o triunfo de Augustin Thierry, de Guizot, de Michelet sobre Velly, Anquetil e Mézeray.

A curiosidade histórica dos parlamentares do início do século XVII não se origina exclusivamente da formação profissional que tinham. Foi preciso que houvesse, nessa burguesia oficial saída da crise econômica do século XVI, uma preocupação de afirmar pelos textos as prerrogativas sociais, políticas e até mesmo simplesmente protocolares de suas companhias e, de uma maneira mais geral, de sua classe. As histórias da França escritas durante a segunda metade do século XVI diferem em sua composição dos anais que as precedem e das histórias literárias que as sucederão. A narrativa dos acontecimentos cronológicos – de que fizemos, mais acima, algumas sondagens – não esgota o assunto: forma apenas uma metade da obra, e é às vezes seguida de uma segunda parte, concebida como um manual de instituições. Trata-se de explicar as origens dos principais órgãos da monarquia: a coroa e a sagração, os príncipes de sangue, os grandes ofícios e as cortes soberanas de justiça, a fim de depreender uma filosofia política segundo a qual o absolutismo régio era temperado por instituições ordinárias onde a burguesia parlamentar tinha adquirido um lugar importante.

Mais tarde, essa curiosidade foi alimentada pela circulação de numerosos manuscritos até então escondidos e esquecidos nas bibliotecas das abadias, que as pilhagens e as ruínas provindas das guerras de religião tinham dispersado. Daí em diante, os amadores colecionaram manuscritos, como colecionavam já antiguidades e moedas. De Thou, os Godefroy, os Denis, Mazarino, Colbert tinham em suas bibliotecas, ao lado das obras impressas, pastas de manuscritos. Esses depósitos privados de manuscritos foram as fontes de onde beberam os eruditos do

Antigo Regime, até que a Revolução terminasse a concentração dos arquivos começada no século XVI. Assim, Bernard de Montfaucon, no prefácio de seus *Monuments de la monarchie française* [Monumentos da monarquia francesa], cita entre as suas fontes as coleções acumuladas por Peiresc em seu palácio de Aix: "É ao senhor de Mozangues, presidente do parlamento de Aix [sem dúvida herdeiro de Peiresc ou comprador de seus papéis] que sou devedor de todas as figuras de Carlos Magno que se encontram em Aix-la-Chapelle e de várias outras peças tiradas dos manuscritos do ilustre senhor de Peiresc". E Montfaucon estava escrevendo um século após Peiresc.

Aliás, não se tratava de uma mania de colecionador: o manuscrito não era procurado somente como objeto precioso, mas era igualmente considerado como documento histórico, que, não podendo possuí-lo, as pessoas contentavam-se em copiar, inventariar ou resumir. Assim, Peiresc e Henrique II Godefroy, entre outros, mantinham verdadeiras oficinas de copistas, como os abades da Idade Média. Segundo um de seus recentes biógrafos, Cahen-Salvador, Peiresc "contratou um secretário-desenhista, um encadernador, copistas que põem em ordem os seus documentos, reproduzem as peças raras, os desenhos [daí o interesse desse acervo que serviu a Montfaucon, como Montfaucon serviu a Émile Mâle], os manuscritos para que ele possa tanto guardar registro deles em sua documentação, quanto enviar exemplares a seus correspondentes e amigos." "A principal finalidade de nossas pesquisas [escreve Peiresc] é fazer participar os que tiverem curiosidade e podem tirar proveito dela." Da mesma forma, cinquenta anos mais tarde, em 1673, Denis II Godefroy empregava quatro "escritores" e cinco "ajudantes", com casa, comida e salário.

Esses textos não eram somente reunidos, reproduzidos, inventariados e analisados. Começava-se, então, a publicá-los, desde 1588, com Pithou, primeiro editor de uma "coleção" de textos inéditos: coleção, a palavra corresponde ao mesmo tempo ao sentido bibliográfico moderno e à antiga noção de antiquário de gabinete. Em 1618, André Duchesne publica *Bibliothèque des auteurs ayant traité de l'histoire de France* [Biblioteca dos autores que trataram da história da França], seguida de *Historiae Normanorum Scriptores Antiqui*. Ele previa uma coleção mais completa, em 24 volumes infólio. O projeto foi retomado mais tarde, no final do século, por Colbert e os beneditinos de Saint-Maur, e continuado no século XVIII e no século XIX, prosseguido pelo Instituto. É bem conhecida, neste caso, a filiação que une os colecionadores do século XVII à erudição moderna.

Entretanto, esses magistrados amadores conservavam, em seus métodos de trabalho, hábitos de espírito e preocupações que serão abandonados por seus sucessores da época de Luís XIV e que se ligam ainda ao Renascimento e ao enciclopedismo dos humanistas.

Sua erudição nem sempre é gratuita e permanece ligada à política ou à vida social. Por volta de 1620, Peiresc, Godefroy, Duchesne, todos os eruditos dos gabinetes de Thou e Dupuy são mobilizados para responder ao libelo de um autor flamengo que pretende provar que a casa da Áustria descende em linha direta masculina de Faramundo, o primeiro rei da França. Em 1624, Théodore Godefroy publica um tratado *De la vraye origine de la Maison d'Autriche* [Da verdadeira origem da casa da Áustria], em que demonstra que ela descende dos pequenos condes de Habsburgo, e, ainda assim, pelas mulheres, origem tardia e modesta. As genealogias ocupam um grande lugar nas suas preocupações; Théodore Godefroy levantou as genealogias das famílias de Portugal, da Lorena, de Bar, no mais das vezes com intenções favoráveis aos Bourbons. Esse apreço pela genealogia durará ainda até o extremo final do século, com d'Hozier, Gaignères, Clérambault. Se para um homem dos dois últimos séculos do Antigo Regime a história da França é propriamente dinástica, a História em sentido estrito tende sempre a se tornar familiar. O infeliz Baluze provocou sua desgraça e a mais longa malícia de Saint-Simon, arriscando sua reputação na origem da casa de Auvérnia.

Peiresc conservou a paixão do fim da Idade Média pelos brasões. Notou-se com correção que a heráldica era a única ciência medieval que tinha conseguido criar uma terminologia própria.

Das dezessete coletâneas de notas de Peiresc conservadas na Biblioteca Inguimbertina de Carpentras, duas se referem à heráldica.

Peiresc preocupa-se também em reunir documentos sobre as precedências da sociedade a que pertence: as pastas desse tempo contêm todo um acervo de textos sobre as precedências e as classes.

Essa curiosidade do texto histórico, durante a primeira metade do século XVII, não excluía o documento iconográfico monumental. Peiresc interessava-se pelas tumbas de Saint-Denis e copiava desenhos que, mais tarde, serviram a Montfaucon. Mas é principalmente no final do século XVII e no início do século XVIII que a pesquisa iconográfica se tornou um ramo da erudição tal como continuou a se desenvolver por caminhos sempre mais científicos através dos beneditinos, especialmente em Saint-Germain-des-Prés. O "bricabraque" não desapareceu inteiramente nos papéis de Gaignères, mas estamos diante de verdadeiros especialistas a quem repugnaria o enciclopedismo de um Peiresc, que passava das Ciências Naturais e da Astronomia aos inventários de contas da corte.

Os dois nomes a guardar, os mais sugestivos a esse respeito, são os de Gaignères e de Montfaucon.

Uma descrição da cidade de Paris em 1713 nos dá ideia da importância que os contemporâneos atribuíam às coleções reunidas por Gaignères: "Um gabinete sem igual, se consideramos que contém uma infinidade de coisas referentes aos *baixos séculos* que não se encontram de modo algum em outros lugares". Um verdadeiro museu, diríamos hoje. "Está repleto de uma imensa quantidade de retratos de todas as pessoas que deixaram algum nome, cujo número se eleva a 27 mil." Ao lado dos retratos, que continuam, mas em outro espírito, a tradição aparentemente interrompida das galerias históricas, "os desenhos dos túmulos mais importantes, assim como os vitrais das mais belas igrejas da França". Poderíamos acrescentar, pois conhecemos uma parte dessas coleções, depositadas no gabinete das Estampas, tapeçarias dos séculos XV e XVI, hoje desaparecidas. O autor da *Description* chama a atenção do visitante para o retrato do rei João e o quadro do baile de corte de Henrique III (foi chamado mais tarde O *Casamento da Alegre*), que gozavam de um renome particular. Isso quanto às gravuras, pinturas e desenhos. O guia assinala a seguir os acervos de manuscritos e de autógrafos: "vários volumes de escrituras antigas originais de grande número de pessoas ilustres... que assinaram com suas próprias mãos". E também (quase científicos) a série dos cavaleiros do Saint-Esprit, que Gaignères tinha instalado em seu dormitório! Mas ele ressalta a mais importante das riquezas do palácio Gaignères: "Uma das coisas mais singulares e mais raras é uma coletânea de todas as modas de roupa que se vestiram na França e também no estrangeiro, na Alemanha, desde o reinado de são Luís até o presente... tiradas de diversas pinturas antigas com grande cuidado."

O palácio de Gaignères era um dos museus privados – mas quase todos os museus eram privados antes da Revolução – mais célebres de Paris, algo que um viajante deveria se esforçar por visitar.

Portanto, existia no final do reinado de Luís XIV um museu cuja visita era aconselhada pelos guias aos turistas. Era, antes de Versalhes de Luís Felipe, um verdadeiro museu de história da França, dividido em três seções: os retratos, como em Beauregard, mas quase cem vezes mais numeroso; os monumentos, como em Montfaucon; e as vestimentas. Essa impressionante reunião de documentos constitui um fato de primeira importância para a história das ideias; pode parecer uma coisa ridícula e, contudo, apenas os historiadores da arte se interessaram por Gaignères, porque seus documentos conservam a representação de monumentos desaparecidos e suas coleções constituem um dos fundos importantes do Gabinete das Estampas: era preciso, pois, reconstituir as suas origens. Mas os historiadores políticos, literários, sociais não se mostraram interessados, como se não fosse espantoso que um homem do final do século XVII tivesse consagrado sua vida e sua fortuna para reunir uma iconografia da história da França e dos hábitos de vestir dos franceses! E preciso reconhecer que o fato Gaignères é totalmente extraordinário e curioso. Em certa medida, ele se liga a uma tradição, a do retrato histórico, que conhecemos, e das coleções de modas e roupas, ainda muito difundidas por volta do meio do século XVII, que testemunham, aliás, uma curiosidade característica dos usos da vida, pois nem sempre se trata dos costumes da corte. Sem dúvida, Gaignères conservou manias de colecionador: bilhetes e cartas de baralho o interessavam. Mas ele não colecionaria o que quer que fosse, como Peiresc. Não tem nenhuma curiosidade pelas Ciências Naturais e não se interessa pela arte Antiga. Um de seus correspondentes escreveu-lhe, a respeito de seus achados: "Mas ele sabe que é pouco curioso de antiguidades romanas". É um traço bem notável para a época. Enfim, a sua vida e as suas cartas demonstram um espírito de pesquisa que ultrapassa a paixão do colecionador ou a fantasia de um amador de retratos de galeria. Gaignères não estava só. Tinha relações com beneditinos eruditos e com um grupo de prelados e de intendentes que segue seu trabalho, lhe escreve, lhe envia documentos e lhe assinala depósitos interessantes. Ao redor de Gaignères, descobrimos um meio bastante curioso, que tem o gosto da História e do documento de História.

Gaignères frequenta as reuniões de Saint-Germain-des-Prés, onde encontra a Paris douta de seu tempo: Du Cange, Baluze, o orientalista d'Herbelot, o hebraísta Cotelier, redator do *Journal des savants*, o abade Fleury, historiador da Igreja, o numismata Vaillant. Corresponde-se com os padres das abadias do interior, como os da Bretanha, que são encarregados pelos Estados de publicar a história do ducado: sua intimidade com eles no trabalho deve ser estreita, já que Gaignères lhes propõe um plano de trabalho de sua autoria para sua obra. Portanto, ele não se interessa apenas pelos documentos a colecionar, mas também pelas publicações. Em troca, os monges fazem com que se desenhe para ele um retrato de um duque da Bretanha do século XI.

Gaignères tentou tirar proveito de uma viagem do padre de Montfaucon a Roma para que consultasse os arquivos pontifícios do castelo Sant'Ângelo para ele, mas Montfaucon lhe respondeu que nada podia fazer, pois para isso teria que pagar um tostão por ano. O que era muito caro!

Em Poitou, seus amigos beneditinos supervisionam os restos da Galeria Gouffier de Oiron. Eles o conhecem bem, pois Gaignères viera visitá-los para recopiar seu cartulário. Eles lhe enviam uma caixa cheia de retratos. Um dos religiosos lhe escreve: "mandei uma pessoa a Oiron para obter os vinte quadros." Puderam adquiri-los por dez escudos, "e até um 21º de quebra, o duque de Borgonha". No lote, alguns estão em mau estado: "Guilherme de Montmorency está quebrado em dois". Foram bem embalados: "estão todos fechados numa caixa e bem empacotados, exceto quatro grandes que não puderam entrar, a saber: João preso diante de Poitiers; o duque de Borgonha, que está em mau estado; o que traz uma divisa no chapéu [um desconhecido!] e o duque de Guise le Balafré".

Em Fontevrault, a abadessa autoriza-o também a recopiar o cartulário. Ele se interessa pelos textos quase tanto quanto pela iconografia e se dá ao trabalho de fazer longas transcrições. A abadessa é a irmã de madame de Montespan. Ela incentiva seu "gosto das curiosidades, que é a vossa principal ocupação". Mas, na verdade, ela não fala como colaboradora tão apaixonada quanto os religiosos de Poitou. "É uma paixão não apenas inocente, mas também louvável e útil..."

Assim, Gaignères liga-se diretamente ao movimento beneditino de renovação dos estudos históricos.

Mas ele tem também correspondentes na sociedade, padres ou leigos, personagens frequentemente importantes. Não nos espantaremos de encontrar entre eles *mademoiselle* de Montpensier (ou pelo menos alguém de sua casa) e Bussy-Rabutin.

"Remeto-vos", escreve ele a este último, "o que encontrei concernente à vossa casa". Rabutin tinha consagrado uma parte de sua galeria a seus ancestrais.

Huet, bispo de Avranches, consegue documentos para ele; como os beneditinos de Oiron, está à espreita de uma ocasião interessante: ei-lo que aguarda a morte de um "curioso" de Lille que possui 78 pastas de retratos.

O arcebispo de Aries lhe envia selos. O intendente de Caen lhe escreve: "Faço copiar os títulos das fundações das antigas abadias e desenhar os túmulos". Ele coleciona também por sua conta: encontrou um "missal que é a peça mais curiosa que se possa ver", uma peça magnífica, com brasões, com iluminuras de retratos de reis e de abades. "Há uma infinidade de coisas curiosas e de traços históricos que encontramos neste livro", e ele acrescenta que, embora não esteja datado, "se presume" que seja do meio do século XV. Ele não está na sua primeira caça: "Junto sempre as velhas Horas... tenho já 123". E os colecionadores fazem copiar as suas peças raras para trocá-las. Gaignères, aliás, é ajudado nessas cópias por seu criado de quarto, que formou para si uma coleção pessoal de retratos, de modo que, quando da morte de Gaignères, se suspeita que ele planeja modificar o seu testamento, e a coleção é lacrada sem que se espere o último suspiro do velho arqueólogo!

Isso porque, como vimos, o museu Gaignères era célebre, menos talvez por suas reproduções de monumentos e de vitrais do que por suas coleções de trajes. Madame de Montespan interessava-se por eles, o rei fez com que lhe fossem mostrados, e o duque de Borgonha os visitou. Mas bons espíritos reconhecem a importância arqueológica do acervo e o valor do homem que o tinha reunido, graças à sua tenacidade e à sua rede de correspondentes. O ministro La Peletier dizia de Gaignères: "Ele tem um gabinete cheio de manuscritos muito belos e muito curiosos, de um sem-número de estampas e de monumentos muito úteis para o *esclarecimento da História*". Pontchartrain pensou até em criar para Gaignères o cargo de conservador dos monumentos históricos da casa real. O projeto foi abandonado, mas prova que se via em Giaignères não apenas um colecionador de estampas, mas um *connaisseur* dos "monumentos muito útil para o esclarecimento da História."

Bernard de Montfaucon era um dos correspondentes de Gaignères. Era de família nobre, não pertencia, como muitos eruditos, à burguesia – ou até mesmo ao povo, como foi o caso de Mabillon, filho de trabalhadores, e de Rollin, filho de cuteleiro. Ele só entrou para os beneditinos de Saint-Maur após uma passagem pelo exército de Turenne. Começou com edições de santo Atanásio, de Orígenes, de são João Crisóstomo, publicou um tratado de paleografia grega, antes de publicar, em 1719, os dez volumes infólio de *Antiquité expliquée* [Antiguidade explicada]. Foram vendidos 1.800 exemplares em menos de dois meses, e teve que se proceder no mesmo ano a uma segunda tiragem: 3.800 exemplares de dez tomos, o que perfaz 38 mil volumes vendidos. E ainda em 1724 o autor acrescentou cinco volumes de suplemento. Era um verdadeiro sucesso de livraria. Mas Montfaucon não se deteve aí. Nesse momento começavam a ser publicadas as grandes histórias beneditinas das províncias: a da Bretanha, de Dom Loubineau – para a qual Gaignères tinha proposto um plano –, a do Languedoc de Dom Vaissette. É interessante sublinhar a subvenção dessas publicações caras pelos Estados das duas províncias, sinal de um interesse singular dos notáveis pela história de sua região. De fato, podemos datar do século XVIII a origem do sentimento regional, no sentido moderno, muito diferente dos particularismos medievais.

Montfaucon foi seduzido pelo interesse que se tinha ao seu redor pelas "baixas épocas" de nossa história. Concebe o projeto original de escrever uma história da França a partir dos dados arqueológicos: tentar para a Idade Média o que tinha feito com a Antiguidade, com um enfoque suplementar para a história dos costumes. Reúne, pois, a matéria de uma vasta coleção que intitulou: *Monumenst de la monarchie française* [Monumentos da monarquia francesa]. Ele não teve tempo de terminar a obra completa que tinha previsto, mas conhecemos o seu plano, graças ao programa que os editores publicaram antes da edição, para atrair subscrições. Trata-se, portanto, de uma espécie de prospecto publicitário que se esforça por despertar o interesse do público, pondo em relevo os aspectos suscetíveis de reter sua atenção. O grande êxito de livraria da obra anterior de Montfaucon prova que ele tem de fato um público fiel.

Os editores começam por sublinhar a originalidade do empreendimento: "falaram tanto dos gregos e dos romanos que é bastante razoável dar alguma atenção ao que nos toca de mais perto sem temor de degradar o caráter da verdadeira Antiguidade". Não se decai ao se interessar pelas "baixas épocas" de nossa história nacional. "Além de o gosto e o gênio de tempos tão grosseiros serem espetáculos muito divertidos [é já o pitoresco do primitivo], o interesse da nação [e encontramos aqui o rastro desse patriotismo histórico já observado nas histórias tradicionais] compensa nesse caso o prazer que poderiam produzir monumentos de uma elegância maior." Ainda não se ousa pôr no mesmo plano estético a Idade Média e a Antiguidade, mas se reconhecem o interesse e a importância da Idade Média.

Dito isso, os editores anunciam o plano da coleção. "O plano geral dessa obra consistia em dar de início, com um resumo da história da França, os retratos dos reis, dos príncipes e dos senhores de que nos restam alguns monumentos." Isto não é original. Já Mézeray tinha apresentado sua História como um texto ilustrado com reproduções de moedas. "Os retratos", dizia, "e a narração são quase os únicos meios pelos quais se pode conseguir efeitos tão belos." E reflete, assim, o gosto persistente da iconografia histórica. "Assim como um retraça os rostos e faz com que os exteriores sejam reconhecidos, junto com a majestade da pessoa, o outro narra as suas ações e pinta os seus costumes." "A história que realizei", prossegue Mézeray, "é composta de duas partes: a pluma e o buril disputam um nobre combate para ver quem representará melhor os objetos que ela trata, e o olho encontra aí o seu divertimento tanto quanto o espírito, e ela oferece entretenimento *mesmo para aqueles que não sabem ler* ou que não querem se dar ao trabalho de fazê-lo." Mas, daí em diante, cessou-se de combinar a pluma e o buril. O padre Daniel tinha protestado contra as falsas efígies de Mézeray, que, de fato, tomou a precaução de advertir o seu leitor:

> Se há algumas [medalhas] dos séculos mais afastados que parecem não terem sido efetivamente forjadas naquele tempo, elas não são absolutamente falsas... Considerando quão judiciosamente foram inventadas, o leitor haverá por bem julgar que não se teve a intenção de enganá-lo, mas de *preencher por esse meio a sequência da história que teria sido interrompida neste ponto.*

Uma opinião mais exigente não quer mais essas ilustrações fantasistas. Montfaucon só recorrerá a documentos autênticos.

Mas seu livro começará com uma história da França inspirada nas histórias tradicionais, duplicadas por uma série de iconografias planejada à maneira dos colecionadores, de Ardier de Beauregard ou de Gaignères. No prefácio de sua primeira edição, Montfaucon citará entre as suas fontes os desenhos de Gaignères, que os tinha posto à sua disposição e mantinha com ele boas relações de pesquisador e de cientista. Portanto, reencontramos aqui a dupla tradição da história da França pelo texto e pela imagem. Aliás, é apenas essa primeira parte que será publicada em cinco volumes infólio em 1733; suas numerosas gravuras são, juntamente com os desenhos de Gaignères, uma mina preciosa para os historiadores da arte, que ali encontram reproduções de monumentos, de vitrais, de documentos hoje desaparecidos. Mas, no projeto inicial, isso era apenas o primeiro tomo.

"A seguir", continua o prospecto dos editores, "as maiores igrejas e os principais edifícios do reino." Portanto, um inventário ilustrado e comentado dos monumentos seculares e eclesiásticos. "Nele veremos a forma das antigas igrejas, a origem do que chamamos o gótico, as mais belas igrejas góticas do reino, as partes notáveis das igrejas." Depois, propunha-se "passar dali a tudo o que se refere aos usos da vida civil, como as vestimentas, a celebração de festas e de jogos [o folclore], desde os primeiros tempos até o reinado de Luís XIII". Um tratado de arqueologia civil, que engloba os trajes, como os grandes manuais científicos dos séculos XIX e XX: as modas não são mais somente curiosidade de colecionadores. Mas, sem os "curiosos" que juntavam em suas pastas tudo o que encontravam, como o amador de La Bruyère, não teria havido arqueólogos; passa-se insensivelmente da "curiosidade" à arqueologia. Isso é verdade para a História assim como para as Ciências Naturais, na qual o fenômeno já foi observado muitas vezes.

Depois da arqueologia civil, a arqueologia militar: "Aos usos da vida civil, ele [Montfaucon] fazia suceder o que se refere ao estado militar sob as três raças, insígnias e bandeiras, máquinas de guerra, ordens de batalha... o todo representado em figuras feitas de acordo com os monumentos originais." Enfim, Montfaucon terminava pela arqueologia funerária: "Sendo o pormenor naturalmente terminado pelas tumbas mais notáveis de todos os gêneros."

Encontramos de novo aqui as grandes divisões da coleção de Gaignères, e, com efeito, é o mesmo espírito que anima Montfaucon, ainda que ele pareça dispor de um método mais científico. Gaignères se correspondia com civis, eclesiásticos e religiosos que compravam para ele os originais ou lhe recopiavam monumentos e peças raras. Igualmente, Montfaucon apelou para as suas relações e para os curiosos das coisas passadas para alimentar sua documentação. Guardamos as cartas que recebe de seus leitores, e que revelam o estado de espírito contemporâneo perante uma arqueologia francesa. O marquês de Caumont lhe escreveu:

> Não sei se a matéria não vos faltará e se a peças de semelhante gênero poderão satisfazer a curiosidade do público [ele fala da Idade Média como hoje alguns se referem à arte negra]. Os tempos da Idade Média só podem oferecer-lhe monumentos pouco interessantes. O gosto gótico que tinha dominado a arquitetura é quase sempre o mesmo. A estrutura dos palácios, das igrejas e dos castelos... é pesada; são montes de pedras reunidos quase ao acaso; os túmulos, as fachadas das igrejas são de um gosto inteiramente

diferente, mas que não é melhor; podemos admirar nessas espécies de monumentos a paciência do armeiro mais ou menos como admiramos a dos alemães de Nuremberg ao fazerem ninharias de marfim com as quais enchem a Europa.

Esse texto é curioso, menos pela incompreensão que demonstra perante a Idade Média do que pelas razões que ele dá para isso e permitem melhor compreender esse ponto de vista. Notamos o que disse o marquês de Caumont da escultura de baixo-relevo: ele mira, sem dúvida, o estilo *flamboyant* do extremo fim da Idade Média, às vezes saboroso e bonito, mas muitas vezes, é preciso reconhecê-lo, exercício de virtuosidade de artesãos hábeis em vencer, pelo prazer da dificuldade, as inércias da pedra e da madeira; compreendemos muito bem o juízo do marquês de Caumont, e muitos artistas o endossariam hoje. Só que o marquês de Caumont não conhece outra Idade Média que não o barroco *flamboyant* e, ainda aí, a sua ignorância é explicável. Quase por toda parte a herança dos séculos XII e XIII era mascarada ou esmagada pela abundância da decoração *flamboyant*, um pouco como, atualmente, os ouros e as cores da Renascença escondem a nudez primitiva das antigas basílicas de Roma. Foi preciso um longo esforço arqueológico para redescobrir o gótico primitivo e clássico sob os aluviões do fim da Idade Média. O próprio Violet-le-Duc muitas vezes se enganou e permaneceu ainda fiel em suas restaurações ao estilo *flamboyant*. Sem dúvida, tinha-se por muito tempo vivido em meio à decoração do século XV que desapareceu nesse momento – e, particularmente, a partir do final do século XVII: basta considerar as paisagens que aparecem nas janelas dos interiores de Abraham Bosse, ou as estampas de

Paris antes da destruição das torres de Nesle e da Samaritana, do Châtelet. Nas épocas clássicas, o século XV, a pré-Renascença medieval estava ainda presente por toda parte. Não se imaginava outra Idade Média. Daí o interesse que tinham certos curiosos, interesse que não remontava para além do fim do século XIV. Daí também o cansaço dos homens de gosto. Pois o marquês de Caumont, embora cansado dos virtuosismos *flamboyants*, não se fechou para a poesia do passado, como o mostra a sequência da sua carta a Montfaucon: "As pinturas antigas, os baixos-relevos etc., poderão fornecer algo de mais curioso [como documento de costumes, e não como obra de arte]. Ver-se-á com prazer a variedade de modas entre os franceses [eis-nos com as roupas!], os costumes militares, os torneios, as festas etc." Isto se torna verdadeiramente interessante e vivo, e Caumont propõe a sua colaboração. "Posso, quanto a isso, fornecer-vos roupas singulares." E de imediato, envia um desenho de um palácio episcopal e propõe desenhos de túmulos. Esse exemplo é significativo, pois mostra que os amadores das coisas passadas se recrutavam também entre os homens com o gosto da época.

Mas, desde a alvorada do século XVIII, alguns deles começavam a se afastar da Antiguidade. O marquês de Aubois está encantado; o programa de Montfaucon corresponde ao seu desejo: "Eu o li com avidez e vos confesso que, para meu gosto, *inteiramente voltado para os últimos séculos*, esperava essa obra com mais impaciência do que a que senti para com a vossa *Antiguidade explicada*. É uma obra nova que nos interessa pessoalmente", e ele acrescenta à sua carta "algo de curioso".

O prefeito de Nantes dá referência de documentos. Possui uma coleção de iluminuras e adora a arte da miniatura. Aponta para Montfaucon uma miniatura de Carlos VI "pintada em ouro e em cores na qual está representado recebendo das mãos de Nicolas Oresmes... a tradução francesa da *Política* de Aristóteles". Ele conserva um manuscrito em pergaminho da época de Francisco I, "de uma beleza admirável", "que contém várias miniaturas de um gosto fino".

Há também os que se interessam pelos monumentos da monarquia por amor-próprio de família: um deles queria de qualquer maneira que se fizesse figurar a escada de seu castelo! Toda esta correspondência de Montfaucon prova, assim como a de Gaignères, a existência de um público curioso por imagens concretas do passado. Na época em que as histórias de Bossuet, de Daniel e de Velly se copiavam umas às outras, algumas pessoas que, aliás, talvez lessem esses textos descoloridos, faziam suas as palavras do prospecto da edição de Montfaucon: "Nada de mais instrutivo do que as pinturas históricas feitas em seu próprio tempo. Elas muitas vezes ensinam fatos que os historiadores omitiram".

Os livros de História não nos dão o reflexo exato da imagem que se fazia do passado no século XVII. A iconografia, pelo contrário, dá mostras de certa familiaridade com a História que os documentos impressos não deixam ver. O mesmo acontece com o romance.

"Eu li 25 vezes o de Polexandre", confessava La Fontaine. De fato, há vários Polexandres que não eram as reedições de um primeiro texto. Os personagens principais, em geral, conservavam o mesmo nome na coleção dos Polexandres, mas os atos e as épocas diferem. O autor reescreveu outro livro com os heróis que lhe garantiam o sucesso e assim por diante.

*O tempo da História*

A primeira edição de 1619 conserva ainda muitos traços desse gosto pela imbricação das épocas que caracteriza o Renascimento inglês, italiano e, talvez em menor grau, o francês. Carlos IX e Luís XIII vivem no Egito no tempo de Germânico. Assim, em *Inceste Innocent* [O incesto inocente], o leitor passa sem sobressaltos de Veneza a Cartago. Mas os personagens de Shakespeare não vão de Nápoles ou da Boêmia consultar o oráculo de Delfos? As tapeçarias do século XV e do começo do XVI não hesitam em fantasiar de roupas modernas as cenas mitológicas. Gostava-se de misturar naturalmente a antiguidade e a vida contemporânea. Essa fantasia anacrônica desaparece durante os primeiros anos do século XVII, ainda que alguns vestígios permaneçam aqui e ali, como nesse primeiro *Polexandre*. O gosto não admite mais a confusão barroca entre a Antiguidade e a história nacional sem, contudo, recusar outros anacronismos, em particular nas descrições da Idade Média.

O *Polexandre* de 1629 intitula-se como primeiro: *Exil de Polexandre* [Exílio de Polexandre]. Como na História, o romance tem por finalidade o louvor dos grandes: "Essa única consideração – os príncipes são geralmente bons – fez-me sempre amar os louvores dos príncipes, mesmo os que tinham menos reputação."

A ação situa-se na época de Lepanto e de Dom João de Áustria, no mundo barbaresco. Os dois principais heróis são Bajazet, o general dos corsários, uma réplica de Barba-Roxa, e seu lugar-tenente e amigo Polexandre. Os turcos e os renegados que os reconciliaram, de bom grado ou pela força, aparecem sob um prisma até mesmo favorável: não têm nada a ver com bárbaros ferozes, inimigos da cristandade. Eles perseguem os galeões espanhóis, os espreitam no retorno das Índias, e os espanhóis são francamente odiosos para Gomberville. Ele não perde nunca a oportunidade de ressaltar um traço antipático de seu caráter ou de sua política. Durante a pilhagem da frota das Índias, os homens de Bajazet descobrem um príncipe indiano de nobre aparência, prisioneiro dos espanhóis. Suas aventuras, contadas aos bons corsários que o libertaram, preenchem a metade do livro. Elas se passam numa América histórica, na Flórida, no México, no Peru: expulso do Peru pela conquista espanhola, brutal e espoliadora, ele se refugia na Flórida; e o nome de Flórida permite a um de seus ouvintes barbarescos reivindicar para os franceses a honra de sua descoberta, antes dos espanhóis! "Eu sou da mesma terra dos que puseram primeiro os pés na terra de Iaquaze, há mais de cinquenta anos, e lhe deram o nome de Flórida." Ao que o príncipe índiano responde reconhecendo "imensas diferenças entre eles e os espanhóis"!

Sua narração, demasiado longa, é interrompida por uma cena de um tom completamente diferente, muito mais colorido: os funerais de um capitão turco, morto na pilhagem dos galeões, e os festejos que seguem a sua substituição. Gomberville descreve com prazer a liturgia árabe, cita expressões em língua árabe e comenta a cerimônia. Dá até, no caso, um pequeno catecismo do Islã. E tudo isso é dito sem hostilidade.

Depois, é designado o sucessor do defunto. Bela ocasião para o felizardo nos contar a sua história. Mais curta do que a do príncipe peruano, ela é melhor, pelo menos para o nosso gosto, mas também, creio, para o gosto dos contemporâneos, grandes apreciadores das coisas turcas. Esse turco nasceu em Marselha, de pais provençais, no dia memorável da batalha de Ravena, "onde os franceses perderam a Itália para serem vitoriosos". Lembremo-nos que Gaston de Foix, o herói de Ravena, se encontra em quase todas as galerias de retratos, de padre Jove a Bussy-Rabutin.

Esse renegado não é fidalgo e é bastante excepcional no romance "histórico". "Eu sou francês, e sei que essa vantagem é tamanha que pode esconder os outros defeitos de nascimento". Com dez anos, "o mar era meu elemento". "Eu vivia melhor na água do que sobre a terra e não havia prazer no mundo senão combater os ventos e as ondas em meu barquinho de pescador." Durante uma dessas excursões de pescador, quando tinha quinze anos, foi preso por corsários perto das ilhas de Hyères e levado a Argel onde renegou, sem hesitar. Seu senhor, em Argel, lhe "prometia a liberdade no caso de querer tornar-se turco. Deixo para vocês pensarem se dificultei ou negociei algo que não conhecia por outra coisa, sem a qual eu não podia viver". "Fui, pois, circuncidado." A salvação eterna não vale muito contra a liberdade!

Mas, ao lado desse renegado truculento, o caso de Bajazet é mais sutil. Esse general barbaresco não é nem turco nem tampouco muçulmano, como confessa num momento em que se acredita perdido, em seguida a um ferimento que recebeu num duelo. Ele nunca renegou! "Eu sou cristão" e francês. Mas seu batismo não o impede de presidir os funerais segundo os ritos do Islã. Passando por "chefe dos inimigos dos cristãos", foi a necessidade que o lançou para junto dos bárbaros. Não se sabe qual necessidade, pois, contra toda esperança, ele sarou cedo demais para nossa curiosidade. Mas sua honra está intacta porque, sob o turbante e o crescente, combateu "os inimigos da pátria", isto é, os espanhóis e os italianos aliados aos espanhóis. Porém, sua longa convalescença continua propícia às confidencias. Na vez de Polexandre contar sua história, também ele confessa que "o jovem pirata simpático" é um "turco francês".

E suas aventuras nos trazem de volta do Mediterrâneo barbaresco à França das guerras de religião.

Ele nasceu de uma família aparentada à família real. Seu pai caiu em desgraça e teve que se exilar sob Francisco I: alusão provável aos negócios do condestável de Bourbon. Graças aos Montmorency, Henrique II o chamou de volta logo que subiu ao trono e lhe pediu que enviasse seu filho à corte como companheiro do delfim. Assim, Polexandre esteve desde sua primeira juventude envolvido com os negócios. A morte de Henrique II por um golpe de lança", após a paz da Espanha, é apresentada como uma catástrofe: ela permite que as paixões se libertem, abre uma era de confusão, "nos preparou matérias espantosas de discussão e de revoltas. Desde esse dia, ela não cessou de nos fazer esparramar sangue e de acrescentar aos funerais do valente príncipe os de um terço de seus súditos". Gomberville segue a história de muito perto. Ele descreve as "infelicidades de um reinado de dezesseis meses (o de Francisco II) onde a raiva de metade dos franceses que chamamos de huguenotes fez explodir contra seu soberano tudo o que o desejo de governar põe no espírito dos grandes, e que a *paixão cega de conseguir* a *salvação* imprime nas almas fracas".

Eis-nos em plena História autêntica, levemente romanceada. Assistimos aos divertimentos da corte em Fontainebleau, às justas, aos balés, às festas de máscaras e aos disfarces. Polexandre acompanha Catarina de Médici à famosa Entrevista de Bayonne, onde ela encontra sua filha, a rainha da Espanha. Ele participa na defesa da família real quando ela quase foi surpreendida pelos huguenotes em Meaux. Ele está ao lado de Montmorency quando este é mortalmente ferido, e sabemos, pelo testemunho dos retratos e das gravuras, da popularidade do condestável de Montmorency. Ele está em Jarnac, onde o futuro Henrique III vence os protestantes.

A narrativa viraria uma verdadeira história das guerras de religião se Polexandre não a interrompesse: "Deixem-me trocar a fortuna pelo amor e que eu *não faça a história da França ao invés de fazer a minha*". Notemos aqui essa assimilação da História à fortuna. Voltamos então a uma aventura galante, não muito diferente da do príncipe peruano no México, quando este persegue sem êxito a filha do rei. Polexandre ficou apaixonado por Olímpia, isto é, Margarida de Navarra, a futura rainha Margot. Deixamos definitivamente a História para o mundo familiar da galanteria heroica: Polexandre quer evitar o casamento de Olímpia e de Felismundo, o favorito do rei da Dinamarca; nós o deixaremos na Dinamarca, onde ele se torna, evidentemente, o amigo de Felismundo, um perfeito cavalheiro, sem que essa amizade impeça que os dois rivais se enfrentem num duelo de que Olímpia seria o prêmio.

Ao longo dessa análise, limitada propositalmente às situações históricas, reconhecemos algumas das formas principais da ação romanesca do século XVII:

A *galanteria cortês*. Fidalgos apaixonam-se, como que atingidos por um relâmpago, por uma dama que lhes é inacessível, quer por causas exteriores (rapto, oposição dos pais), quer por desprezo aos sentimentos fáceis. Nossos perseguidores não se cansam jamais, sem nada pedirem em troca de suas platônicas homenagens.

A *camaradagem cavalheiresca*. Ela nasce com a mesma forma repentina do amor, entre dois desconhecidos, às vezes dois rivais ou dois inimigos, quando reconhecem reciprocamente sua nobreza e valor.

*As aventuras romanescas*. Reconhecimento com a ajuda de caixas contendo cartas, retratos ou documentos. Feitos de armas e torneios de proezas extraordinárias, apresentados como competições esportivas. Isso é bem conhecido.

Mas, ao lado desses traços que pertencem tanto às pastorais greco-romanas quanto aos romances de cavalaria, é preciso frisar a *preocupação nova de situar a ação num tempo histórico*. O *exil de Polexandre* [Exílio de Polexandre] é um romance histórico e toda a intriga gira ao redor de três temas históricos: a descoberta das Índias Ocidentais e sua exploração pelos espanhóis, com desprezo dos direitos indígenas; as guerras de religiões na França, desde a morte de Henrique II; e o mundo dos corsários barbarescos.

É interessante ver no que se transformam esses temas históricos na edição de 1641: o *Polexandre* em cinco partes, que é um novo livro, com uma nova intriga, onde encontramos de novo, no entanto, Polexandre, Bajazet e o príncipe indiano.

A corte da rainha Ana substituiu a de Catarina de Médici. A ação recua mais de meio século. Polexandre é rei das Canárias. Continua sempre sendo o inimigo dos espanhóis, mas se torna também o adversário dos turcos infiéis: curiosa evolução a partir da edição de 1629. É verdade que os berberes de Argel continuam mais simpáticos do que os sultões de Constantinopla.

Polexandre descende em linha direta de Carlos de Anjou, irmão de são Luís. Ele se tornou mais importante desde 1629; o mesmo acontecerá com quase todos os heróis de romance que, de simples fidalgos no começo do século, se tornam, sob Luís XIV, príncipes e reis. Os ancestrais de Polexandre reinaram na bacia oriental do Mediterrâneo: "a mais bela parte da Itália, da Grécia e da Trácia". Isso corresponde aproximadamente à talassocracia angevina do século XIV. Gomberville não ignorava a sua Idade Média e não hesitava em relacioná-la com seu herói, como numa origem fabulosa, que faltava ao *Polexandre* de 1629.

Mas os antepassados de Polexandre foram expulsos do Oriente pelos bizantinos, os aragoneses – portanto, os espanhóis – e enfim pelos turcos.

> Seu pai, Periandro, teve que abandonar a Grécia após a tomada de Constantinopla pelo sultão Bajazet [não confundir este malvado sultão com o bom Bajazet da costa barbaresca]. Desposou a herdeira de Paleólogo, e se refugiou nas Canárias, de onde se tornou rei. De lá, tentou expedições de represália contra os turcos, que conseguiram capturá-lo. O jovem Polexandre veio com sua mãe reclamá-lo junto à corte do sultão. A firmeza de Polexandre impressionou Bajazet: "Essa criança faz com que me lembre do traidor Scandenberg". "É de se temer que esteja aqui um segundo Scandenberg."

O sultão aceitou devolver Periandro, mas não especificou se o faria vivo, e fez com que se remetesse à rainha das Canárias o cadáver de seu marido estrangulado. Eis aí – deviam pensar os leitores maravilhados – uma boa história turca!

Para fugir às intrigas dos espanhóis e dos portugueses que ambicionavam as ilhas Canárias, Polexandre se refugiou na Bretanha, isto é, no Loire, em Nantes, graças à proteção de um "pirata bretão". Foi acolhido na lendária corte da duquesa Ana, que ele acompanhou à corte da França, após seu casamento.

Estamos, pois, por volta de 1490. Ele estava a ponto de acompanhar os exércitos da França na Itália, quando Carlos VIII o desencorajou: o rei, sem confessá-lo, temia que um herdeiro da casa de Anjou não fosse tentado a reivindicar os reinos italianos de seus antepassados. Ele soube dissimular suas razões: "Sendo filho de um pai que só lhe tinha ensinado que não sabe reinar quem não sabe dissimular, ele praticou tão bem a doutrina de seu pai que Polexandre nem desconfiou de seus artifícios e de suas dissimulações". Uma patada, de passagem, em Luís XI que, decididamente, não era mais popular entre os romancistas do que entre os historiadores.

Polexandre retorna às Canárias. Nesse momento, a narrativa abandona decididamente a História para penetrar num mundo de fantasia, o da ilha Bem-aventurada — conhecida, contudo, de Ptolomeu! —, onde se adora o sol, reino da bela princesa Alcidiane, por quem se apaixona e persegue, em cinco volumes, ao longo da costa da África.

No *Polexandre* de 1641, a história é mais romanceada do que no de 1629: entretanto, seja na corte da duquesa Ana, na de Catarina de Médici, no Mediterrâneo barbaresco, ou na América dos incas e da conquista espanhola, uma preocupação de exatidão, ou uma pretensão de exatidão histórico-geográfica acompanha sempre a invenção romanesca: ela se torna uma das condições da verossimilhança literária.

Ora, essa necessidade de localizar as intrigas num tempo datado e num espaço cartografado não existia nos precursores helenísticos, italianos ou espanhóis que os autores franceses traduziram no final do século XVI, antes de escreverem obra pessoal: *Théagène et Chariclé*, *l'Amadis*, os romances de cavalaria e os do espanhol Montemayor se passavam num tempo e num universo de fantasia, metade imaginário, metade contemporâneo. Passando para a França, o romance deixou de ser contemporâneo e fantasista para se tornar histórico, exceto o romance realista ou cômico, que não interessa para nossos propósitos. Essa nova tendência aparece talvez pela primeira vez em *Astrée*, onde a ação está bem datada no século V de nossa era, numa Forez arqueológica, reconstituída com a ajuda de eruditos locais. Gomberville continua a tradição de Honoré d'Urfé, que, aliás, se prolongará por todo o século XVII.

Assim, a historicidade se tornou uma nova regra do gênero romanesco quando este passou para a França.

A história dos romances é feita de um pouco de cor local e de muito anacronismo, com este aumentando e aquela diminuindo à medida que avançamos no século.

De *Astrée* a *Polexandre*, quer dizer, durante a primeira metade do século XVII, a cor local e as cenas pitorescas não faltaram. Em *Astrée*, há cerimônias de druidas; no *Polexandre*, descrevem-se as riquezas fabulosas dos incas: a palavra inca aparece na edição de 1641, mas é desconhecida na de 1629. Os traços concretos nem sempre são esquecidos. Quando Polexandre e seu séquito vão *incognito* para a Dinamarca: "Todos três tínhamos nos vestido à alemã, desde Colônia". Especificam-se também os nomes técnicos dos navios: "Ele embarcou numa espécie de navio de que são inventores os ingleses e aos quais deram o nome de Remberge". Os jardins árabes são pintados tais como ainda se encontram em Fez: "Estávamos numa alameda cercada dos dois lados por uma paliçada de laranjeiras e de romãzeiras". As aventuras às vezes sórdidas dos renegados poderiam parecer deslocadas em romances onde tudo, mesmo o mal, se exprime nobremente. Mas o autor demonstra verdadeira predileção por elas. Mais acima, citei um exemplo disso. Eis aqui, tirada da edição de 1641, outra confissão de renegado: "Desde minha infância, sempre gostei das aventuras onde há algo para se ganhar, por mais arriscadas que sejam. Corri o mar e a terra. Carreguei armas entre os árabes e os turcos. Guardei e violei indiferentemente a minha fé, e tudo isso para conseguir riquezas". Gomberville não recuou diante da alusão à pederastia, tão frequente nas sociedades muçulmanas. Bajazet queria, quando da partilha de um tesouro tomado aos espanhóis, favorecer Polexandre. Isso desagradou muito a um de seus capitães, "velho e valente corsário". "Fazia muito tempo que a beleza de Polexandre tinha provocado abomináveis pensamentos naquele diabo, e essa prodigiosa paixão" o tinha "obrigado a ter ciúmes de Bajazet." Ele interpela Bajazet: "Se amas demais esse resto de mulher, compra sua honra com o que te pertence." "Não ponhas o salário de uma prostituta entre a recompensa de tantos homens valorosos." A cena se parece com algo que tenha sido visto.

Poém, quando existe, a cor local é reservada aos pormenores exteriores à ação, e apenas a alguns dentre eles. Passa-se rapidamente ao anacronismo, por uma transposição no passado dos costumes do presente.

Em *Polexandre,* como já pudemos observar nas citações precedentes, a cor local, a observação realista e pitoresca limitam-se aproximadamente à pintura do Islã mediterrâneo, hispano-magrebino, turco e sobretudo barbaresco: devemos admitir que se trata aí de um fato isolado, que é preciso não generalizar. O mundo berbere era familiar demais aos autores, aos leitores e aos homens de todas as condições para não exigir um cuidado especial da atenção para com a verdade. Havíamos já notado nas galerias históricas de padre Jove e de Ardier de Beauregard o interesse especial pelos sultões, pelos Barba-Roxas e pelos Scandenbergs. Os turcos e o Mediterrâneo muçulmano ocupam um lugar à parte, privilegiado, na visão histórica da primeira metade do século XVII. É interessante reencontrá-la tanto nos romances do grande público quanto na iconografia dos colecionadores.

Inversamente, desde que se deixa o mundo mediterrâneo, as descrições perdem a sua cor local e a sua vida. As aventuras de um inca ou de um senegalês assemelham-se às do francês e do cristão Polexandre.

Se a proximidade do Mediterrâneo barbaresco excitava a curiosidade do pitoresco e do estranho, o afastamento do continente transatlântico favoreceu antes o lugar – comum de uma era de ouro, num país de Utopia, preservado por seu isolamento das corrupções da História. Isso já em Thomas More, antes de passar para a filosofia do século XVIII. "Nós temos", proclama o inca de *Polexandre,* "templos em que o Deus vivo é adorado tão puramente quanto na Espanha [é já a revolução primitiva, sem os padres e as igrejas, que a decadência tornou necessários; mas se pudéssemos dispensá-los!]. Temos cidades melhor policiadas do que as vossas". Vive-se na abundância: "Tudo o que é necessário à vida abunda entre nós". "Cada um se contenta com pouco", e é por isso que não se conhecem nem massacres, nem rapinas, nem guerras. A feliz ignorância da navegação preservou por muito tempo essa existência patriarcal: "essa recusa [em navegar] tinha nos impedido de encontrar as ocasiões de nos corromper pelo contágio dos costumes estrangeiros". A chegada dos espanhóis perturbou essa felicidade tranquila: "Eles nos fizeram passar por bárbaros, por selvagens, por monstros... gente sem espírito, sem leis, sem decência, sem luzes e, o que é pior, sem virtudes".

Não havia selvagens na América. A barbárie dos índios é uma invenção dos espanhóis para justificar sua pilhagem. As riquezas dos reis católicos devem ser consideradas como coisas mal adquiridas que os corsários franceses (bretões) ou turcos tem direito de recuperar pela força.

Os negros também não aparecem nunca como selvagens ou primitivos. A África Ocidental ocupa um grande espaço no *Polexandre* de 1641: o reino de Tomberto (Tombuctu, creio), Senegal, Guiné, Benim, Congo...

Só muito raramente Gomberville faz alusão à cor dos negros e ainda assim num caso particular, para tirar uma consequência moral: Almanzor, "príncipe do Senegal", distingue-se *"pela cor esfumaçada, por seu cabelo crespo*, pela pequenez de seus olhos e pela desproporção dos traços de seu rosto". Ora, esses traços que Polexandre analisa através de um retrato – um retrato de um negro senegalês do século XVIII – lhe permitem principalmente "julgar o quanto era cruel" esse Almanzor... um traço de caráter, e não um traço de raça. Gomberville é absolutamente indiferente às questões de raça e de cor.

Aliás, esses reis negros vivem à maneira dos príncipes e fidalgos da Europa. É o caso de Zabaim, príncipe do Senegal, que "não tinha ainda 18 anos quando o desejo da glória e a curiosidade de ver os países estrangeiros fizeram com que deixasse seu reino. Pôs-se ao mar com um séquito proporcional à sua condição. Esteve algum tempo na corte do rei da Guiné, de onde se dirigiu para Benim e chegou finalmente à corte do Congo". Note-se que essa volta da África segue a ordem normal dos países encontrados quando se desce na direção do Equador. Gomberville não ignorava sua geografia.

O rei do Congo é Almanzor, "o príncipe mais severo e mais ciumento do mundo". Seu "gabinete" pouco difere do de um príncipe europeu a não ser por ser seu palácio coberto de palha. Zabaim apaixona-se pela filha do temível Almanzor. Ele se disfarça de mulher – mais exatamente, de princesa da Guiné – para aproximar-se dela. Descoberto, deve sofrer as provações normais de um leal fidalgo surpreendido numa situação tão clássica, isto é, vencer um torneio. Mas, como estamos na África negra, é preciso que ele vença também os leões no anfiteatro oficial do Congo. Aí, o exotismo reúne-se à lembrança da Antiguidade latina. É claro que o valor de Zabaim lhe garantirá o sucesso e desarmará a cólera de Almanzor. Os dois amantes serão unidos pelo "grande pontífice dos deuses do Congo". Isso lembra o Egito da *Flauta mágica,* posterior de mais de um século, mas o teatro lírico teve que conservar as tradições de anacronismo desaparecidas há muito tempo da literatura.

Quando Polexandre conta a sua vida à corte de Henrique II e de Catarina de Médici, não ignora o desencadear das violências e das paixões, assim como Gomberville não ignorava a diferença entre um negro e um fidalgo. Mas essa violência do tempo das perturbações, embora evocada em termos abstratos e em termos de historiador, não penetra na narrativa e não perturba de nenhuma maneira as relações romanescas de Polexandre, de Olímpia e do favorito do rei da Dinamarca. A ação é colocada nesse cenário sem necessidade: ela poderia acomodar-se também em outro. Enfim, ali onde ela existe, a cor local é reservada aos figurantes. Certo capitão de corsários possui o ar de seu personagem; mas seu general Bajazet não tem mais nada de aventureiro. Ele se torna, então, semelhante a Polexandre, ao inca, ao príncipe senegalês: um fidalgo valente e constante, assíduo na perseguição de uma bela fugitiva, fiel à amizade de seu companheiro de armas.

Durante a segunda metade do século XVII, por uma espécie de paradoxo, o realismo histórico se torna mais exigente na escolha do assunto, e no entanto a cor local desaparece de todo na maneira de tratar o pormenor.

Em 1661, La Calprenède publica um romance, *Faramundo*, a que tem como subtítulo: *ou l'histoire de France* [ou história da França]. Isso já é significativo. Na sua advertência ao leitor, ele se explica sobre o seu método, segundo os seus romances precedentes, como *Cassandra, Cleópatra*... "Não se lhes fez justiça no nome que lhes deram... Em lugar de chamá-los romances, como o *Amadis* e outros semelhantes, nos quais não há nem verdade, nem verossimilhança, *nem mapa, nem cronologia* (essa é bem a sua diferença com relação ao romance francês, como notamos mais acima), poderiam ser vistos como *História* embelezada com algumas invenções e que, por esses ornamentos, não perdem talvez nada de sua beleza". "Encararam-me como um homem melhor instruído sobre a corte de Augusto e de Alexandre do que os que simplesmente escreveram a sua história."

Mas dessa vez, com *Faramundo*, La Calprenède se defronta com uma época mais "obscura"! Essa obscuridade "não é tão desvantajosa como a imaginamos. Ela me concede à invenção uma liberdade maior do que tinha entre as verdades conhecidas de todos", a saber, os acontecimentos da Antiguidade clássica. Mas não se trata de uma "pretensa obscuridade"? "É certo que o século que escolhi tem as suas belezas." "Com a decadência do império, vemos o começo da nossa linda monarquia". Faramundo é o "illustre fundador" de uma casa que reina há mais de novecentos anos e forneceu mais de quarenta reis à França (sic). Pois não houve ruptura da linhagem legítima. "Os próprios Pepinos, de quem a terceira raça de nossos reis não tira menos sua origem do que a segunda, descendem diretamente de Marcomiro, irmão de Faramundo e príncipe de Francônia." Reconhecemos esse tom patriótico e leal próprio às tradicionais histórias da França.

Ao longo do romance, Faramundo terá ocasião de se explicar sobre as origens da sua família: "Os que querem tirar a nossa origem da Germânia e convencer os povos de que é da Francônia que os francos, *françons,* ou franceses tomaram seu nome, não estão instruídos da verdade, e é certo não somente que saímos das Gálias, mas que a casa de nossos reis é aquela mesma que, por mais de dezesseis séculos, dominou nas mais belas partes das Gálias" – isto é, bem antes da era cristã, desde a chegada de Franco. Depois disso, o príncipe Genebaldo conquistou a Germânia, "lançou ali os fundamentos de uma monarquia que, do nome dos seus franceses, chamou Francônio e que, por causa da outra França, vários povos chamaram de França oriental". Assim, os franceses poderiam pretender, em nome do direito histórico, a soberania das terras alemãs.

Essa teoria da origem gaulesa dos francos, de sua emigração na Germânia e de seu retorno triunfal sobre as ruínas do império usurpador teve sete vidas, e ainda no início do século XVIII Nicolas Fréret foi preso algum tempo na Bastilha por tê-la contestado numa memória da Academia das Inscrições.[4]

---

[4] Pelo menos é o que contam os historiadores do século XIX: não estive lá para ver.

La Calprenède, portanto, conhecia bem o que se sabia no seu tempo, ou o que se acreditava saber. Como romancista, introduziu mais pitoresco e mais cor original na própria ação do que Mézeray e o abade Velly? De fato, seu Faramundo é tão pouco merovíngio quanto o Childerico do abade Velly. Com mais franqueza do que d'Urfé ou Gomberville, transpôs para o século V as maneiras galantes e honestas, de acordo com o ideal do seu tempo. Não há quase mais nada da Idade Média, exceto os nomes e os acontecimentos: a fada Melusina faz, é certo, uma tímida aparição, mas é logo esquecida e não retorna mais.

Em Colônia, vemos "o amoroso Marcomiro e o valente Genebaldo" deixando o acampamento para um reconhecimento. Ao redor deles, escudeiros carregam seus escudos com suas armas. Mas Marcomiro é sonhador: "O belo Marcomiro, cuja alma estava inflamada por uma amorosa paixão, trazia em seus olhos e em seu rosto as marcas do que sentia."

Rosamunda, "a amante" de Faramundo, é raptada pelo rei da Borgonha. Um cavaleiro errante encontra o comboio que leva os prisioneiros: é Balamiro, o filho do rei dos hunos, já "conhecido no mundo". Conservamos, qualquer que seja a época da ação, os temas nunca inteiramente esquecidos dos velhos romances de cavalaria.

Para se comunicar com sua amada, amarra-se um bilhete de amor a uma flecha que é lançada na cidade sitiada e sempre chega ao seu destino.

Faramundo é um magnífico soldado, tal como ainda se sonhava por volta de 1660, como tinha havido alguns anos antes, se não nos combates reais, pelo menos nas justas dehonra: "Suas armas brilhavam pelo ouro e pelas pedrarias com que estavam enriquecidas, e seu chapéu, soberbo, estava coberto de plumas brancas,

que formavam sombras em sua testa e caíam até os ombros."
Ainda se amava o penacho, quando ele acabava de desaparecer.

O *Carlos Martel* de Carel de Sainte-Garde, publicado em 1666, assemelha-se como irmão ao magnífico soldado:

*O elmo do herói de prata orna sua cabeça,*
*Plumas inflamadas descem da crista.*
*Cuja borbulha flutuante, em um beijo de amor,*
*Vem acariciar ao redor do pescoço seus longos cabelos.*

O anacronismo não se deve apenas à ignorância; ele a ultrapassa, é desejado. Sob uma fabulação histórica, que consideravam obrigatória, os leitores procuravam as alusões contemporâneas. Algumas nos são claras como o sol atualmente. Faramundo torna-se rapidamente a imagem do jovem Luís XIV nos primeiros anos de seu reinado pessoal: uma "conversação... verdadeiramente encantadora", a "vivacidade e a delicadeza de seu espírito, acompanhadas do conhecimento perfeito de todas as belas ciências". "Os franceses sentiram com alegria imensa a felicidade de serem governados por um príncipe tão grande e tão amável." Outras alusões são menos transparentes e se aproximam da adivinhação. Aliás, adorava-se então o jogo de adivinhações, e cada livro novo suscitava muitas vezes as identificações mais absurdas. Era um hábito inveterado e duradouro. Do *Astrée* até a *Princesse de Clèves* [Princesa de Clèves], o público exigia do romance que fosse histórico, mas isso para melhor demonstrar a sua engenhosidade e descobrir nessa história as chaves dos homens e das coisas de sua época. O romance existia, portanto, graças à interpretação automática do leitor, tão contemporâneo quanto histórico.

A imagem do presente não parecia aceitável à ficção literária se não sofresse uma transposição cronológica e fosse afastada no tempo. Assim Madame de La Fayette tomará emprestados de trechos incompletos de Brantôme os personagens de um drama de amor bem estranho aos costumes dos *Capitães ilustres* ou das *Damas galantes*. Tudo se passa como se a pintura direta não tivesse sido suportável. O anacronismo histórico intervinha como o intermediário necessário entre a realidade contemporânea e sua imagem literária.

A lentidão do movimento da sociedade e dos costumes até o século XVIII solicitava o anacronismo. Ela não permitia essa imediata transformação do presente num passado mesmo próximo que suscita, ainda hoje, a rapidez do tempo. Os soldados traziam armaduras semelhantes às do final da Idade Média nas pinturas de batalha de Richelieu. Eles as abandonaram pouco a pouco, quase sem o perceber. Nada de resolução técnica brutal para ressaltar as mutações da vida social: um deslizamento imperceptível. Esse ritmo lento favorecia a concepção ainda frouxa do homem clássico, sempre semelhante a si mesmo em qualquer que seja a época.

Mas essa semelhança das idades não implicava na negação da História, num romance sem tempo. Pelo contrário, a exigência cronológica tinha se tornado mais rigorosa do que no início do século, onde a cor local era menos rara. Isso implica numa relação com o passado curiosa e sutil.

Do mesmo modo, o gosto do anacronismo voluntário – que é ao mesmo tempo armação e negação da História – não impediu um recorte da cronologia segundo o sentimento do século, uma escolha de períodos privilegiados. Então, se era feita uma escolha no interior da história é porque se obedecia a uma inclinação, aliás inconsciente, mas distinta de um artifício literário de simples exotismo. Ora, se deixamos de lado os temas antigos, observaremos que os romancistas extraíram seus assuntos de certos períodos da História, e não de forma aleatória. Citemos os que me parecem mais procurados: as origens merovíngias, entre o fim do império e o começo "dessa gloriosa monarquia" – a conquista turca, as histórias "Negro-Pontique", o mundo barbaresco – , o reinado de Francisco I, com o episódio do condestável de Bourbon – a corte dos últimos Valois. O passado se detém em Henrique IV. A obscuridade das origens merovíngias não era uma razão para não situar nelas as aventuras galantes de uma tradição cortês e preciosa. Trata-se do início da história da França, um dos pontos zero da história da França, e os historiadores hesitarão por muito tempo até renunciar à sua versão lendária, apesar das críticas da erudição nascente. As outras épocas dos romancistas correspondem aos períodos favoritos dos colecionadores de retratos e de estampas: Francisco I, o tempo das perturbações. Para os contemporâneos, elas aparecem como saliências que perfuravam a superfície de um tempo demasiado uniforme. As guerras de religião e Henrique IV foram para os homens do século XVII o primeiro relevo no horizonte. No século XVIII, a personalidade de Luís XIV os substituiu. Quando alguém se voltava para o passado, ia direto a um desses altos períodos. Esse favorecimento dá provas de uma espécie de instinto da História, desconhecido dos fabricantes de história da França.

*1951*

## *Capítulo VI*
## A História "científica"

Às vésperas dos exames de formatura, alguns moços e moças conversavam na pequena biblioteca reservada aos estudantes de História. Em Grenoble, Clio reunia suas sessões à parte das grandes concentrações de estudantes, longe do Palácio da Universidade, banal e administrativo, nos fundos do bairro pitoresco do Vieux Temple. Eu tinha, então, acabado de sair do colégio e entrava na faculdade com o fervor de um neófito. Parecia-me que descobria um mundo apaixonante, em que a abundância das existências passadas me comunicaria um pouco de sua potência dramática. Por isso, eu escutava com atenção as confidências dos veteranos, já velhos no ofício, e sua desilusão me impressionou muito.

Nessa faculdade de província, o prestígio de Jacques Chevalier levava para a filosofia os auditórios mundanos, e nenhum professor muito brilhante os atraía para a História. Assim, o curso de História reunia um punhado de trabalhadores sérios, que aspiravam à agregação e ao professorado, consagrando-se aos estudos sem esperar lucros; equipe pequena e modesta, um pouco medíocre e sem imaginação. Por isso, sua ingênua decepção teve para mim importância ainda maior.

Eles terminavam a rápida revisão de suas notas e fechavam os manuais onde, pela última vez, tinham refrescado as suas memórias sobrecarregadas. Uma jovem que prestava o exame de agregação arrumava os papéis que tinha emprestado a seus colegas, e a visão daqueles papeizinhos, repletos de nomes próprios e de datas, cuidadosamente divididos em parágrafos, proporcionou-lhe de repente tal cansaço, que ela começou a contar o entusiasmo que, no começo, a tinha levado à História. A curiosidade de conhecer os outros, séries contínuas e sucessivas de outras humanidades. Dizia, com toda ingenuidade, que tinha procurado o sabor das diferentes épocas, das vidas e dos costumes, seu conteúdo humano. E, às vésperas do concurso que iria concluir seus estudos, o que tinha encontrado, o que lhe tinham dado? Uma soma árida de fatos, classificados e explicados com minúcia, lógica e, muitas vezes, inteligência, mas despojados de todo aquele calor que ela esperava. Ela tivera que consagrar os seus dias e as suas vigílias a resumir livros compactos, onde todos os acontecimentos e os personagens de certo período histórico estavam registrados, onde não faltava o nome de uma operação, de um poderoso, de uma instituição política ou social sequer, onde se tinha realmente reunido, sem exceção, tudo o que os documentos conservam ainda dos fatos e ações do passado. E a infeliz tinha que confessar que essa laboriosa compilação havia matado a paixão dos primeiros dias. Tantas e tantas vezes a advertiram que desconfiasse da anedota e do pitoresco dos vulgarizadores para o grande público! Tinha acabado por confundir a curiosidade do homem e a vulgarização bastarda; e a História, a dos exames e dos concursos, começava somente ali, onde acabava o arrepio da imaginação e da surpresa; ela começava com o enfado. O apelo de sua primeira vocação tinha silenciado e ela perseverava em sua técnica rotineira, porque aquele era um ofício como outro qualquer.

Essa confissão desenganada tinha me impressionado, no momento em que eu julgava descobrir na História tantas coisas obscuras e ainda indeterminadas, mas sem dúvida algumas apaixonantes. Não esperava esse testemunho tocante de tédio e de cansaço.

E, no entanto, quantos historiadores, mais ontem do que hoje, poderiam, se ousassem confessar a verdade, entregar-se ao mesmo sentimento de secura e de mediocridade. Para manter a postura, foi necessário que erigissem em método, pelo menos implicitamente, a desvitalização da História. Assim se abriu o fosso que separou a História dos profissionais (diremos a História "científica") do público comum, ou mesmo dos outros especialistas das disciplinas humanas, em particular da filosofia. É sobre esse hiato que gostaria de refletir aqui, com simplicidade, sem pretensões de história da historiografia ou de metodologia sistemática.

A noção, outrora desconhecida, de uma continuidade dos tempos aparece no século XVIII. A organização das sociedades torna-se um tema de reflexão, quer as sociedades sejam antigas ou modernas, a Roma de Montesquieu ou a Polônia de Rousseau.

Não se deixa de cultivar as literaturas antigas, conserva-se a religião tradicional dos heróis de Tito Lívio ou de Plutarco, mas não mais no espírito do século precedente. A Antiguidade cessa de ser isolada no tempo. Pelo contrário, relacionam-se as repúblicas antigas às instituições modernas. Passa-se de umas às outras. A Antiguidade não deixa de ser um conservatório de modelos e de exemplos morais e cívicos. Mas as sociedades modernas visam colher ali princípios de ação política; elas mobilizam a Antiguidade a seu serviço. Um dos mestres do liceu Louis-le-Grand, o padre Porée, crê-se obrigado a pôr de sobreaviso seus alunos contra as perigosas adaptações do passado ao presente: "Evitai, crianças, invejar o destino dos republicanos, quer antigos, quer modernos". Risco que não existia algumas décadas antes, quando o passado greco-romano possuía um valor de formação, mas sem estar ligado ao presente. No fim do século XVIII, a juventude, empanturrada de história romana, ajudava a construir na América uma sociedade sob o modelo da cidade antiga.

O conhecimento da Antiguidade não podia mais ser separado da formação do presente. O passado e o presente não eram mais tão indiferentes um ao outro. Assim, o culto, mais vigoroso do que nunca, da Antiguidade era acompanhado da consciência de um movimento contínuo do homem. Essa continuidade logo apareceu na literatura histórica. Entre 1776 e 1788, um autor inglês, Edward Gibbon, escreveu o volumoso *Declínio e queda do Império Romano,* que cobria o fim dos tempos antigos e toda a Idade Média até a tomada de Constantinopla em 1453. Essa obra, que teve grande sucesso e inúmeras reedições em várias línguas, teria sido impensável um século antes. Daí em diante, a Antiguidade já não estaria enclausurada no mundo fechado de uma época de ouro. Ela se estendia para além de seu termo tradicional, e a História mobilizava tempos que, anteriormente, dormiam numa espécie de limbo.

Os antigos se juntaram aos modernos em torno da noção de progresso, tal como aparece em Voltaire no *Ensaio sobre os costumes e o espírito das nações.* O sentido da continuidade surgiu sob a forma infantil e tenaz do progresso. Condorcet logo escreveria o *Esboço de um quadro histórico do progresso do espírito humano*. Compreendemos melhor as origens da noção de progresso quando reconhecemos nelas uma consciência histórica ainda parcial.

Daí em diante, nenhuma época nem lugar pareceram indignos do conhecimento histórico, nem a Idade Média franca ao abade Dubos, nem a expansão transoceânica europeia a Raynal, nem o reinado de Luís XIV a Voltaire. E, ao lado desses grande nomes, quantas obras menores e obscuras enchiam as prateleiras das "livrarias" das velhas moradas provinciais: histórias regionais, histórias nacionais, histórias religiosas – uma enorme bibliografia.

Uma literatura histórica nasceu, com seu público, ao mesmo tempo em que uma consciência nova do contínuo na evolução das sociedades. Porém, do nosso ponto de vista, falta a essa História um atributo essencial: o sentido da diferença dos tempos. O hiato entre a Antiguidade e o resto da duração foi preenchido. Apesar de tudo, subsiste ainda uma noção de protótipo humano, inspirada pelo idealismo tenaz dos heróis gregos e romanos. Em 1864, na Introdução de *A cidade antiga*, Fustel de Coulanges sublinhava quanto, ainda em sua época, é difícil para o historiador livrar-se do preconceito tradicional que emprestava aos povos antigos os hábitos mentais das sociedades modernas. O sentido do contínuo era acompanhado de uma crença na semelhança dos tempos:

> Nosso sistema de educação, que nos faz viver desde a infância em meio a gregos e romanos, habitua-nos a compará-los sem cessar a nós mesmos, a julgar a sua história de acordo com a nossa, e a

explicar as nossas revoluções pelas suas. O que mantivemos deles e o que nos legaram faz-nos crer que eles se assemelhavam a nós; temos alguma dificuldade de considerá-los povos estrangeiros; quase sempre, somos nós que nos vemos neles.

Depois das convulsões da revolução e do império, o século XIX marcou a etapa definitiva do nascimento da consciência histórica moderna. Se, no século XVIII, tínhamos reencontrado o sentido do contínuo, o século XIX descobriu as diferenças da cor humana através dos tempos. É um aspecto conhecido demais para que seja útil insistir: a revelação da Idade Média estranha e pitoresca, desde *Récits des temps mérovingiens* [Relatos dos tempos merovíngios] de Augustin Thierry, até os *Cruzados entrando em Constantinopla* de Delacroix e a *Lenda dos séculos* de Victor Hugo. Por que, aliás, a Idade Média, muito frequentemente uma Idade Média de fantasia, somente porque se pressentia nela uma época inteiramente singular, onde os costumes não se assemelhavam nem aos dos heróis de Plutarco, nem aos das gerações, ainda próximas, do Antigo Regime?

O historiador romântico, como Augustin Thierry ou Michelet, propunha-se a evocar o passado, fazê-lo reviver com todos os seus aspectos pitorescos e saborosos, com a sua cor própria. No relato autêntico dos acontecimentos passados, os historiadores procuravam o mesmo desenraizamento que poetas e romancistas pediam à ficção, e à ficção histórica. Ora, essa preocupação de desenraizamento, que dali em diante orientava o historiador para o quadro vivo, era justamente um sentido rudimentar da diferença dos tempos. Rudimentar, porque se satisfazia com uma evocação simplesmente pitoresca e permanecia na superfície das coisas: era mais o gosto das curiosidades do que o das variações em profundidade da estrutura mental ou social. Porém, esse espanto diante do passado permanecia sendo uma importante aquisição da História. Descobria-se com entusiasmo o que era o outro. É por isso que, apesar de suas lacunas e de seus erros, Michelet conserva ainda hoje (e hoje mais do que ontem) um interesse apaixonante. Ele era sensível demais às singularidades da História para não ter apreendido, por intuição, os contrastes, as diferenças que o historiador contemporâneo reencontra com uma base científica mais segura, mas sem contradizer, no fundo, as intuições divinatórias, embora incertas, do romântico genial.

Porém, faltava aos autores dessa primeira metade do século XIX um método crítico para estabelecer uma documentação segura. Escreviam rápido demais, um pouco como romancistas que eram. Por isso, exceto algumas intuições de visionário de Michelet, sua obra permanece hoje letra morta.

Para alcançar uma concepção mais válida da História, definida agora como curiosidade intelectual, era preciso o método, o método científico, como se dirá na segunda metade do século.

A erudição já era conhecida antes da época romântica. Mas os eruditos do Antigo Regime, sobretudo do século XVII, conservavam as maneiras de colecionadores de antiguidades e de raridades. Foi sobretudo no início do século XIX que a compilação crítica dos textos e documentos se desenvolveu paralelamente à história viva. Citemos, a título de indicação, as grandes coleções de documentos, como os *Monumenta Germaniae Historica* (1826), os *Documents relatifs à l'histoire de France* [Documentos relativos à história da França], de Guizot (1835). Os progressos da erudição permitiram aos historiadores levar adiante as suas pesquisas com mais precisão, e numerosos trabalhos dos anos 1940 e 1950 ainda conservam o seu valor; eles estiveram na origem da obra magistral de Fustel de Coulanges.[1]

Muitas vezes se observaram as causas desse florescimento de eruditos. As perturbações da Revolução e do Império, que fizeram *tábula rasa* do passado, tinham interrompido o curso regular da História. *Daí por diante, houve um antes e um depois.* Antes de 1789, as revoluções não tinham nunca sido concebidas como uma parada para uma nova partida, mas antes como um retorno a um estado melhor e mais antigo. É próprio das revoluções dos séculos XVIII e XIX a proposta de dar um término ao passado e retomar o presente a partir do zero. A própria Igreja romana não escapou ao contágio quando a concordata de 1802 depôs todos os bispos da França para reconstituir sobre novas bases o pessoal e a geografia eclesiásticos. Surgia, então, muito sensível na opinião pública, a ideia de uma era nova, inteiramente separada do passado, ainda que próxima. E desde então, essa ideia, sobrepondo-se à velha noção de progresso do século XVIII, encontrou-se na origem de quase todos os movimentos de opinião.

Assim, o historiador foi atraído sobretudo pelo exame das novidades, muitas vezes se esquecendo da tenaz inércia do passado. A partir do momento em que surgia em algum lugar um fenômeno novo, logo se estendia para toda a sociedade e as resistências que encontrava eram desprezadas como sobrevivências destinadas a um fim próximo. Formou-se, assim, a noção de uma evolução irresistível.

---

[1] Sobre este período, da primeira metade do século XIX, não há nada a acrescentar ao estudo que Camille Jullian publicou à guisa de prefácio em sua *Anthologie des historiens français du XIXe siècle*.

Mas, antes que se tivesse anulado a solução de continuidade entre o passado e o presente, que reapareceu periodicamente depois de 1789, os arquivos, mesmo os mais antigos, eram ainda considerados como arquivos de Estado, indispensáveis à prática administrativa, e confidenciais.

Após a Revolução e o Império, no início da nova época, os regimes, estabelecidos sobre bases constitucionais estranhas aos documentos dos velhos fundos, se desinteressaram pelos arquivos como instrumentos administrativos. Como escreveu L. Halphen em sua *Introdução à História*, "um amontoado de pergaminhos e de papéis, cuidadosamente guardados até então, como fundamentos jurídicos de direitos ou de pretensões já caducos, ou como necessários ao funcionamento de instituições que acabam de ser varridas pela tormenta, encontra-se em estado de haver perdido, de um dia para o outro, todo interesse, salvo para os curiosos de coisas mortas." E esses "curiosos de coisas mortas" não se reduziam a alguns colecionadores, à maneira dos humanistas do Renascimento. Seu número tinha se ampliado ao mesmo tempo em que crescia o interesse pelo passado pitoresco e vivo.

Tudo se passa, portanto, como se as sociedades ocidentais tivessem por muito tempo vivido sem experimentar o sentimento da duração, porque suas instituições políticas tinham evoluído lentamente, sem interrupção brutal. Só a Antiguidade greco-romana tinha por muito tempo se mostrado como exterior à sua história. E no século XVIII, se se esforçaram bastante para reduzir seu isolamento, foi para agrupar todos os tempos conjuntamente, estendendo às épocas modernas o ideal humanista da Antiguidade.

Após as conturbações da Revolução e do Império, ao contrário, a História se desvelou bruscamente e apareceu como uma realidade particular, distinta do presente vivido, distinta também de uma cronologia estéril. Nós compreendemos bem esse sentimento, nós que experimentamos algo de análogo logo após as grandes feridas de 1940-1945.

Se essa sensibilidade à diferença dos tempos tivesse sido alimentada pela erudição, poderia dar numa história autêntica. Isso esteve a ponto de acontecer. Na encruzilhada da erudição e de uma história que não é mais a História romântica — já não estamos na época de Michelet, mas um pouco antes da de Taine e do positivismo —, que, porém, é a sua herdeira, encontra-se Renan, o príncipe da história francesa; apesar de sua data e dos progressos da documentação, sua obra permanece ainda válida e sugestiva.

Cem vezes se evocaram os escrúpulos de Fustel e seu respeito ao texto, que se opunham às demasiadamente rápidas "ressurreições" da História romântica. Muito justo — embora se tenha extrapolado com demasiada facilidade e ressaltado apenas o que é honestidade e seriedade, no sentido de uma metodologia dita científica: antes, a História literária; depois, a História científica. Mas não se insistiu o suficiente sobre um aspecto pelo menos igualmente importante da obra de Fustel: o seu sentido da particularidade histórica. Na Introdução de *A cidade antiga,* onde já nos detivemos longamente, Fustel rompe com as tradições clássicas que davam aos antigos a fisionomia de um protótipo humano válido para todos os tempos e lugares. Diz ele: "Empenhar-nos-emos em mostrar as diferenças radicais e essenciais que distinguem para sempre os povos antigos das sociedades modernas". Não se poderia formular com mais clareza e precisão o objetivo essencial da História, ou ao menos seu objetivo primeiro, sua maneira de se afirmar, distinguindo-se das outras reflexões sobre o homem: a busca das diferenças dos tempos.

Fustel tinha o escrúpulo do texto; foi seguido nesse ponto, o que foi bom. Mas se reencontramos ainda o seu sentido histórico em Camille Jullian, seu espírito foi menos assimilado do que o seu método. O crítico e o glosador foram ouvidos; o historiador, pelo contrário, não teve continuador. As promessas de sua obra foram mal cumpridas por seus sucessores. Entramos, após ele, num período ingrato da historiografia, que agora precisamos caracterizar em suas linhas principais.

A segunda metade do século XIX e os primeiros anos do século XX só conheceram dois gêneros de História: a História acadêmica e a História universitária. Mais tarde, conheceremos um terceiro gênero, a vulgarização histórica, de que já falamos num capítulo precedente e é, em geral, posterior à guerra de 1914.

A História universitária e a História acadêmica, mais ainda do que por seus métodos, definem-se por seus públicos.

A História acadêmica, que vai do duque de Broglie a Hanotaux e Madelin, era lida pela burguesia culta e séria: magistrados, homens da lei, pessoas que viviam de rendas... homens de grande ociosidade, quando a estabilidade da moeda e a segurança das colocações permitiam que vivessem de seus rendimentos. As bibliotecas particulares dessa época permitem ver as preocupações intelectuais dessa classe: poucos romances, afora Balzac, e nem sempre. Os últimos românticos e os realistas pouco agradavam a esse público de gostos severos. Ocorria-lhes, porém, gostar do picante, mas julgavam decente cultivá-lo em Horácio e nos latinos, que liam ainda no original. Todavia, nas estantes de nossos avós, o melhor lugar era reservado à História: Barante,

Guizot, Broglie, Ségur, Tocqueville, Haussonville, depois Sorel, la Gorce, Hanotaux. Basta consultar os velhos catálogos da Plon ou da Calmann-Lévy para dar-se conta, pelos nomes dos autores e assuntos tratados, de uma maneira de escrever a História que conduzia à Academia. Ainda hoje, ela sobrevive na obra de Madelin, no *Richelieu* de Hanotaux e do duque de La Force.

Essa vasta literatura não é de se desprezar. Foi escrita sem intenção de vulgarizar, após um estudo conscencioso, muitas vezes erudito, dos documentos, evitando que a erudição transparecesse, pois se estava entre gente da sociedade. Daí uma postura séria e distinta, sem pedantismo, com a medida justa do que era necessário de referências, e até um pouco menos, mas sem nenhuma afetação de facilidade, sem concessões ao pitoresco e a trama romanesca. Sentimos que estamos na época dos doutrinários ou dos notáveis.

Essa literatura histórica se propunha essencialmente a narrar e explicar a evolução política dos governos e dos estudos, as revoluções, as mudanças de regime, as agitações e as crises das assembleias e dos ministérios, as diplomacias e as guerras: uma História política, de política nacional e internacional. Em geral, era uma História de teses – e foi nesse sentido que o historicismo conservador de após 1914 se ligou a ela. Ela visava dar, como a de Sorel, uma interpretação que explicaria com um rigor suficiente o vaivém turbulento dos fenômenos. Não repugnava a esses autores a ideia de um determinismo histórico, mas era um determinismo conservador, que ignorava as pressões profundas da massa popular e regulava a causalidade política dos governos e das nações. Não se tratava de uma História "reacionária", orientada para a reabilitação do Antigo Regime, como será o caso com a *Action française*. Mas era uma História conservadora, escrita por nobres ou grandes burgueses que acabavam na Academia, e lida pela burguesia liberal ou católica, desconfiadíssima das novidades sociais. Ela mantinha ainda um preconceito desfavorável ao Antigo Regime, que cairá no século XX, por influência da *Action française;* ela desfilava um liberalismo esclarecido e prudente, o da Academia e, logo em seguida, da Escola de Ciências Políticas. Na geografia eleitoral da Terceira República, ela se situava à direita ou à centro-esquerda.

É preciso não esquecer que essa burguesia, que chegou ao bem-estar e às honras no fim do século XVIII e no começo do XIX, detinha o monopólio dos negócios públicos da França. Conservou-o sob o Império e no início da Terceira República, antes que o sufrágio universal, a escola leiga e a democracia da riqueza o tomassem. Assim, ela se interessava com consciência e paixão pelos problemas políticos. Ela exigia de suas leituras que esclarecessem o seu entendimento das coisas do Estado, pelo menos das únicas que ela retinha: negócios parlamentares, institucionais, diplomáticos. A história dos conflitos sociais era ignorada, como se, ao ignorá-los, denegassem a sua existência, e a História religiosa era a mais genericamente tratada em suas relações com a História política. A essa espécie de burguesia política e conservadora corresponde uma História política, indiferente aos problemas humanos situados aquém ou além da nação ou do governo.

Através dessa literatura, a burguesia não procurava uma maneira de compreender o seu destino humano ou de sociedade no devir ao mundo, das nações e das classes. Aliás, não havia devir, e as relações políticas eram determinadas por leis *ne varietur*. A burguesia, em um mundo cujo movimento ela não suspeitava, não tinha o que fazer de uma filosofia da História:

ela apenas pedia à História, sob sua forma acadêmica, uma técnica de governo.

Assim, a História, a dos velhos catálogos da Plon e da Calmann-Lévy, mostra-se como uma cultura política, necessária ao cidadão "ativo" pelo censo ou pela influência, uma "Ciência Política" entre as outras ciências de governo e de administração ensinadas na escola de Boutmy, quando uma classe de homens que dispunham de lazer tomava a sério os negócios públicos.

Compreendemos, então, porque essa literatura acadêmica sobreviveu pouco ao momento em que essa burguesia perdeu o seu monopólio político, em que ela foi submergida por elementos novos, quando a sua segurança social pareceu comprometida. Nessa nova burguesia, não mais segura do presente, mas ameaçada, o importante já não era uma técnica política, mas um retorno ao passado salvador, fonte de nostalgia e de redenção. Apareceu, então, após a guerra de 1914, outra literatura histórica, contemporânea do neomonarquismo da *Action française*, primeira resposta à inquietação do homem moderno quando tomou consciência da nudez e da fragilidade do universo abstrato, tal como o liberalismo o tinha concebido. Mas não era mais o gênero nobre e indiferente de Broglie e de La Gorce; era uma literatura de combate. Dissemos mais acima como ela terminou.

Se a História acadêmica interessava a um público bastante vasto da burguesia, a História universitária dirigia-se apenas aos universitários.

Ainda hoje, a maioria da "gente de bem" dificilmente sabe que ela existe. Tive oportunidade de ler manuscritos redigidos por historiadores amadores, que contavam, porém, entre o que se costuma chamar de elite cultivada: magistrados, altos funcionários, homens de negócio importantes, que dispõem de tempo antes e após a aposentadoria. Antigamente, era entre eles que se recrutavam os autores do gênero acadêmico. Infelizmente, nada de comparável aos grandes estudos, doutos e claros, apesar da estreiteza dos horizontes, dos La Gorce, dos Ségur, dos Haussonville. Falta de cultura? Rapidez excessiva de um trabalho frequentemente descuidado? Sem dúvida, mas a mediocridade da História dos não profissionais deve-se antes de tudo à sua ausência de comunicação com os outros historiadores, a seu isolamento, consequência da cissiparidade e da compartimentação da inteligência contemporânea. Nossos amadores estão persuadidos de terem lido tudo, e ficamos estupefatos diante de sua ignorância ingênua da literatura universitária: manuais destinados aos estudantes, teses de doutorado, artigos e dissertações das revistas especializadas, obras de conjunto escritas por universitários em fim de carreira. Um estudante no primeiro ano de *licence* se mostraria superior a um conselheiro de Estado ou a um antigo aluno da Escola Politécnica. Não fazemos ideia, antes de tê-la medido concretamente, da separação entre os historiadores profissionais e o público "culto", onde, porém, sobrevive o gosto pela História séria e fundada, à maneira de Sorel ou de La Gorce.

Não era assim no tempo da História romântica de Michelet, de Augustin Thierry ou de Guizot. Eles somavam as condições de autores difundidos e populares e de especialistas, antigos normalistas, arquivistas, professores da Sorbonne ou do Collège de France. Eram personagens da moda. Em Filosofia, essa tradição não se perdeu inteiramente. Mas nenhum professor de História, desde Fustel, o mestre da imperatriz Eugénie, reuniu ao redor de sua cátedra os auditórios mundanos e elegantes que se aglomeraram nos cursos de Bergson e de Valéry.

Eis o fato essencial: o estudo da História perdeu o contato com o grande público para se tornar uma preparação técnica de especialistas isolados em sua disciplina. As publicações se tornaram cada vez mais "profissionais", no sentido de que há uma literatura profissional e técnica. Os autores não temem conservar na redação definitiva todas as abordagens eruditas de suas pesquisas. Pelo contrário, eles se fecharam atrás de uma armadura de crítica científica para se defender das curiosidades indiscretas. Exploraram a história dos homens sem pensar em se perguntar sobre o interesse que o homem de seu tempo poderia encontrar nela. Pior ainda, dessa indiferença eles fizeram um método. Quanto mais inacessível fosse o assunto para o não especialista, mais era pesquisado, mais seu autor era estimado. Chegou-se a analisar detalhadamente a massa dos acontecimentos, sem outra finalidade que não justapô-los e estabelecê-los, fugindo como da peste de toda concepção de conjunto, de todo ponto de vista um pouco monumental. A desconfiança para com as grandes teorias e as teses arrojadas da História romântica explica e justifica em parte essa timidez perante uma interpretação, ou mesmo uma reflexão, que não seja nem uma sistemática – no sentido das ciências naturais – nem uma cronologia.

Porém, esta reação legítima não é suficiente para explicar o fechamento radical da História universitária. É preciso, também, pensar na origem social dos que a ensinaram ou a escreveram.

Na segunda metade do século XIX, a burguesia se afastou das carreiras universitárias – assim como de certas funções administrativas – e deixou à alta universidade um recrutamento mais democrático. As boas famílias afastaram suas crianças de uma corporação cuja recente laicização marcava com uma coloração anticlerical; as famílias protestantes não experimentaram o mesmo sentimento, de maneira que, com os Monod, por um momento colonizaram a universidade. Ainda hoje, o recrutamento é mais seleto nas faculdades de direito e em Saint-Cyr, do que nas faculdades de Letras. As novas promoções, saídas da escola laica, tinham poucas oportunidades de brilhar nos salões literários, mesmo quando esses se interessavam pelos boêmios e pelos aventureiros, a fim de se divertirem por um momento e parecerem sem preconceitos. A Academia os evitou por muito tempo, assim como o público culto recrutado ainda na burguesia tradicional. A alta universidade oferecia, inversamente, um espaço livre para as ambições.

Foi assim que rapidamente os auditórios dos professores se reduziram aos futuros professores. Desde então, o ensino superior cessou de ser um ensino de cultura para se tornar uma preparação ao ensino secundário. Com a difusão da instrução secundária e o aburguesamento geral da sociedade, esse público de candidatos ao professorado se tornou cada vez mais numeroso. Mas aumentou sem se ampliar, sem sair de sua especialização técnica. Pelo contrário, ele formou apenas para si mesmo um mundinho à parte, bem fechado, populoso o suficiente para se bastar a si mesmo, com sua literatura, seus editores e seus periódicos.

Frequentemente, ele se renovava de pai para filho. A maior parte de meus colegas estudantes eram filhos de professores, primários ou não. A agregação, ou a escola normal, era o ritual de passagem mais apreciado pelos professores primários que pretendiam fazer que seus filhos tivessem acesso ao mundo burguês. Uma nova categoria social formou-se assim, com seus hábitos, seus costumes e logo suas tradições. Em política, ela se postou à esquerda. Alta ou baixa, a universidade foi pró-Dreyfus. Com Jaurès, ela se introduziu nas assembleias; foi nesse momento que nasceu junto à burguesia de oposição a expressão depreciativa: "a república dos professores", em oposição à classe dos "homens de bem", dos "homens capazes".

Coisa curiosa, essa universidade pró-Dreyfus, radical, logo socialista com Jaurès, não deu origem a uma literatura histórica de combate – pelo menos quando se dirigiu a seu próprio público de universitários. Os *partis pris* de esquerda abundavam nos manuais primários, escritos menos como tratados de História do que como livretos de propaganda. Mas eles se atenuavam nas obras mais ambiciosas, como a grande *Histoire de France* [História da França], de Lavisse. A universidade radical e republicana jamais contou com a parcialidade dos cientistas, como nos países totalitários. Pelo contrário, essa sociedade pró-Dreyfus, muito engajada politicamente, procurou sinceramente ignorar os preconceitos contemporâneos e a interdição ao acesso da História. Se nem sempre alcançou uma perfeita imparcialidade, não deixou de admitir o princípio como o próprio fundamento da pesquisa histórica.

Era coisa nova, na verdade. Na primeira metade do século XIX, a História tinha rapidamente se tornado uma máquina de combate. Daniel Halévy narrou-nos como, em 1842, Michelet se tornou, com Edgar Quinet e Mickiewicz, o homem do "movimento", o apóstolo dos novos tempos. No momento em que terminava as suas aulas às princesas de Orléans, ele detinha o curso de sua história da França, deixava-a na Idade Média, para saltar imediatamente para a Revolução. Essa concepção da

História como uma aula de coisas políticas dirigida sobreviveu até os dias de hoje nas obras acadêmicas e, mais tarde, nas reabilitações sistemáticas do passado, reações contra as apologias revolucionárias do romantismo. A universidade, é preciso sublinhá-lo, pois foi preciso para tanto um verdadeiro ascetismo que tem sua grandeza, sempre rejeitou essa utilização da História. Pelo contrário, erigiu em princípio que a História não provava nada, que ela só existia na medida em que não a interrogávamos para solicitá-la. Aliás, ela pensava que não era nunca preciso interrogar a História: esse chamado implicaria uma escolha, uma seleção na massa da História, e não se devia fazer intervir uma preocupação contemporânea, mesmo não política.

Assim, cuidadosamente destacada do presente, a que curiosidade respondia a História dos historiadores profissionais? Questão importante, da qual depende o sentido que é preciso dar a toda a historiografia moderna, obra das universidades francesas ou estrangeiras; questão assaz delicada de responder, pois é preciso reconhecer que os historiadores nunca a levantaram. Os matemáticos, os físicos, os químicos, os biólogos, os naturalistas não conseguiram dispensar uma justificação filosófica. Os historiadores são quase os únicos entre os cientistas a recusar essa meditação sobre o sentido de sua disciplina. Escreveram apenas tratados de método, que eu chamaria de tecnologia: como utilizar os fundos de arquivos, as bibliografias, como criticar os textos, datá-los, autenticá-los etc.; em suma, como se servir de seus instrumentos de trabalho. Mas, para além das dificuldades técnicas, nada; nenhum sentido da contribuição das ciências do passado para o conhecimento da condição humana e seu devir. As filosofias francesas da História são obras de filósofos: Cournot ontem, Raymond Aron hoje. Elas são deliberadamente ignoradas, ou postas de lado com desdém, como o palavrório teórico de amadores sem competência: a insuportável vaidade do técnico que permanece no interior da sua técnica, sem jamais tentar olhá-la de fora!

No entanto, esse silêncio acaba de ser rompido no próprio interior da escola. Um grande historiador contemporâneo, nosso melhor medievalista, Louis Halphen, publicou recentemente um pequeno livro: *Introduction à l'Histoire* [Introdução à História], que é, na verdade, uma defesa da História, particularmente contra as críticas de Paul Valéry. É curioso como a epiderme universitária, tanto tempo insensível às análises difíceis dos filósofos, tremeu sob as tiradas de um poeta.[2]

Ora, esse pequeno livro onde um historiador se interroga sobre a História, e que é obra de um cientista eminente, causa espanto por sua falta de jeito e por sua ingenuidade. É inteiramente concebido na forma de uma defesa: disseram que a História não tinha fundamento, era incapaz de estabelecer a autenticidade dos fatos que se propunha reconstituir, quer porque ignorasse os mais essenciais, quer porque seria enganada por documentos mentirosos e equívocos. E o autor passa a demonstrar muito seriamente como, afinal, temos o direito de reunir, "mesmo para as épocas mais carentes de documentos, um conjunto de fatos bem conhecidos para que possamos extrair deles o seu sentido e o seu alcance, isto é, fazer dele o objeto de uma verdadeira ciência."

---

2 Essas páginas foram escritas antes da morte de L. Halphen. Eu não teria escrúpulos se não afirmasse a minha admiração por este grande historiador e sua obra. Mas a fraqueza de sua teoria da História é significativa.

Segundo a escola, a justificação da História se reduziria a provar que existem fatos bem suficientemente conhecidos para permitir um estudo científico, isto é, objetivo. Essa assimilação da História às Ciências Exatas foi contestada, partindo da noção de experiência. Em História, não podemos repetir a experiência; na verdade, não podemos nem fazer uma experiência. Contentamo-nos com reconstituir uma experiência única e ingênua, segundo o testemunho de atores inconscientes de seu papel de sujeitos ou de observadores; e, além disso, temos o direito de dar o nome de experiência aos dramas que os homens viveram totalmente?

Mas não é somente a sua incapacidade de experimentar que distingue a História das Ciências Exatas. É também a própria natureza de suas pesquisas, e aqui nos encontramos no centro dos contrassensos dos historiadores universitários. Estes, invejosos da positividade das Ciências Exatas, estabeleceram como princípio, implícita ou explicitamente, que a História era uma ciência dos fatos. É essa noção de fato histórico que se encontra na base de sua concepção e de seu método. Ora, é essa noção de *fato* demonstrado, objeto da História, que parece contestável.[3] Melhor do que uma análise teórica, o *fato* dos historiadores se define pelas três preocupações do historiador: o estabelecimento dos fatos, a continuidade dos fatos estabelecidos, a explicação dos fatos assim encadeados.

O *estabelecimento dos fatos*. Reconstitui-se o fato através do recurso aos documentos que lhe são contemporâneos e por sua interpretação crítica. É o trabalho sobre textos, o mais perto

---

3 Ver as análises decisivas de Raymond Aron: *Introduction* à *la philosophie de l'Histoire*. A História não existe antes do historiador.

das fontes possível. Apesar de sua aparente severidade, é, em toda obra histórica, mesmo medíocre, a parte mais válida e mais autêntica, a que salva a obra dos desvios positivistas. O documento original, qualquer que seja, por ser um testemunho, contém vida demais para que o cientista mais apaixonado pela objetividade consiga esgotá-lo inteiramente.

Mas, notemo-lo bem, o que permanece é o conjunto complexo do testemunho, e isso não é o *fato* que o historiador acredita deduzir dessa matéria viva. O fato está no historiador, mas não estava antes dele no documento: ele é uma construção do historiador. A partir do momento em que o fato é assim definido e estabelecido, ele se isola e se torna uma abstração. Recortando o comportamento humano como um químico em seu laboratório separa o objeto de sua experiência, o historiador confunde o que chama de fato e a amostra da experiência. Mas o que subsiste de vivo nessa amostra? O historiador julga reencontrar essa vida recolocando o fato assim estabelecido na continuidade dos outros fatos que o precederam e seguiram.

*A continuidade dos fatos.* Estando os fatos assim catalogados, o historiador se propõe a reuni-los em uma ordem que reconstitui a continuidade da duração.

Mas tomemos um manual "científico", por exemplo o primeiro volume de *Histoire de Byzance* [História de Bizâncio] de É. Bréhier, na coleção *A evolução da humanidade*. Todos os fatos conhecidos estão ali, ou quase todos. Seu conhecimento é exaustivo, sua sucessão bem exata. E, no entanto, não se tem nunca a impressão da duração, essa impressão inteiramente real, sem nenhuma subjetividade, que se sente quando se vive a sua própria continuidade histórica. Quando penso em meu tempo, no que se passa ao meu redor, não tenho necessidade de detalhar os elementos – os fatos – desda História. Sinto muito bem, e muito ingenuamente, que esse tempo existe, que ele é para mim uma realidade importante, essencial e, contudo, não conheço a metade dos fatos que o historiador de amanhã acreditará ser obrigado a inserir na reconstituição exaustiva desta realidade. A História que se impõe a mim e a reconstituição *a posteriori* do historiador são tão diferentes que um dos dois deve estar enganado, o homem ou o historiador. O homem, porque não conhece objetivamente todos os fatos que experimenta, ou o historiador, porque os fatos não contêm, mesmo em sua integridade, toda a História?[4]

É evidente que o tempo histórico, tal como o vivemos, não se reduz a uma sucessão de fatos, por mais numerosos que sejam. O tempo histórico não é uma infinidade de fatos como a reta geométrica é uma infinidade de pontos.

Não quero dizer que o fato do historiador não exista, uma vez imerso novamente na duração. Digamos que ele é o seu esqueleto. Com relação a essa duração, convém ainda distinguir duas ordens de fatos: os fatos monumentais, que perfuram o tecido da duração e particularizam determinados tempos. Dir-se-ia que o tempo se prende a eles, e ninguém no tempo pode ignorá-los.

---

4 Evitemos acreditar que o elemento que falta às durações abstratas dos historiadores científicos possa ser suprido pelo pitoresco e pela imaginação literária. Os livros onde autores ignorantes se esforçam para "reviver" não deixam de ser carentes dessa realidade misteriosa que se trata de descobrir e de evocar. Mas seu caso não merece que nos detenhamos neles, pois apenas a credulidade do público, e a incompetência dos editores lhes permitem encher os mostruários das livrarias com suas fantasias entediantes. O fracasso do historiador autêntico, que se esforça por restituir o passado sondando a integralidade dos fatos, é bem mais digno de interesse.

Mas há outros fatos mais secretos que, por natureza, permanecem à sombra, sem ser percebidos pelos homens que vivem no tempo. Eles não deixam de ter influência no tempo, pois contribuem na construção de sua fachada aparente, mas não entram diretamente na consciência que os homens têm de sua duração histórica. Ora, eles foram um dos objetos favoritos da pesquisa histórica. Os historiadores se esforçaram mais particularmente em descobrir tudo o que os contemporâneos não tinham conhecido. É o caso da História política e da História diplomática. Como se os historiadores temessem o mistério da duração, mal esclarecido pelas suas justaposições de fatos; como se preferissem construir ao lado uma duração deles, distinta da dos contemporâneos, mas que fosse sua propriedade de especialistas.

Em todo caso, a continuidade do historiador objetivo não restitui a experiência que temos da duração. Mais do que isso, justapondo fatos – alguns que estavam no tempo, mas ele retirou dali e deixou de lado, outros que não estavam lá, mas ele introduz por predileção – ele tira História do tempo. Daí a impressão, durante a leitura, de que as coisas se passam para ele diferentemente da maneira que sabemos que elas se passam ao nosso redor, impressão desencorajante que está na origem da decepção dos entusiastas, tal como o mostramos no início do capítulo.

A *explicação dos fatos*. É aproximadamente o que L. Halphen, em seu *Introduction à l'Histoire* [Introdução à História], chama a síntese, quando escreve: "Síntese e análise devem, portanto, caminhar lado a lado, apoiando-se uma à outra, aperfeiçoando-se mutuamente." A explicação dos fatos, da maneira com que decorrem uns dos outros, eis o último recurso do historiador para ligá-los diferentemente da simples sucessão cronológica. É preciso, também, ver nessa síntese um esforço para dar um sentido à História, para justificá-la como uma ciência da evolução, na qual, como escreve L. Halphen, "as coisas nos aparecem recolocadas em seu plano verdadeiro, não como vindas do nada, mas como saídas de uma lenta incubação e como simples etapas em um caminho cujo final não é jamais atingido".

Portanto, para o historiador, os fatos se explicam por relações de causa e efeito que os prendem aos fatos que os precedem e aos que se lhes seguem. Admito que essa causalidade explica o encadeamento dos fatos, a sucessão dessas amostras recortadas na duração. Ela explica por que tal fato veio em tal lugar. Mas dará conta da percepção global que os contemporâneos têm de sua história? Questão capital. Quando analisamos nosso comportamento ou o de uma pessoa à nossa volta, podemos ligar as suas atividades por uma causalidade inteiramente correta, que seria inconsequente negar. Mas sabemos muito bem que esse comportamento não se reduz a essa única mecânica causal. Essa mecânica só é real quando é mantida no interior de uma estrutura que a compreende e a ultrapassa. Para tomar o trem ou pegar um objeto, fazemos certos atos que podemos decompor em uma sucessão de causas e efeitos. Porém, essa cadeia causal perderia sua realidade se fosse destacada do empreendimento global: a viagem ou a busca do objeto. Há no empreendimento algo mais do que a catarata de causas e efeitos que uma reflexão *a posteriori* nos permite analisar.

Sem insistir, vemos claramente onde o erro pode introduzir-se: por um lado, dando a cada um dos atos mediadores uma autonomia; por outro lado, rejeitando a realidade desses atos intermediários e afogando-os na totalidade do empreendimento.

Aconteceu isso com a interpretação objetiva da História. Certamente, os historiadores evitaram o segundo escolho, mas não conseguiram manter as estruturas globais que dão às causalidades intermediárias seu sentido concreto.

Sentimos que tal fenômeno de hoje é diferente de tal outro fenômeno de um século atrás. Porém, cada um desses dois fenômenos pode inscrever-se numa cadeia de causas e de efeitos muito semelhantes.

Sem dúvida, observa o historiador científico que reconhece a diferença dos tempos e a sublinha; mas essas duas cadeias causais não são idênticas. Dois fatos nunca se repetem exatamente iguais. Sua identidade é artificial, esqueceu-se um anel na corrente.

É verdade. No entanto, temos o sentimento de que a diferença essencial não se deve a esse anel, a mais ou a menos na cadeia das causalidades. A diferença reside, pelo contrário, na maneira com que essas causalidades, mesmo quando muito próximas, se apresentam a nós. Para se fazer entender, é preciso utilizar outra terminologia. É preciso falar em iluminação, em tonalidade; pensemos menos na experiência de laboratório do que na obra de arte. No fundo, *a diferença de uma época para outra se aproxima da diferença entre dois quadros ou duas sinfonias: ela é de natureza estética.* O verdadeiro objeto da História reside na tomada de consciência do *halo* que particulariza um momento do tempo, como a maneira de um pintor caracteriza o conjunto de sua obra. O desconhecimento da natureza estética da História provocou junto aos historiadores um descoloramento completo do tempo que se propuseram evocar e explicar.

Seu esforço de objetividade e de exaustividade acabou na criação de um mundo que está ao lado do mundo vivo, um mundo de fatos completos e lógicos, mas sem esse halo que dá às coisas e aos seres a sua verdadeira densidade.

Assim se explica a decepção da estudante, da jovem historiadora, que lembrei no começo deste capítulo. Ela tinha se dirigido para a História porque sentia essa sensação particular que dá ao homem a cor do tempo. Na faculdade, ensinaram-lhe uma anatomia morta. Algumas vezes ela se voltou para a História não científica e, com raras exceções, sua decepção foi ainda maior: o pitoresco superficial dos vulgarizadores pareceu-lhe um substituto vulgar dessa cor que faltava aos esqueletos universitários. Ela preferiu a secura destes às ilusões daqueles.

Alguns, então, pensaram que assim mesmo se podia dar um sentido ao quebra-cabeça dos historiadores: o estudo do passado permitiria descobrir as causas do presente. Vivemos hoje os efeitos dos acontecimentos mais antigos. O principal papel da História consistiria em explicar esse presente, recolocando-o na sequência dos fenômenos que o provocaram.

Com isso, o que se faz é reduzir a História, a História cuja existência se justifica, à procura das causas imediatas e longínquas dos acontecimentos contemporâneos. Se considerarmos a História como a ciência dos fatos, não podemos escapar a essa redução. É o mal menor.

De minha parte, admiti essa justificação da História como terceira dimensão do presente quando, após meu período de estudos, me encontrei face a face com os acontecimentos monumentais dos anos 1940. Sentíamos, então, a necessidade de ligar aqueles fenômenos gigantescos e revolucionários a uma história mais antiga, a fim de melhor compreendê-los, de lhes retirar aquele aspecto de desconhecido e de ininteligível que os tornava ainda mais terríveis e maléficos. Tive, então, em 1941, ocasião de me ocupar do ensino de História em centros de juventude e nas escolas de formação de monitores. Tratava-se de fazer com que meninos se interessassem pela História; meninos que, por falta de cultura literária e por ausência de tradição familiar nem mesmo concebiam o passado, não sabiam o que a palavra poderia recobrir: algo de negro e de confuso, sem interesse ou utilidade. Bons meninos. Era, pois, preciso, para despertar sua curiosidade, ligar esse passado desconhecido ao que havia de conhecido para eles no presente, e então remontar do presente conhecido ao passado desconhecido, insistindo na sua solidariedade e continuidade. Fomos, portanto, levados a decantar a vasta matéria histórica e a escolher os assuntos cujos indícios eram ainda perceptíveis, e apenas esses. Tivemos que desenvolver questões tratadas rapidamente demais nos programas do ensino oficial, como a história das técnicas, das civilizações não clássicas etc. Inversamente, eliminamos toda uma massa de acontecimentos diplomáticos, militares, políticos, prontos a pular – sem nos envergonhar – muitos regimes, muitas revoluções: descartávamos o passado cujas sobrevivências, muito apagadas, não eram visíveis o suficiente nas estruturas contemporâneas.

Chegamos a uma perspectiva sobre a História muito diferente daquela dos programas oficiais, simples resumos dos conhecimentos em certo grau da ciência histórica.

Essa experiência permitiu-me verificar o valor de uma História concebida como terceira dimensão do presente.

Na verdade, há poucos outros meios de interessar honestamente um público de não especialistas, se nos recusamos a recorrer ao arsenal das anedotas picantes e dos anacronismos duvidosos.

Aquele que não está profissionalmente tarimbado com o manejo dos "fatos", com a sua acumulação e com as alegrias de seu encadeamento gratuito, por prazer, não sente nenhuma curiosidade pelas reconstituições mais precisas e mais engenhosas. Os prodígios da erudição o deixam indiferente. Essa mecânica lhe é estranha, como homem. Se se trata de um diplomata ou de um oficial, ele pode se interessar pela classificação ou pela interpretação dos fatos diplomáticos ou militares, como diplomata ou oficial, mas o homem dentro dele permanece estranho a esse cuidado de especialista. Não há história dos fatos para o não especialista.

Inversamente, o homem, mesmo se pouco culto, contanto que seja um pouco observador, se espanta ao olhar ao seu redor. O universo em que vive lhe parece, se deter um pouco a atenção, incompreensível, uma fonte de problemas não resolvidos. Só a História pode responder a esse espanto e reduzir, ou pelo menos limitar e precisar, o absurdo do mundo. Ela lhe explica o porquê das estranhezas que constata, dá profundidade ao que de outra maneira seria uma superfície sem densidade. Não há outra maneira de captar para a História o interesse que o homem tem pelo homem. Os especialistas se esqueceram demais que a História, pelo menos a ciência dos fatos que concebiam, somente se justificaria à medida que respondesse aos problemas levantados pelo presente.

Não podemos admitir que a História se torne um monopólio de especialistas, ainda que alguns o reivindiquem. Foi, pelo contrário, uma verdadeira deformação sociológica que fechou a História no círculo estreito dos professores e dos professores de professores. A abertura para o presente é a única saída possível, dentro de uma concepção exaustiva e objetiva. Reencontramo-la no livreto apologético de L. Halphen: *Introduction à l'Histoire* [Introdução à História], de que falamos mais acima. É uma posição válida.

No entanto, ela não satisfaz ao historiador. Ela justifica a procura das causas, mas apenas de algumas delas. O método que decorre dela, se aplicado com rigor, acaba por suprimir completamente toda uma parte da História, cujos rastros estão apagados demais no mundo contemporâneo. Acaba-se por dar à História mais contemporânea uma importância desmedida e a negligenciar o desusado e os arcaísmos e, em definitivo, épocas inteiras cuja posteridade hoje está extinta.

Será, pois, preciso admitir que o passado sem consequências imediatas sobre o presente seja também sem interesse, a não ser para o especialista? Será preciso admitir que possa existir um passado sem valor humano?

Alguns aquiescerão sem remorsos – os que querem limitar o ensino da História ao dos tempos contemporâneos, distinguindo, assim, uma História para especialistas, sem limite cronológico, e uma História para os homens, reduzida às suas fatias mais baixas.

Mas os que aceitam mutilá-la assim, não têm nenhuma devoção pelo passado. A maior parte dos historiadores o recusará, tendo à frente os universitários, como diante de um sacrilégio. Trata-se mesmo de um sacrilégio, e apesar de todas as suas pretensões científicas, nossos eruditos objetivos têm, no fundo, uma reação religiosa. Pois, na origem dos seus trabalhos gratuitos, objetivos, exaustivos, é preciso reconhecer uma devoção, e essa devoção, frequentemente envergonhada, é que salva as suas obras da caducidade.

*O tempo da História*

Mas então existe um passado para o homem, reservado às sobrevivências contemporâneas, e um passado para o especialista, total e sem lacunas? Essa divisão do passado homogêneo não é defensável e contudo, no interior da concepção objetiva e exaustiva dos fatos históricos, não vemos como podemos evitá-la. Ou a História se contenta em ser uma especialidade, sem relação com o cuidado do homem pelo homem, ou então ela aceita mutilar-se e amputa de si mesma toda uma parte. No interior da noção de *fato* histórico, a dificuldade não é solucionável. Se queremos escapar dela, é preciso renunciar à noção estreita do *fato*, é preciso admitir que a História é diferente do conhecimento objetivo dos *fatos*.

*1949*

## *Capítulo VII*
## A História existencial

Desde o tempo em que a estudante de que falei no capítulo precedente se desolava com a secura de seus professores, a História universitária renovou seus métodos e seus princípios, e o estudante de hoje, se é pouco informado, não se arrisca mais à decepção de seus antecessores: inúmeras perspectivas sedutoras se abrem à sua curiosidade, no próprio interior da *Alma Mater.* Tendências já antigas, mas por muito tempo sufocadas, se afirmaram e parece que com o passar das gerações elas se impõem definitivamente. A História dos *fatos,* objetiva e exaustiva, à maneira positivista, se ainda é mantida e persiste na literatura científica e no manual, mesmo no manual de ensino superior, aparece como uma sobrevivência tenaz, mas condenada. Desde há vinte anos, a História universitária e douta se renova completamente. Os horizontes que ela descobre à curiosidade contemporânea devem dar a essa ciência renovada um lugar no universo intelectual que ela tinha perdido desde os românticos, como Renan e Fustel de Coulanges. O positivismo da escola clássica tinha-a posto à parte dos grandes debates de ideias. O marxismo e o historicismo conservador a anexou às filosofias da História, longe demais da preocupação existencial do homem contemporâneo.

Estudiosos notáveis haviam de restituir-lhe sua posição, ou melhor, já que essa posição ela nunca tinha tido realmente, permitir-lhe responder ao interesse apaixonado que hoje o homem tem pelo homem, não pelo homem eterno, mas por certo homem, engajado em sua condição.

Antes de definir o espírito dessa nova historiografia, lembremos rapidamente algumas das obras mais relevantes, pelo menos as que fizeram escola. Dois nomes impõem-se imediatamente: Marc Bloch e Lucien Febvre.[1]

Marc Bloch é certamente um dos maiores historiadores franceses. A guerra – ele foi executado pelos alemães em 1943 – interrompeu sua obra no momento em que sua longa maturação iria lhe permitir desenvolver pontos de vista cuja ousadia exigia que ele os fundamentasse numa erudição impressionante. Mas, tal como está, a obra de Marc Bloch exerceu sobre os historiadores uma influência determinante. Ele está, com Lucien Febvre, na origem desse renovamento de uma ciência que se decompunha no tédio. É curioso que esses dois mestres da História francesa venham da Universidade de Estrasburgo, onde lecionaram por muito tempo. O contato vivo com o mundo renano, germânico, e também o franco-condado de Lucien Febvre, cheio de influências espanholas, não foi, sem dúvida, estranho à sua

---

[1] Este capítulo foi escrito e composto antes da publicação do livro *Combates pela História*; Lucien reuniu numa coletânea particularmente sugestiva os artigos de crítica onde suas ideias sobre a História são mais desenvolvidas.

concepção de uma História comparada dos modos característicos de civilização.

Na obra de Marc Bloch, importante apesar de sua relativa brevidade, escolherei dois aspectos suscetíveis de chamar a atenção.

Em primeiro lugar, a sua magistral história dos *Caracteres originais da história rural francesa*. Por história rural, M. Bloch não entendia a história das políticas rurais dos governos ou das administrações, mas a das estruturas agrárias, dos modos de manutenção do solo, de sua repartição, de sua exploração. Com efeito, é a história da paisagem construída pela mão dos homens. É também o título do livro, que ela inspirou, de G. Roupnel, outro inovador modesto e apaixonado: *Histoire de la campagne française* [História do campo francês]. M. Bloch abria à grande História o domínio quase virgem na França (não o era na Inglaterra e nos países escandinavos) das transformações da paisagem rural, no contato mais íntimo do homem e de sua existência de todos os dias. Antes dele, com o velho Babeau, essas pesquisas conservavam sempre um caráter descritivo e anedótico. M. Bloch deu-lhes novamente um sentido para o entendimento da sociedade francesa, quase exclusivamente rural até o século XVII. Seu método permitiu que ele atingisse as estruturas sociais por dentro, para além das descrições pitorescas e agradáveis, mas que não tocavam o essencial: o lugar geométrico do homem e de seu trabalho quotidiano, do camponês e da terra.

Outra inovação: os *Caracteres originais* de Marc Bloch não se limitavam a um pequeno espaço de tempo. Era, porém, uma tradição entre os eruditos especializar-se em determinado período e, quanto mais curto o período, mais considerado era o estudioso. Embora medievalista, M. Bloch não hesitou em prolongar a sua história das estruturas agrárias até o século XIX, sempre com a mesma fartura de erudição. Ele substitui uma especialização horizontal, no tempo, por uma especialização vertical, através do tempo. Esse método era perigoso porque exigia um conhecimento considerável, mas permitiu ressaltar as articulações da evolução em lugar de mergulhar no assunto na obscuridade de fatos muito próximos, e portanto muito semelhantes. Ele quebrava os quadros de uma especialização que, da forma como era levada, já não permitia apreender as diferenças dos tempos e dos lugares. Ele devia expandir-se largamente, pois se percebeu então que a história das instituições torna-se quase ininteligível quando não abarca um período suficientemente longo para que as variações se tornem sensíveis. E os fenômenos institucionais só são compreensíveis ao não contemporâneo no interior das variações que os distinguem e os particularizam.

Com isso, o estudo do feudalismo foi completamente renovado por Marc Bloch em suas duas notáveis obras, *A sociedade feudal* e *Les classes et le gouvernement des hommes* [As classes e o governo dos homens].[2]

Antes de Marc Bloch, medievalistas ou juristas tinham o hábito de encarar o feudalismo como uma "organização" dada de uma vez por todas, que bastava descrever tal como era na sua maturidade e a seguir explicar por suas origens.

Quando abro o livreto de J. Calmette sobre *La société féodale* [A sociedade feudal], que era a última palavra sobre a questão em 1923, deparo-me com um primeiro capítulo intitulado: "As origens feudais", em que o autor faz uso dos direitos bárbaros para mostrar como o feudo nasceu da combinação de duas

---

2 Dois volumes. Albin Michel, coleção *L'évolution de L'Humanité*, 1939 e 1940.

instituições anteriores, o benefício e a vassalagem: reconhecemos aí o método clássico da filiação dos fatos. A filiação pode ser objetivamente exata, mas não explica nada das condições que fizeram do feudo algo diferente da vassalagem e do benefício.

Após o capítulo das origens, encontro "A organização feudal", onde é descrito um feudalismo modelo, sem mostrar as diferenças regionais e a diversidade das evoluções.

Marc Bloch retomou o problema de modo diferente de seus predecessores. Sem querer simplificar excessivamente o seu itinerário, podemos definir duas direções principais.

Primeiramente, não há um *feudalismo*, mas uma *mentalidade* feudal. Com isso, o estudo das instituições saía do domínio do direito — sem negligenciar, longe disso, os dados do direito — e era levado à história de uma estrutura mental, de um estado dos costumes, de um meio humano. Portanto, Marc Bloch procurou investigar em que medida o homem feudal diferia de seus ancestrais, em lugar de demorar-se perseguindo os prolongamentos do mundo pré-feudal no mundo feudal. Antes dele, explicava-se o feudo pela vassalagem ou pelo benefício. Com ele, passou-se a opor o senhor feudal ao companheiro e ao beneficiário, baixo-romano ou germânico.

A seguir, segundo ponto de seu método, não há mais *um* feudalismo, geral para todo o Ocidente, mas *vários* estados de uma sociedade, bastante próximos para que fossem reunidos sob a etiqueta feudal, bastante distintos para que não sejam confundidos — havendo, aliás, vastas áreas que permaneceram fora dos hábitos ditos feudais. Desde o começo de seu estudo, ele distinguiu com cuidado os tempos e os lugares. Distinguiu e comparou.

Mas se Marc Bloch se empenhou assim em discernir a diversidade das morfologias feudais — e não feudais — não foi para obedecer ao tradicional imperativo de exaustividade, para estabelecer um catálogo completo de instituições mais ou menos vizinhas. Pelo contrário, isso era para ele uma maneira de definir e interpretar a essência comum a essas diferentes formas.

Com efeito, todos reconheciam, sem dúvida, a diversidade das instituições e de seus desenvolvimentos. Mas julgava-se que essa diversidade era secundária, que existia um conteúdo comum sob esse polimorfismo, e a História clássica estabelecia como objetivo definir esse conteúdo por eliminação dos detalhes vindos de fora, considerados como adjunções exteriores, arcaísmos ou adulterações por influência estrangeira. Reduzia-se essa diversidade a um protótipo, mais ou menos deformado aqui e ali, mas que permanecia sendo o essencial.

Marc Bloch não nega a realidade de uma sociedade feudal, mas não a procura numa média das diferenças. Pelo contrário, ele a encontra na comparação das próprias diferenças, sem nunca tentar reduzi-las à ficção de um protótipo comum, para além das diversidades. *Se existe uma unidade, ela não se descobre por despojamento, mas no próprio seio da diversidade.* Essa unidade aparece como o resultado de uma tensão entre diversidades, e percebemo-la como unidade graças à especificidade desse complexo em relação aos outros complexos de diversidades que o precederam ou seguiram, ou coexistem com ele.

A unidade é o que faz os outros serem outros. E essa alteridade não se reduz a uma média comum das subdivisões de um mesmo conjunto. Mais ainda: a consciência concreta dessa unidade se altera à medida que nos afastamos de uma percepção aguda das diferenças irredutíveis a um grau superior de generalidade. Uma estrutura social é caracterizada pelo que a diversifica no tempo e no espaço.

O trabalho de Lucien Febvre é inseparável do de Marc Bloch. Eles dirigiram juntos os admiráveis *Annales d'histoire sociale* [Anais de história social] que introduziram, junto ao mundo científico e parte considerável do grande público cultivado, uma concepção viva e fecunda da História. Ninguém mais do que L. Febvre contribuiu para essa renovação. De seus livros e de seus artigos nos *Annales* e na *Revue de synthèse historique* [Revista de síntese histórica] tiraríamos facilmente a matéria de um vigoroso ensaio sobre o método histórico, assim como as primeiras bases de uma filosofia sobre a História. A esse respeito, a sua obra é capital e sua importância deve ser imediatamente sublinhada. Porém, não insistirei sobre esse ponto, pois seria um trabalho de antologia, sendo necessário alinhavar muitos trechos e citações: essa não é a finalidade deste ensaio. Por outro lado, eu me arriscaria demais à repetição, porque muitas passagens das páginas anteriores foram inspiradas intimamente pelas concepções de L. Febvre.

Como no caso de Marc Bloch, gostaria de apenas evocar alguns aspectos de seu método de historiador e mostrar em que sentido se orienta essa nova escola.

Eu me basearei em duas obras recentes de L. Febvre: *O problema da incredulidade no século XVI – a religião de Rabelais*[3] e *Autour de l'Heptaméron – amour sacré, amour profane* [Acerca do Heptaméron – amor agrado, amor profano].[4]

Ambos tratam das estruturas mentais particulares aos homens do século XVI. Mas nenhum ataca o assunto diretamente; a intenção do autor apenas se esboça nos títulos e nos subtítulos. Lucien Febvre não se propõe a esgotar o assunto: a sociedade

---

3 Paris, Albin Michel, coleção "L'évolution de L'Humanité", 1942.
4 Paris, Gallimard, 1944.

do século XVI, ou um corte na superfície do seu assunto, uma zona dessa sociedade. De fato, ele a atravessa inteira, mas em um ponto escolhido por ele, como quem faz uma sondagem. E o lugar da sondagem, L. Febvre o escolheu onde sua pesquisa descobriu um fenômeno estranho e enigmático a seus olhos. Ele não narra uma história, mas levanta um problema. Em geral, é acerca de um homem (Rabelais, Bonaventura, Des Périers, Margarida de Navarra) ou de um aspecto dos costumes: os processos de feitiçaria. Ele distingue na gesta do passado o que lhe parece sublinhar uma diferença entre a sensibilidade do homem de outrora e a do homem de hoje. Em que consiste essa diferença? É propor o problema. A que corresponde essa diferença no estado das civilizações comparadas? É propor uma interpretação e aventar uma hipótese. Em que medida essa hipótese, fundada num caso singular, é aplicável ao conjunto da sociedade? É tentar um ensaio de reconstrução histórica, sem desenrolar a História como um filme contínuo de acontecimentos, e sim relacionando-a a um problema inicial, ao espanto entre ontem e hoje que estava na origem da pesquisa e continua a sustentá-la e a orientá-la.

A História mostra-se então como a resposta a uma *surpresa*, e o historiador é, em primeiro lugar, aquele que é capaz de se espantar, que toma consciência das anomalias tais como as percebe na sucessão dos fenômenos.

Essa atitude diante da História implica uma relação entre o historiador e o passado, e uma concepção da evolução muito diferente dos princípios reconhecidos na escola clássica.[5]

---

5 Ela implica, evidentemente, a convicção de que a História não existe como uma realidade a ser reconstituída pelo historiador: é, pelo

Foi Rabelais o precursor dos libertinos e dos espíritos fortes, como afirmaram os historiadores? Mas, mais do que isso, podia ele ser indiferente a toda crença no universo mental e social de base religiosa em que estava imerso? Assim, o caso de Rabelais deixa de ser uma curiosidade de História literária para se tornar um problema crucial, e da solução que dermos a ele depende toda uma concepção do homem na História. Rabelais podia ser um ateu, mais ou menos confesso, e a História aparece como um lento amadurecimento onde os novos dados saem insensivelmente dos dados anteriores; ou então, Rabelais, no mundo do século XVI não podia deixar de compartilhar os sentimentos de seu tempo e aderia a ele, um tempo que não se assemelhava a nenhum outro tempo. Nesse caso, a História não é mais uma evolução em que os elementos de variabilidade são dificilmente perceptíveis de um momento a outro, mas torna-se a passagem um tanto brusca de uma civilização a outra, de uma totalidade a outra.

Não se trata de fazer com que Lucien Febvre diga o que nem escreveu nem pensou, de solicitá-lo no sentido de uma descontinuidade inerente à História. A História é contínua em sua duração mensurável. Mas o método problemático de L. Febvre leva-o a conceber a História como uma sucessão de estruturas totais e fechadas, irredutíveis umas às outras. Não explicamos uma pela outra, apelando para a degradação de uma e de outra. Existem entre duas civilizações sucessivas oposições essenciais. Da primeira para a segunda, passou-se algo que não está na primeira, algo como uma mutação em biologia. A metodologia de L. Febvre, portanto, orienta, ainda que ele não tenha, que eu

---

contrário, o historiador quem lhe dá existência. Remetemos, a este respeito, a Raymond Aron: *Introduction à la philosophie*.

saiba, se explicado sobre esse ponto de maneira explícita, para uma sociologia afastada do vago transformismo subjacente aos historiadores dos séculos XIX e XX. A sociedade aparece como uma estrutura completa e homogênea, que expulsa os elementos estranhos ou os reduz ao silêncio. E, se ela se degrada, não se reconstitui imperceptivelmente sob formas derivadas, mas se defende e, mesmo aniquilada, ela persiste em sobreviver a si mesma com tenacidade, não na sociedade que tomou o seu lugar, mas à margem: é o que chamamos de arcaísmo.

Só que essas estruturas descontínuas – numa duração materialmente contínua – não podem ser apreendidas em estado isolado. No interior de uma época limitada, onde se instalavam escrupulosamente os antigos especialistas, todos os fenômenos se assemelham, confundidos na mesma meia-luz descolorida. É privilégio do homem vivo apreender sem dificuldades a particularidade do mundo que o cerca. Mas o historiador não é um homem do passado. A sua imaginação não lhe traz de volta a vida, e o recurso à anedota pitoresca e sugestiva não compensa o afastamento. O historiador não pode apreender diretamente a singularidade do passado, como o contemporâneo percebe sem mediação a cor própria do seu tempo.

A originalidade do passado só se mostra ao historiador por referência a um termo de comparação que seja ingenuamente conhecido por ele, isto é, o seu presente, a única duração que ele pode perceber sem esforço de consciência ou de objetivação. Assim, L. Febvre é levado a reconstituir o meio próprio ao século XVI, partindo das diferenças que opõem sua sensibilidade à nossa. É o assunto de seu livro sobre Margarida de Navarra. Seria hoje admissível que uma mulher sincera e estimada, sujeita às regras sociais de seu tempo e de sua classe, escrevesse ao mesmo tempo e sem se arrepender, *Heptaméron* e *Espelho da alma pecadora*? Poderíamos conceber que, atualmente, sem remorsos ou hipocrisias, um homem, um rei, fizesse incógnito suas orações ao sair do leito de sua amante? O próprio Montaigne começou a achar a patranha um pouco demais. Margarida de Navarra não seria possível hoje, nem mesmo cinquenta anos após sua sorte, se quisermos ir aos poucos. Por quê? Porque, comenta L. Febvre, existia então uma relação da moral com a religião diferente da nossa, uma moral e uma religião de cores diferentes das nossas. Isso pode ser contestado: não importa. Apenas o encaminhamento do historiador nos interessa aqui. Ele estabelece de início algumas diferenças; depois, com essas diferenças, reconstitui uma estrutura que, logo, não é mais construída de negações, mas se mostra como uma totalidade original. No limite, o historiador percebe seu passado com uma consciência bem próxima daquela do contemporâneo desse passado.

Ora, se ele alcançou essa superação de si mesmo e de seus preconceitos de homem de seu tempo, não foi se afastando do seu tempo, esquecendo-o ou recalcando-o. Pelo contrário, foi se referindo em primeiro lugar ao seu presente. Consequentemente, parece difícil apreender a natureza própria do passado, se mutilamos em nós mesmos o sentido de nosso tempo. O historiador não pode mais ser o homem de gabinete, o cientista da caricatura, entrincheirado atrás de seus fichários e de seus livros, isolado dos ruídos vindos de fora. Este matou a sua capacidade de se surpreender e já não é sensível aos contrastes da História. Que conheça os arquivos e as bibliotecas, muito bem: isso é, obviamente, necessário. Mas não é suficiente. Ainda é preciso apreender a vida de sua época para, então, remontar às diferenças que abrem o caminho de um mundo inacessível.

O rejuvenescimento da História Contemporânea não se limitou ao estilo de Marc Bloch e de Lucien Febvre. Na realidade, ele se manifesta nos mais variados meios.

A História Antiga não foi poupada. As descobertas mais sugestivas não se devem apenas ao aperfeiçoamento do instrumental arqueológico ou filológico, mas ao emprego deste instrumental segundo os métodos comparativos no tempo e no espaço. A história da Antiguidade não se limita mais à cronologia ou à geografia clássicas. Ela confina com a Pré-História e se estende até a Índia ou a Ásia Central: a história grega foi, assim, renovada, graças a um método de comparação, tanto quanto às descobertas de documentos. Os historiadores dedicam-se aos assuntos em que a comparação é possível. Assim, eles se afastam dos períodos clássicos, isolados em sua unidade, aliás contestável, pela antiga historiografia, e preferem as áreas e os tempos em que várias civilizações se deparam e se recobrem: mundo helenístico, iraniano, levantino, trocas do Oriente e do Ocidente ao longo das rotas da seda, das trilhas de caravanas.

A História Moderna e sobretudo a Contemporânea permaneceram mais refratárias à renovação dos métodos e princípios. Primeiramente, porque os fatos políticos conservaram a sua importância predominante. Nossos contemporâneos sentem menos a necessidade de explicitar através da História a consciência de seu tempo: esta lhes é dada ingenuamente. É preciso, enfim, reconhecer que a massa da documentação exigiu uma especialização, não mais apenas no tempo, mas nos materiais da História: ao lado dos historiadores da História política, há os historiadores da História econômica, como se houvesse uma política e uma economia à parte, e não uma totalidade humana, ao mesmo tempo política, econômica, moral, religiosa, impossível de dissociar. Assim, as pesquisas desstes especialistas, por mais novas e fecundas que sejam suas especialidades, como a História econômica, terminam em impasses. Consultamo-los com proveito, mas seus doutos estudos não estão muito longe dos métodos da escola. Refiro-me, particularmente, às pesquisas sobre a história dos preços, sem dúvida muito importante, mas cuja importância não foi ainda suficientemente aproveitada, considerando as incidências dos preços sobre a mentalidade dos homens.

Entretanto, se o renovamento é menos geral e menos vigoroso na História Contemporânea do que em História Antiga ou Medieval, ele inspirou pesquisas muito importantes. Nesse caso, a comparação se referiu menos ao tempo do que ao espaço, particularmente graças aos progressos paralelos da sociologia e da geografia: geografia eleitoral, geografia das práticas religiosas, estudo dos níveis de vida, das mentalidades coletivas, dos fenômenos demográficos, das atitudes diante da vida, da morte...

Esse rápido panorama, por incompleto que seja, basta para que constatemos a abundância de ideias novas – assuntos e métodos – na História Contemporânea. Tentemos agora caracterizar alguns pontos comuns a este conjunto de pesquisas e em que medida eles definem uma atitude diante da História.

Retomemos, pois, o que dissemos aqui e ali, sobre este ou aquele, em um pequeno catecismo de uma História "existencial", catecismo a uma só vez rigoroso e incompleto demais, mas que nos permitirá ver um pouco mais claramente essa matéria em plena transformação.

A História clássica do final do século XIX definia-se como a ciência dos fatos e de sua sucessão lógica e cronológica. A História moderna se afirma como a ciência das estruturas, e tomaremos a palavra estrutura num sentido muito próximo do de *Gestalt*. Esta estrutura não é apenas um conjunto de fatos ligados por sua ordem no tempo e por seu encadeamento causal. Os fatos são somente o material. A estrutura, ou, como preferem dizer os historiadores, o meio, é uma totalidade orgânica que agrupa fatos, mas segundo uma forma e uma luz – uma estética – que lhe são próprias num momento do tempo e em um lugar do espaço. Uma mesma estrutura nunca se repetiu e não se repetirá jamais. A sua reconstituição arqueológica pelo historiador reencontra a consciência ingênua que o contemporâneo tem da particularidade do tempo em que vive.

A pesquisa de uma estrutura depende menos da natureza dos fatos do que de sua organização conjunta.

Disseram demasiadamente que o renovamento da História se devia à escolha do assunto. A História ultrapassada de antigamente seria a História-batalha ou a História política. A História segundo as concepções modernas seria a História econômica ou social. Isto não é correto. A História de hoje é total e não elimina nem os fatos políticos nem os fatos militares. Só que ela desconfia da noção de fatos isolados, de fatos de herbário ou de laboratório. Acontece que os acontecimentos militares, diplomáticos e políticos correspondem melhor do que os outros fenômenos sociais à definição positivista de fato. Isso porque eles são, em si mesmos, produtos médios, abstrações primeiras. Situam-se num grau da instituição que se afastou da representação concreta do homem em seu tempo. Assim, eles apresentam entre si, de uma época a outra, um ar de família que seduziu os moralistas, os políticos e os eruditos.

Eles são isolados com maior facilidade; se separam sem dificuldades do fluxo movente dos fenômenos. Adotam sem resistência essa vida autônoma do *fato* que se data e se insere na cadeia contínua dos efeitos e das causas. Eles estão no limite entre o concreto histórico e o *fato* abstrato das histórias. É por isso que os historiadores clássicos os adotaram com entusiasmo e logo reduziram apenas a eles o assunto de suas pesquisas.

Isso não quer dizer que eles não existam. Será ainda preciso recolocá-los na estrutura a que pertencem, isto é, interrogá-los não por eles mesmos, como se fossem independentes e autônomos, mas com relação à estrutura da qual são um dos elementos constitutivos. E é próprio de um meio humano que cada um desses elementos não seja simples, mas reproduza toda a complexidade de seu meio. Os fatos diplomáticos podem, então, fornecer a matéria de uma contribuição a essa História estrutural de que falamos, como nos estudos de J. Ancel sobre a política europeia, a nação de fronteiras etc.

Porém, o historiador mostrará maior predileção pelos fenômenos que não sofreram o processo de generalização dos fenômenos políticos. Ele pesquisará com fervor os dados que estão *antes* da instituição e conservam intacto o frescor das particularidades: as coisas de que sabemos imediatamente que são únicas, não foram nunca reproduzidas e não se reproduzirão jamais. Por isso, a historiografia recente interessa-se especialmente pelos fenômenos econômicos e sociais: eles são os que estão mais próximos da vida quotidiana de todos os homens. São, por assim dizer, fatos existenciais. Mas eles não possuem essa qualidade existencial por si mesmos. Se são isolados, tornam-se, como os fatos políticos, fatos abstratos que perderam seu sentido e sua cor. Eles só existem em sua estrutura. É verdade que é mais difícil separá-los; no entanto, a economia política não deixou de fazê-lo e seus esquemas muito rigorosos são pelo menos tão mecânicos quanto as sucessões causais dos historiadores objetivos.

Em meio aos materiais do passado, a historiografia moderna concede um crédito especial a testemunhos cujo valor que hoje lhes atribuímos escapava *ipso facto* ao contemporâneo. Nos relatos do passado, o historiador se interessava pelo que parecia natural ao contemporâneo, ao que o contemporâneo não poderia notar sem puerilidade. Eis por quê: um mundo – ou uma estrutura – se particulariza por hábitos coletivos cuja característica é serem espontâneas. Esses hábitos desaparecem quando cessa a sua espontaneidade e seu desaparecimento assinala o fim do mundo que definiam.

Ao homem de outro mundo, que é o historiador, as espontaneidades do passado aparecem, pelo contrário, como estranhezas. Existem, pois, dados históricos que são ao mesmo tempo espontâneos para o contemporâneo e estranhos para o historiador. Sua espontaneidade os põe ao abrigo do defeito inerente a tantos documentos em que o autor posa para a posteridade e solicita os acontecimentos que narra. Mas é somente o que se diz sem se dar conta que interessa ao historiador!

Consequentemente, caberá a esse historiador explicar em quê esses hábitos ingênuos, que é preciso reconstruir, caracterizam os costumes de um tempo em que eram naturais e irrefletidos. Ele deve psicanalisar os documentos, assim como Marc Bloch e Lucien Febvre psicanalisaram os testemunhos da Idade Média e do Renascimento para redescobrir a mentalidade particular a essas épocas, isto é, uma mortalidade despercebida dos contemporâneos e espantosa a nossos olhos.

Na realidade, essa necessidade da psicanálise histórica não se limita a certo gênero de fatos. Os fatos políticos, diplomáticos, militares não fogem a ela. Um fato deixa de ser uma amostra de laboratório e se liga à estrutura total quando aparece como hábito espontâneo que deixou de ser espontâneo. Assim concebido, o fato possui um valor incontestável, pelo menos como instrumento de trabalho para a reconstituição histórica. Ele pode ser definido como o *elemento de uma estrutura passada que não existe mais na estrutura do observador, no presente do historiador.*

Daí resulta que só há História comparada. A História é a comparação de duas estruturas transcendentes uma à outra. Remontamos do presente para o passado. Mas descemos, também, do passado para o presente.

O contemporâneo tem o sentimento natural de sua história, da mesma maneira que ele tem consciência de si mesmo: não a concebe claramente nem sente necessidade dela. Por isso a História científica chegou tão tarde; por isso ela demorou tanto para definir seus métodos e seus fins; por isso ela foi primeiramente uma História antiga. Descobrimos mais naturalmente o outro, mesmo se o concebemos mal; mesmo se, por uma reação que se segue, aliás, à primeira surpresa, reduzimos essa alteridade a um protótipo médio, o homem clássico.

Na origem da História mais primitiva, mais permeada de moral e de política, encontramos um elemento — às vezes imperceptível e apagado — de espanto e de curiosidade. Esse espanto não existe no interior de sua própria história, onde tudo é óbvio. Assim, a História dos contemporâneos foi a mais tardia e a menos satisfatória. Ela começou com a história dos fatos. Por um lado, os fatos devidamente solicitados forneciam argumentos políticos e polêmicos às opiniões e aos partidos.

Enfim, o fato, abstrato e objetivo, é uma construção lógica que independe do sentimento vivo da História. As histórias da Antiguidade, da Idade Média e do Renascimento já tinham começado sua reforma, e a História contemporânea continuava com os métodos narrativos e analíticos da época positivista.

Da mesma forma que as outras histórias, a História contemporânea só pode ser comparada. O historiador do passado deve se referir a seu presente. O historiador do presente deve, pelo contrário, abandonar seu presente para ligar-se a um passado de referência. O historiador do passado devia ter de seu presente uma consciência ingênua do contemporâneo. O do presente deve tirar de seu presente um conhecimento arqueológico de historiador. Caso contrário, a estrutura que quer definir lhe será natural demais para que possa percebê-la com clareza. O historiador do presente, e não o do passado, deve sair de seu tempo, não para ser o homem de nenhum tempo, mas para se o de outro tempo.

A História nasce das relações que o historiador percebe entre duas estruturas diferentes no tempo e no espaço.

Portanto, assim concebida, a História exige, para viver, que existam estruturas fundamentalmente diferentes, tão diferentes que não se passe de uma à outra por gradações insensíveis. Essa passagem poderia ser, e quase sempre foi, insensível para os contemporâneos dos períodos de transição. Mas os contemporâneos não viviam essa transição como uma passagem entre um antes e um depois. Tratava-se para eles de um presente que englobava ao mesmo tempo sobrevivências e antecipações, sem que a partilha se fizesse objetivamente dentro de sua própria estrutura. A História postula a transcendência das civilizações sucessivas, e o método moderno se funda nessa transcendência.

Portanto, não podemos hoje dizer que a História, como se escrevia antes, é uma ciência da evolução. Os historiadores persistirão no uso dessa palavra cômoda – e perigosa – que é evolução para traduzir ideias de mudança, de lenta deriva, mas evacuarão dela, pouco a pouco, o sentido biológico.

Assim, ao mesmo tempo que conserva e aperfeiçoa o seu instrumental científico de pesquisa, a História se concebe como um diálogo onde o presente não está nunca ausente. Ela abandona essa indiferença que os mestres de outrora se esforçavam por impor-lhe.

O historiador de hoje reconhece sem se envergonhar que pertence ao mundo moderno e trabalha à sua maneira para responder às inquietações que ele compartilha – de seus contemporâneos. Sua ótica do passado permanece ligada a seu presente – um presente que não é somente uma referência de método. Doravante, a História deixa de ser uma ciência serena e indiferente. Ela se abre às preocupações contemporâneas, de que é uma expressão. Ela não é apenas uma técnica de especialista, mas se torna uma maneira de ser no tempo do homem moderno.

*1949*

## *Capítulo VIII*
# A História na civilização moderna

Saído do mundo fechado de minha infância, fui solicitado por duas concepções da História: uma delas era política e aparentemente prolongava as nostalgias monarquistas que me tinham encantado: a concepção bainvilliana da história da França; ela estava fundada na ideia da repetição dos fatos históricos, transformando em um sistema a consciência ingênua do passado, assim como se perpetuava em minha família. A outra maneira de abordar a História era a da Sorbonne, uma maneira objetiva, pelo menos tão seca e abstrata quanto sua rival, mas separada das preocupações políticas, elevando-se para tomar lugar entre as ciências exatas.

No fundo, nenhum historiador pôde evitar a alternativa das duas histórias, uma científica, outra política, conservadora ou marxista. Nenhum historiador determinou inteiramente a sua escolha. Os mais austeros estudiosos trabalhavam apenas por garantir em sua vida a impermeabilidade entre a ciência objetiva e a interpretação política do passado. Mas, por mais desinteressada que fosse sua erudição, sua maneira de ver o tempo era subordinada à prática de seu meio, segundo sua posição política. Porque a filosofia política da História separava a opinião como uma frente de guerra, em dois campos. Em cada um desses campos, chocavam-se tendências, mas se estava entre gente que falava a mesma língua. E essa impressão de parentesco vinha, para além das ortodoxias e das excomunhões de grupos, de uma atitude comum diante da História. Conforme acentuássemos a ideia de repetição ou de devir, colocávamo-nos à direita ou à esquerda. Uma maneira bastante vaga de considerar o passado colocava você de um lado ou de outro do *front*. Até os historiadores profissionais, amantes da objetividade, não podiam evitar escolher e, por pouco que se escolhesse, estava-se engajado.

Eu, pois, de minha parte, oscilei durante algum tempo, da objetividade universitária à interpretação cíclica, cara então aos intelectuais da *Action française*. Já lia a obra de Marc Bloch e de Lucien Febvre, mas não a tinha assimilado ainda o bastante para compreender onde ela levava.

Na verdade, essa época de minha vida intelectual me deixou a impressão um tanto desagradável de desacordo. Era preciso a todo instante mudar de registro e, quase, de mentalidade, conforme o interlocutor colocasse o debate no plano da História científica ou da filosofia política da História. As tentativas de conciliar os dois sistemas eram sempre infrutíferas. Uma referência à política tradicional das fronteiras naturais, tão cara a Sorel e a Bainville, era o meio mais seguro de obter a reprovação num exame universitário. Os professores enfureciam-se, no caso, menos com um erro histórico real, do que com a influência que farejavam de um gênero execrado. No sentido inverso, lembro-me de ter apresentado um programa de conferências para um círculo de estudos sociais, onde as classes sociais eram estudadas; via aí um meio de renovar um pouco os assuntos da *Action française*, utilizando os métodos dos historiadores sociais, fazendo apelo a experiências vividas e concretas. Minha ideia não foi aprovada porque não se prestava a conclusões políticas suficientemente práticas e eficazes.

Foi preciso, para me tirar dessa alternativa, o trauma de 1940 e os anos de provação que se seguiram.

Em nossas vidas perturbadas, a História revestiu-se então de uma ressonância mais íntima, mais ligada à nossa própria existência: algo de bem mais próximo do que as teorias apresentadas até então à nossa curiosidade. Isso se deu de duas maneiras.

Primeiramente, a História apareceu sob uma forma compacta e estranha: um momento do tempo amadurecido pelos momentos precedentes do tempo, opondo-se, porém, a eles por suas particularidades irredutíveis. Esse tempo surgia como um bloco. Obedecia a leis o seu movimento? Com certeza, não às leis que os historiadores mecanicistas tinham proposto. Mas a própria noção de leis pouco importava: ela não se aplicava a essa espécie de fenômenos. Sabíamos muito bem que não poderíamos disciplinar essa massa torrencial de acontecimentos com uma técnica de engenheiros. Ela nos fascinava porque, por estranha e incompreensível que parecesse, interessava nossa existência em todos os seus níveis, dos mais superficiais aos mais profundos. Daí em diante, a História não podia mais ser um simples objeto de conhecimento desinteressado ou de especulação orientada. Ela estava diante de nós muito simplesmente, e não podíamos evitar este afrontamento. Ela se tornava uma maneira para o mundo moderno de estar presente em cada um de nós. Até então, os homens, protegidos pela espessura de suas vidas privadas, não sentiam o mundo de seu tempo com um sentimento tão concreto. Mas, daí em diante, cada um está situado à frente de um mundo e situado em um tempo. A História é a consciência que tomamos dessa presença temível.

O trauma de 1940 não apenas nos revelou a grande História, total e compacta. Outra História nos apareceu, particular a cada grupo humano.

Charles Morazé observou que os velhos pequenos "países" que pareciam ter desaparecido, integrados nas mais vastas unidades regionais, tinham retomado fôlego durante a guerra da ocupação alemã. Essa observação é muito importante e vai longe.

A razão disso não é somente que a conjuntura de guerra ressuscitava em parte as condições de outros tempos, dos tempos dos pequenos "países". A vida fechada e inquieta da ocupação trazia de volta as particularidades próprias aos menores grupos humanos, alguns tradicionais, como a família e o "país", outros novos e revolucionários, como o *Kommando* na Alemanha, ou a formação do *maquis*. Em virtude de causas complexas e múltiplas, algumas materiais, como as dificuldades de comunicação, outras morais, como a necessidade de aproximação e de cumplicidade num meio suspeito e hostil, *a existência social se estabeleceu num grau mais baixo de integração*. Todo um mundo de que não tínhamos consciência nos foi então revelado: *um mundo de relações concretas e únicas de homem a homem*. Esse mundo denso, mas restrito, tem raízes no passado e engaja nosso presente. É a face familiar de uma história que antes nos parecia estranha, sob seu aspecto compacto. É nossa *história particular,* que nos pertence e é essencialmente diferente da história particular de um outro grupo. Por isso quis pôr, no começo deste ensaio, a evocação das lembranças que me pareceram, a partir de 1940, mais importantes e mais válidas do que tinha acreditado antes.

Compreendi melhor, à luz dessa revelação das histórias particulares, o sentido da noção maurrasiana de herança, tão ligada às memórias antigas, às imagens piedosamente colecionadas de nossos passados familiares. É curioso como essa ideia tão concreta de herança pôde por tanto tempo se unir a uma História considerada como uma mecânica de repetição e uma lição de coisas políticas.

A história particular é bem distinta da História total e coletiva que "reconhecemos" mais acima. A História coletiva não é nem a soma nem a média das histórias particulares. Uma e outra não são dois momentos de uma mesma evolução. Elas são, pelo contrário, solidárias, e tomamos consciência ao mesmo tempo de ambas. Elas são duas maneiras de estar na História.

Vimos que a grande História coletiva aparece como um momento do tempo oposto aos outros momentos que o precederam ou se lhe seguirão. A diferença dá-se no tempo. Pelo contrário, a diferença de uma história particular para outra história particular aparece entre a minha história e a sua, e não entre a de hoje e a de ontem.

Minha história opõe-se às outras graças a uma singularidade que resiste ao tempo e ao seu poder de erosão e de redução. Essa singularidade introduz um elemento de inércia, de resistência na mudança: a herança maurrasiana. Assim o entende o pai de família quando responde a seu filho: "Você pode fazer, mas não é o hábito da família, não fazemos isso". Neste sentido, podemos falar de permanência.

É preciso esclarecer ainda. Essa permanência não é imobilidade. De fato, as tradições dos grupos sociais modificam-se profundamente no tempo, mas essas variações não afetam o sentimento de que no seio dos grupos permanecemos fiéis a nosso passado. A história particular existe à medida que *ela é a mudança recusada no interior da mudança universal.*

Assim, a História, durante os anos confusos, revelou um rosto duplo, sem, contudo, que sua unidade fundamental fosse atingida. Como em todas as coisas humanas, a unidade, quando autêntica, só aparece após uma primeira diversidade, às vezes uma contradição.

De qualquer forma, a História é sempre a consciência do que é único e particular, e das diferenças entre várias particularidades.

As diferenças podem situar-se no tempo: os momentos sucessivos da História que se opõem uns aos outros, é o que chamei de História total e compacta.

As diferenças podem estar fora do tempo, na consciência que uma coletividade toma de si mesma, com relação não a outra época de seu devir, mas à coletividade vizinha, o que chamei de história particular, que é a história das heranças. Ela ainda está na infância, mal distinta de uma sociologia sistemática e verbalista. Seria, por exemplo, a história da consciência de classe, a história das representações do nacionalismo, a história das opiniões etc., o que se passa quando, no interior de um grupo restrito, se cria um mito tutelar onde todos se abrigam na esperança indestrutível de resistir ao devir.

Duas histórias: dois aspectos de um mesmo problema que nos persegue sempre mais, o problema das *particularidades diferentes.*

É muito instrutivo, a esse respeito, observar certas variações do sentido da particularidade na sociedade e na História. Elas explicam, melhor do que uma análise abstrata, o que queremos dizer.

Houve um tempo, o mais longo período da História, em que a particularidade estava nas coisas e nas representações ingênuas das coisas. Os objetos não eram, então, definidos por suas funções. Um machado não era apenas um objeto cortante. Com efeito, o machado, assim tecnicamente definido, não existia nas consciências. Havia certa forma de machado, alongado, decorado de certa maneira, segundo determinado tipo. No interior de uma civilização, era ligado a essa forma tanto quanto à sua função.

Outro machado, que permitisse resolver as mesmas dificuldades técnicas, não era intercambiável com o machado tradicional. Ainda que apresentasse superioridades técnicas, não se impunha imediatamente. O meio lhe fazia resistência. Para que pudesse se introduzir nele, era preciso que essa técnica superior adotasse a forma do instrumento mais rudimentar que devia substituir. Um objeto era ao mesmo tempo uma técnica e uma forma – a forma estava no objeto. Uma civilização se definia por seu apego a uma forma que impunha um estilo constante em relação às modificações das técnicas – e, consequentemente, por sua repulsa às formas diferentes, características de outras civilizações.

Os homens viviam a cada dia num mundo de diferenças. Por isso eles não tinham História, a não ser a memorização dos anais, das epopeias, para fins muitas vezes litúrgicos e sagrados. Eles não sentiam a necessidade de tomar consciência das diferenças em que estavam imersos. E essa mentalidade, de origem pré-histórica, persistiu nas épocas históricas, no silêncio dos textos ou, pelo menos, das formas superiores de expressão. De fato, os escritores e os artistas dessas épocas procuraram, ao contrário, escapar dessas diferenças para fixar um tipo geral de humanidade que os transcendesse, o que chamamos de classicismo. Não creio que esse fenômeno seja apenas ocidental; há um classicismo oriental. Num mundo de diferenças, tendia-se a afirmar uma unidade além dessas diferenças. Até a revolução mental dos séculos XVIII e XIX, a arte e o pensamento, sempre de tendência mais ou menos clássica, mostram-se separados da História, estranhos ao sentimento popular das diferenças. Esse sentimento, em certos períodos, chegava a penetrar na generalidade dos classicismos. Era rapidamente recalcado, como uma forma bárbara de emoção.

O classicismo é o cânon literário e artístico de sociedades que vivem sua existência quotidiana em um mundo de diferenças.

Ora, esse mundo de diferenças pereceu no século XIX, ou, pelo menos, não é mais um mundo de formas singulares e amistosas.

Doravante, já não há um machado de determinada forma, que é realmente um objeto diferente desse machado semelhante, fabricado em outro estilo. Não há mais do que um único machado, definido por sua função de instrumento cortante. Pode haver muitos tipos de machado, segundo sua especialização técnica. Mas as diferenças de forma tornaram-se variações decorativas secundárias. O machado é mais ou menos belo; ele é sempre um machado.

Nesse momento da civilização, a forma, que antigamente estava *no* objeto, está *ao lado, no exterior,* um valor superficial que não modifica a natureza do objeto; os objetos são reconhecidos apenas pelos seus fins técnicos. Estamos tão habituados a essa maneira de ver que mal concebemos a importância inaudita dessa revolução mental. A grande mudança que caracteriza o mundo moderno não reside no desenvolvimento das técnicas, mas no papel determinante e absoluto da técnica na designação dos objetos. No fundo, não há mais objetos, mas reproduções de um protótipo ideal definido por sua finalidade. Não há mais objetos, mas sim funções técnicas. Não há mais machados, mas sim um instrumento cortante. No limite, um vocabulário tecnológico, novo e abstrato, substitui os nomes vivos dos objetos concretos.

Nossa civilização não é mais fundada, como as civilizações de outrora, sobre as particularidades constitutivas. Ela não é nem mesmo comparável a essas antigas civilizações, que coexistiam com estilos diferentes. Já não temos hoje *algumas* civilizações, mas tendemos para um tipo geral e abstrato de civilização moderna, caracterizada em Tóquio, em São Francisco e em Paris pela uniformidade das técnicas. É possível, e acontece frequentemente, que essa uniformidade não chegue a se impor aos costumes e a eliminar todos os elementos tradicionais de diferença. A História contemporânea é feita de reações dessas inércias do passado contra a uniformização tecnocrática. Isso não impede que o ideal tecnocrático se introduza através das representações mais correntes da vida. Quaisquer que sejam nossas reações pessoais, nossas saudades de um passado mais concreto e mais singular, não podemos nos desfazer do hábito inveterado de considerar nos objetos a função antes da forma. E é essa maneira de ver as coisas que é importante.

Às civilizações das diferenças, opõe-se a civilização da técnica, sempre semelhante si mesma.

Ora, na medida que a técnica se impunha aos costumes, às particularidades, expulsas do universo familiar dos objetos, invadiam o mundo das ideias e das imagens, do pensamento e da arte, e substituíam pouco a pouco o tipo do homem constante e universal do classicismo.

Tudo se passa como se o desaparecimento das particularidades destruísse o classicismo nos modos superiores. Sentia-se necessidade delas, sem que se desse conta disso, e eis que elas vêm a faltar. Os homens oscilavam entre a dupla uniformidade da técnica e do classicismo. Elas estavam arriscadas a desaparecer. Então, os particularismos recalcados tiveram sua contrapartida nos domínios antes reservados às generalidades de um classicismo unitário. Eles invadiram a literatura e o mundo das ideias.

Nesta penetração, a História desempenhou um papel curioso.

Por um surpreendente paradoxo, ela foi de início o refúgio do classicismo, expulso da literatura pelo romance. No século XIX, o romance garantiu o triunfo dos tipos sociais diferenciados segundo o tempo, o lugar e a condição. Inversamente, a História, pelo menos em suas formas literárias, acadêmicas e conservadoras, manteve a ficção do homem clássico. Ela estabeleceu como princípio a permanência da natureza humana, inalterada pelas modificações passageiras do devir. A ideia de uma permanência do homem tornou-se então um lugar-comum nas maneiras de pensar e de conversar da sociedade burguesa. Ainda hoje, numa reunião social de conservadores cultos, tentem sugerir durante a conversa que o conhecimento do passado pouco nos autoriza a antecipar, que os tempos se sucedem diferentes uns dos outros, fugindo a uma comum generalização. Todos ficarão indignados. Esse mesmo auditório conservador discutirá mais facilmente, com menos irritação, o ponto de vista marxista. Não o aprovará, mas o compreenderá. Sem dúvida, porque, no fundo, pertencem à mesma maneira sistemática. Pelo contrário, perante uma interpretação diferencial da História, a burguesia se eriça como diante do absurdo.

A sobrevivência do classicismo na História já faz parte da consciência de classe burguesa. Ela fornece à burguesia uma justificação moral. Se o povo é sempre parecido consigo mesmo, isso significa que é sempre menor, exposto aos mesmos perigos, prestes a sucumbir às mesmas tentações. Tem, portanto, necessidade de ser guiado por uma classe esclarecida. Além disso, nessa predileção pela ideia do homem clássico, há algo que não é um argumento: um apego a uma maneira de ver o mundo em que a burguesia está à vontade, que ela mantém no único setor ainda preservado.

É, porém, uma posição ultrapassada, ligada a opiniões e a costumes "vitorianos". Esse desdobramento do classicismo era ainda possível antes da invasão da técnica na sensibilidade. A burguesia clássica servia-se da técnica, mas o seu universo mental, formado pelas "humanidades", conservava algumas das maneiras anteriores à era técnica. Ao contrário, a partir de 1914, as diferenças de civilização foram mais rapidamente reduzidas ao tipo médio que caracteriza o mundo moderno. E é nessa civilização fundada na uniformidade das funções e das técnicas que a História foi concebida como a ciência das diferenças. Não somente por alguns especialistas. Uma consciência da História, sentida como a diferença dos tempos e das particularidades, ultrapassa os grupos dispersos dos profissionais. Ela conflui com as correntes de pensamento atualmente dominantes e ameaça penetrar nos últimos reforços das ortodoxias conservadoras ou marxistas.

*A uma civilização que elimina as diferenças, a História deve restituir o sentido perdido das particularidades.*

*1949*

*Anexos*

## Anexo I: A "biblioteca" de *O tempo da História*

Mencionamos aqui os autores e os títulos a que Philippe Ariès faz referência em O *tempo da História,* com exceção dos documentos e dos livros que se constituem no próprio objeto de suas análises nos dois capítulos centrais consagrados à História na Idade Média e no século XVII. Nossa intenção não é propor um índice do livro em seu conjunto, mas reconstituir o horizonte das referências antigas ou das leituras recentes que era o de Philippe Ariès nos anos do pós-guerra. Encontrar-se-á aqui uma lista, não dos textos sobre os quais incidiu então o seu trabalho de historiador, mas sim das obras e dos autores que o acompanharam no seu trabalho.

*Action française,* 42, 44, 46, 91, 96, 280, 281, 282, 322, 323
Alain-Fournier, *Le Grande Meaulnes* (Paris, 1913), 95

Alexandrov, Victor, *Journey through Chaos*, Introdução de Upton Sinclair, Nova York, 1945 (Chaos, adaptação francesa de C. J. Odié, Paris, Calmann-Lévy, 1947), 103

Ancel, Jacques, 315

*Annales d'Histoire sociale,* 307

Anselme de Sainte-Marie, padre, *Histoire de la Maison de France* (Paris, 1712), 51

Aron, Raymond, 287
— *Introduction à la philosophie de l'Histoire. Essai sur les limites de l'objectivité historique* (Paris, Gallimard, 1938), 289, 309

Babeau, Albert, 303

Bailly, Auguste, 61, 80

Bainville, Jacques, 56, 58, 77, 83, 322
— *Histoire de deux peuples. La France et l'Empire allemand* (Paris, Nouvelle Librairie Nationale, 1915), 56, 79
— *Histoire de France* (Paris, Fayard, 1924), 56, 58, 59, 60, 79
— *Napoleão* (Paris, Fayard, 1931), 79

Barante, 279
— *Histoire des ducs de Bourgogne de la Maison de Valois. 1364-1477* (Paris, Ladvocat, 1824-1826, 13 tomos), 45

Barrès, Maurice, *Le Roman de l'énergie nationale. Les Déracinés* (Paris, Fasquelle 1897), 95

Bergson, Henri, 284

Bertrand, Louis, *Louis XIV* (Paris, Fayard, 1923), 59, 60

Bloch, Marc, 70, 305, 307, 322
— *Les Caracteres originaux de l'histoire rurale française* (Oslo, 1931), 303
— *La Société féodale. La formation des liens de vassalite* e *Les Classes et le Gouvernement des hommes* (Paris, Albin Michel, 1939 e 1940), 304

Boutmy, Émile, 282

Brasillach, Robert, *Journal d'un homme occupé* (Paris, Les Sept Couleurs, 1955), 96

Bréhier, Émile, *Le Monde byzantin* (Paris, Albin Michel, 1947-1950, 3 tomos), 290

Broglie, Albert, duque de, 279, 280, 282
Buck, Pearl, *How it Happens: Talk about the German People, 1914-1933*, com Erna von Pustau, Nova York, 1947 (tradução francesa: *Un monde mal en point. Entretiens sur l'Allemagne avec Erna von Pustau*, Genebra, 1948), 92

Caillaux, Joseph, *Mes Mémoires* (Paris, Plon, 1942-1947), 93
Calmette, Joseph, *La Société féodale* (Paris, Colin, 1923), 304
— *Charles V* (Paris, Fayard, 1945), 61
Carlyle, 82
Chateaubriand, François René de, *Génie du christianisme* (Paris, ano X-1802), 62
Chevalier, Jacques, 269
Condorcet, *Esquisse d'un tableau historique des progres de l'esprit humain* (Paris, 1795), 273
Cournot, Antoine-Augustin, 287

Daudet, León, 42
Dubos, abade, 273
Dormer, Hugh, *Hugh Dormer's Diaries* (Londres, 1947), 105

Febvre, Lucien, 302, 307, 308, 309, 310, 311, 312, 316, 322
— *Le Probleme de l'incroyance au XVI siècle. La religion de Rebelais* (Paris, Albin Michel, 1942), 307
— *Autour de l'Heptaméron. Amour sacré, amour profane* (Paris, Gallimard, 1944), 307
— *Combats pour l'Histoire* (Paris, Colin, 1953), 75, 302
Fustel de Coulanges, 70, 176, 273, 276, 301
— *La Cité antique* (Paris, 1864), 273, 278

Gaxotte, Pierre, *La Révolution française* (Paris, Fayard, 1923), 60
Gibbon, Edward, *Histoire de la décadence et de la chute de l'Empire romain* (Paris, 1776), 272
*Grande Encyclopédie*, 51

*Grandes Études historiques* (Fayard), 60, 61, 77
Grousset, René, 77
— *Histoire de la Chine* (Paris, Fayard, 1942), 60
Guérin, Daniel, *La lutte des classes sous la Première République. Bourgeois et "bras nus"* (*1793-1797*) (Paris, Gallimard, 1946), 69
Guizot, François, 232, 275, 280, 283
— *Collection des mémoires relatifs à l'histoire de France depuis la fondation de la Monarchie française jusqu'au XIII siècle* (Paris, 1823-1835, 30 volumes), 275

Halévy, Daniel, 286
Halphen, Luis, *Introduction à l'Histoire* (Paris, PUF, 1946), 277, 288
Hanotaux, Gabriel, 279, 280
— *Richelieu* (Paris, Flammarion, 1943), 280
Haussonville, Gabriel Paul Othenin, conde de, 280, 283
Hugo, Victor, *La légende des siècles* (*1859-1883*), 274

Jaurès, Jean, 77, 286
Jullian, Camille, 276
— *Extraits des historiens français du XIX siecle* (Paris, Hachette, 1897), 276

Koestler, Arthur, 65
Kravchenko, Viktor, *J'ai choisi la liberté. La vie publique et privée d'un haut fonctionnaire soviétique* (Paris, Self, 1948), 100

La Gorce, Pierre de, 280, 282, 283
La Fayette, Mme. de, *La Princesse de Clèves* (Paris, 1678), 95
La Force, duque de, 280
Lavisse, Ernest, *Histoire de France depuis les origines jusqu'à la Révolution* (Paris, Hachette, 1903-1911, 9 tomos), 286
[Lefebvre, Georges], 77
Lenôtre, Théodore Gosselin, dito, 60
Lot, Ferdinand, *La Gaule. Les fondements ethniques, sóciaux et politiques de la nation française* (Paris, Fayard, 1947), 60

Madelin, Louis, 280
Malraux, André, 65
Marx, Karl, 63, 67
Mathiez, Albert, 77
Maurras, Charles, 42, 44
Michelet, Jules, 82, 274, 278, 283
Mickiewicz, Adam, 286
Montesquieu, 82, 271
*Monumenta Germaniae Historica*, 275
Morazé, Charles, 324

Paléologue, Georges, *La Russie des tsars pendant la Grande Guerre* (Paris, Plon, 1921-1922), 93
Plutarco, 83, 271
Poincaré, Raymond, *Au service de la France. Neuf années de souvenir* (Paris, Plon-Nourrit, 1926-1933), 93
Porée, S. J., padre, 272

Quinet, Edgard, 286

Raynal, abade, 273
Renan, Ernest, 278, 301
*Revue historique*, 61
*Revue de synthèse historique*, 307
Reynaud, Paul, *Mes prisons. Souvenirs* (Paris, Les Oeuvres libres, 1947), 93
Roupnel, Gaston, *Histoire de la campagne française* (Paris, Grasset, 1932), 303
Rousseau, Jean-Jacques, 271
Rousset, David, *L'univers concentrationnaire* (Paris, Les Éditions du Pavois, 1946), 97
— *Les jours de notre mort* (Paris, Les Editions du Pavois, 1947), 97

Salomon, Ernst von, *Les Réprouvés*, (Paris, Plon, 1931), 96

Ségur, Luis-Philippe, 280, 283
Sillon, 91
Sorel, Albert, 59, 280, 283, 322

Taine, Hippolyte, 278
*Témoignage chrétien*, 106
Thierry, Augustin, 283
— *Récits des temps mérovingiens* (Paris, 1840), 274
Thiers, Adolphe, 59
Tito Lívio, 83, 271
Tocqueville, Alexis de, 280

Valéry, Paul, 284, 288
Valtin, Jan (pseudônimo de Krebs Richard), *Out of the Night*, Nova York, 1940 (trad. francesa: *Sans patrie ni frontier*, Paris, Wapler, 1948), 101
Vico, 82
Voltaire, 272
 *Essai sur les moeurs et l'esprit des nations et sur les principaux faits de l'histoire depuis Charlemagne jusqu'á Louis XIII* (Genebra, 1756), 273

# Anexo II: Resenhas e menções de *O tempo da História*, 1954-1955

*La France catholique*, 7 de maio de 1954, J. F. [Jean de Fabrègues]: "Jeanne d'Arc telle que nous la rend l'histoire vraie".
*Dimanche-Matin*, 9 de maio de 1954, René Chabert.
*Elle*, 10 de maio de 1954, F. V.
*Réforme*, 29 de maio de 1954, M. Schmidt.
*Journal de l'amateur d'art*, maio de 1954, P. C. [Pierre du Colombier].
*Nouvelles littéraires*, 3 de junho de 1954, Robert Kemp.
*Bulletin de Paris*, 18 de junho de 1954, Michel Montel: "Notre temps peut-il se contenter d'une Histoire 'existentielle'?".
*La Voix de Lorraine*, 4 de julho de 1954.

*La Flandre libérale*, 18 de julho de 1954, M.F.
*L'Independant*, julho de 1954, Romain Salvat.
*La France catholique*, 6 de agosto de 1954, J. de Fabrègues: "L'Histoire est-elle 'à droite ou à gauche'?".
*La Métropole*, 14 e 15 de agosto de 1954, Hubert Colleye.
*Bibliothéque mondiale*, 19 de setembro de 1954.
*Oran républicain*, 18 de setembro de 1954, P. Gi.
*Aspects de la France*, 25 de fevereiro de 1955, Pierre Debray: "Retour à l'Histoire".
*Bulletin de l'Université de Toulouse*, fevereiro de 1955, Frédéric Mauro.
*La Table ronde*, fevereiro de 1955, Raoul Girardet: "Le temps de l'Histoire".
*Le Droit* (Ottawa), 20 de abril de 1955, Pierre Courtines: "L'Histoire vivante".
*Action populaire*, setembro-outubro de 1955, H. Bruet.

É preciso acrescentar a essa lista o artigo de Daniel Halévy, "Les vicissitudes de l'Histoire", cujo local de publicação não conseguimos identificar.

## Anexo III: Entrevista de Philippe Ariès por Michel Vivier, *Aspects de la France*, 23 de abril de 1954.

Philippe Ariès acaba de lançar pelas Edições du Rocher uma obra intitulada O *tempo da História*, cujo interesse nos parece capital. Formado na escola de Bainville, tendo posteriormente se orientado para o que chama "a História existencial", é a sua experiência de historiador e as suas concepções sobre o gênero histórico que Philippe Ariès expõe nos diversos ensaios que compõem seu livro. Com uma gentileza muito cordial, Philippe Ariès respondeu às questões que lhe propusemos para os leitores de *Aspects*:

**P.A.:** Estou absolutamente convencido de que a História não está orientada num sentido ou em outro. Nada é mais falso do que a ideia de um progresso contínuo, de uma evolução perpétua. A História com setas de sinalização não existe. Essa evidência é tão forte para mim que, talvez, não tenha insistido o suficiente sobre ela em meu livro. Mas quanto mais *estudamos* as condições concretas da existência através dos séculos, melhor vemos o que há de artificial na explicação marxista que muitos crentes adotam atualmente. A História que atenta para todas as formas do vivido se inclina, pelo contrário, a uma concepção tradicionalista.

**M.V.:** Todavia, essa História que tende ao tradicionalismo é diferente da História bainvilliana? O senhor notou em seu livro que o sentido maurrasiano da tradição viva pode inspirar outras formas de História que não as vastas sínteses explicativas de que Bainville nos deu o modelo — sínteses que podemos chamar "mecanicistas", ou, melhor ainda, "cartesianas". O senhor poderia esclarecer melhor o seu ponto de vista?

**P.A.:** Bainville tinha um talento muito grande. Seu *Histoire de la Troisième République* [História da Terceira República], por exemplo, é de uma pureza de linhas admirável. E, depois, que lucidez na análise dos acontecimentos! Considerem-se as obras luminosas que se fizeram após a sua morte, reunindo os seus artigos nos jornais. Acrescento que ele era um mestre grande demais para não ser sensível tanto ao particular quanto ao geral, tanto às diferenças quanto às semelhanças. Mas creio que um certo perigo poderia provir dos continuadores de Bainville que aplicassem sem delicadeza seu método de interpretação e fizessem da História uma mecânica de repetição, pronta a nos dar sempre e em toda parte as lições já feitas. Para eles, a França deixaria rapidamente de ser uma realidade viva para tornar-se uma abstração submetida unicamente a leis matemáticas.

**M.V.:** Enquanto que, segundo o senhor, o verdadeiro historiador – que seria ao mesmo tempo o verdadeiro maurrasiano – deveria se empenhar em fazer a história do país real, com suas comunidades, suas famílias...

**P.A.:** Exatamente. A História é para mim o sentimento de uma tradição que vive. Michelet, apesar dos seus erros, e Fustel, tão perspicaz, tinham-no pressentido. Atualmente, essa História é ainda mais necessária. Um Marc Bloch mostrou o exemplo e Gaxotte, no seu *Histoire des français* [História dos franceses] o saudou como um iniciador. Mas, mesmo no público, esse sentimento da História é bem mais vivo do que outrora. Tendo desaparecido muitas tradições (principalmente após a ruptura de 1880 de que falava Péguy), essa História permite tomar plena consciência do que foi vivido espontaneamente outrora e, no final das contas, inconscientemente. Ter o sentimento da História é sentir e compreender que o presente não pode ser cortado nem do futuro, é claro, nem do passado.

**M.V.:** O senhor acha, então que há aí um campo magnífico a explorar pelos jovens historiadores que se preocupam com a sua nação. O seu livro, aliás, me parece ser de natureza a suscitar tais vocações.

**P.A.:** Ficaria muito feliz, pois essa História existencial mostraria como vivem as tradições no seio das comunidades. Algumas se continuam através de formas inéditas, e se há algumas que morrem, há também as que nascem. Um exemplo impressionante disso é o sentido familial. Num mundo mecanizado, o lar é provavelmente a única coisa que escapa à técnica. Vemos esse sentido familial, tal como os modernos o entendem, nascer no século XVIII, mas ele se afirma e se desenvolve de maneira paradoxal desde 1940 na maior parte dos países do Ocidente, exceto Espanha e Itália. Poderíamos supor que esse pós-guerra, assim como o outro, traria uma epidemia de divórcios, uma diminuição da natalidade e uma desagregação da família. Ora, nesses países que pouco tempo atrás eram malthusianos, se produz justamente o contrário. Não houve nem repetição mecânica, nem evolução linear, mas um fato novo a criar uma nova tradição: esse aumento dos nascimentos e esse estreitamento dos laços familiares se constatam tanto na Inglaterra como na França, e as festas da coroação mostraram um matiz particular de lealdade, aquele que se endereça menos a uma pessoa monárquica isolada do que ao conjunto de uma família, ao conjunto de um lar. Lealdade que muitos franceses, coisa divertida, sentiram de maneira quase igual que os próprios ingleses. Jacques Perret divertiu-se com isso.

**M.V.:** Sem dúvida, não abandonaremos o domínio da História se lhe perguntarmos sobre seus projetos.

**P.A.:** Não abandonaremos nem mesmo o domínio da família. Estou estudando atualmente o sentimento da infância através dos séculos. No século XVIII, a infância já inspira nos adultos os sentimentos modernos que conhecemos. É, pois, entre a Idade Média e o século XVIII que estou estudando a evolução desses sentimentos. A iconografia fornece fontes interessantes. Além disso, tudo o que diz respeito à vida escolar é praticamente desconhecido. Isso é tanto mais curioso quanto a História é ensinada por professores: o passado de sua própria corporação não parece interessá-los. Ora, aí há uma mina...

Conversamos ainda longamente com Philippe Ariès, que nos falou sobre o vivo interesse que tem pela página literária deste jornal. Para terminar, ele deseja que sejam numerosas entre os jovens leitores as vocações de historiadores e que seja melhor compreendida e mais amada, por eles, a tradição francesa.

## Anexo IV: Carta de Victor L. Tapié a Philippe Ariès, 17 de abril de 1954

Foi uma leitura muito agradável e uma frutífera ocasião de meditar que o senhor acaba de me oferecer, senhor, em minhas férias de Páscoa. Permita-me que lho agradeça. Não aceito sem sorrir a sua dedicatória demasiado amável. Não, o senhor não acha que sou um grande historiador, nem hesita ao me submeter estas páginas tão variadas, atraentes e profundas! Várias vezes me perguntei, durante a leitura: "em que categoria ele me colocará?". Muito provavelmente na História científica, aquela pois "de um mundo que está ao lado do mundo vivo, um mundo de fatos completos e lógicos, mas sem o halo que dá às coisas e aos seres a sua verdadeira densidade". O senhor tem razão, por outro lado, de prestar ao que chama de História existencial, a de Marc Bloch e de Lucien Febvre, a homenagem que ela merece. Quer sejamos do grupo, quer não (e por razões que não são todas elas de doutrina), temos dívidas incontestáveis perante ela.

Achei encantador seu primeiro capítulo: "Uma criança descobre a História". É preciso, ao mesmo tempo, gentileza e independência para escrever essa bela confissão e o senhor a apresentou com muita verdade e um tato perfeito. Talvez a experiência que o senhor evocou pudesse ser ampliada. Essa saudade da velha França não era o apanágio unicamente dos círculos da *Action française* e não seria exato dizer, quanto a outros grupos sociais, que "o passado não ultrapassava 1789 senão por seus prolongamentos na vida dos pretendentes". Havia no início do século uma nostalgia da velha França que compreendia também o Segundo Império, os seus anos de prosperidade econômica, suas garantias da ordem social, sua proteção à Igreja, tudo o que se tinha esboroado na catástrofe ainda muito vivamente sentida de 1870 e cuja sobrevivência, com essa cor de imagem de Épinal de que o senhor fala tão bem, era simbolizada pela interminável existência da imperatriz Eugénie. Talvez tudo isso fosse mais provinciano do que parisiense. Apreciei muito o desacordo que o senhor analisa entre a atração pelo passado e as exigências científicas encontradas na faculdade. Gostei imensamente do seu estudo sobre o engajamento do homem moderno na História, do peso dos acontecimentos cósmicos, em escala mundial, sobre os destinos particulares. O seu espírito penetrante lhe permite falar da História marxista com um comedimento e uma compreensão louváveis. Acredito entender a sua explicação da História conservadora e de seu testemunho sobre a influência de Jacques Bainville: não acho que ela tenha sido benéfica, mas esse é outro problema. Temo que ela tenha sido responsável por certo endurecimento dos espíritos e dos corações nos círculos burgueses diante das questões urgentes do mundo moderno. Que a burguesia que se dizia "bem pensante" tenha pensado tão mal, isto é, tenha feito um tão mau uso do raciocínio, da experiência, tenha se negado à sabedoria, isso me parece a origem de muitos dos nossos males (ainda que eu não creia que o fenômeno seja tão exclusivamente francês como se diz).

Não gostaria de estender demais esta carta: ela seria indiscreta. Um último ponto apenas, se o senhor me permite. No fundo, o problema essencial é o lugar da História no mundo moderno. Admito tudo o que o senhor escreve e o subscrevo: história das estruturas diferentes, diálogo em que o presente não está nunca ausente, história total e coletiva que não é a soma nem a média das histórias particulares. Acrescentarei, até, algumas palavras sábias do velho historiador G. Lefebvre: ensino da História e pesquisa. O erro do ensino universitário (e que *persiste*) foi comprazer-se numa erudição estéril, alimentar seu orgulho numa literatura hermética, fazer História morta e não viva, proscrever o talento. Mas temo muito o ensaio, as generalizações apressadas, as construções resplandecentes que na análise um estudo erudito contradiz justamente. Sempre se diz: "isso é óbvio, a erudição é indispensável no princípio", mas isso é dito por pessoas que não ensinam ou não têm que ensinar estudantes. Não é fácil, lhe garanto, desligá-los das preocupações utilitárias do diploma e lhes dar exigências científicas e o hábito do raciocínio. Eles rapidamente macaqueariam a pedantaria e com ela dourariam as suas ignorâncias. Não creia que não tenho compreensão para com meus estudantes: gosto muito deles, pelo contrário, e eles me dão provas de confiança que tenho por mais preciosas do que o sucesso de um livro. O ideal seria fazer uma História viva, atraente para o leitor, mas que daria ao mesmo tempo todas as seguranças da autenticidade. Parece-me que algumas obras recentes (estou pensando no Oriente e na Grécia do meu amigo Aymard) já foram bem-sucedidas neste sentido. E que para chegar a isso um livro como o seu é, ao mesmo tempo, um encorajamento e um auxílio; eis o motivo por que devo felicitá-lo e o que gostaria de lhe dizer de uma maneira bem melhor do que o fiz. Mas esteja seguro, lhe ofereço minha gratidão por sua amável atenção, e receba meus sentimentos mais simpáticos.

# *Referências bibliográficas*

ARIÈS, P. *Un historien du dimanche* (com a colaboração de Michel Winock). Paris: Éd. Du Seuil, 1980.

ARMENGAUD, A. "Les débuts de la dépopulation dans les campagnes toulousaines". *Annales ESC*, 1951.

BRAUDEL, F. Histoire et sciences sociales: la longue durée. *Annales ESC*, 1958.

CHARTIER, R. "Comment on écrivait l'histoire au temps des guerres de religion". *Annales ESC*, 1974.

FLANDRIN, L. "Enfance et société". *Annales ESC*, 1964.

GUENÉE, B. *Histoire et Culture Historique dans l'occident medieval*. Paris: Aubier/Montaigne, 1980.

_____. *Le métier d'historien au Moyen Age. Études sur l'historiographie médiévale*. Paris: Publications de la Sorbonne, 1977.

HART, E. *Ideology and Culture in Seventeenth-Century France*. Cornell University Press, 1983, p. 132, 133, 139.

HUPPERT, G. *The Idea of Perfect History. Historical Erudition and Historical Philosophy in Renaissance France*. The University of Illinois Press, 1970 (Tradução francesa: Ildée de l'Histoire parfaite. Paris: Flammarion, 1973)

JOHNSON, M. Le Concept de temps dans l'enseignement de l'histoire. *Revue d'histoire de l'Amérique française*, v. 28, n. 4, 1975.

KELLEY, D. R. *Foundations of modem historical scholarship*. Language, Law and History in the french renaissance. Nova York e Londres: Columbia University Press, 1970.

KEYLOR, W. R. *Jacques Bainville and the Renaissance of Royalist History of Twentieth-Century France*. Baton Rouge e Londres: Louisiana State University Press, 1979.

LE ROY LADURIE, E. *Montailou, viilage occitan de 1294 à 1324*. Paris: Gallimard, 1975.

MARIN, L. *Le portrait du roi*. Paris: Éd. de Minuit, 1981.

RANUM, O. *Artisans of Glory. Writers and Historical Thought in Seventeenth-Century France*. Chapell Hill: The University of North Carolina Press, 1980.

SPIEGEL, G. Political Utility in Medieval Historiography: a Sketch. *History and Theory*, v. XIV, n.3, 1975, p.324-5.

STEPHENS, L. (Org.) *Historiography: a Bibliography*. Metuchen (New Jersey): The Scarecrow Press Inc., 1975.

TYVAERT, M. "Érudition et synthèse: les sources utilisées par les histoires générales de la France au XVIIe siècle". *Revue française d'histoire du livre*, 8, 1974.

———. "L'image du roi: légitimité et moralités royales dans les histoires de France au XVIIe siècle". *Revue d'histoire moderne et contemporaine*, 1974.

———. *Recherches sur les hitoires générales de la France au XVIIe siècle* (Domaine français). Université Paris-I, 1973.

VIALA, A. *Naissance de l'écrivain. Sociologie de la littérature à l'âge classique*. Paris: Éd. de Minuit, 1985.

SOBRE O LIVRO

*Formato:* 14 x 21 cm
*Mancha:* 23,5 x 39 paicas
*Tipologia:* Venetian 301 BT 12,5/16
*Papel:* Pólen Soft 80 g/m² (miolo)
Cartão Supremo 250 g/m² (capa)
*1ª edição:* 2013

EQUIPE DE REALIZAÇÃO

*Edição de textos*
Maria Angélica Beghini Morales (Preparação de original)
Nair Hitomi Kayo (Revisão)

*Capa*
Marcelo Girard

*Imagem de capa*
Danita Delimont / Getty Images

*Editoração eletrônica*
Sergio Gzeschnik (Diagramação)

*Assistência editorial*
Jennifer Rangel de França

Impressão e Acabamento
assahi
gráfica e editora ltda.